好干部

是怎样炼成的

HAOGANBU
SHI ZENYANG LIANCHENGDE

晓山◎著

人民出版社

目 录
CONTENTS

一、好干部是学出来的

1. **学习力就是核心竞争力**。学习力是把知识资源转化为知识资本的能力，一个人的学习力是影响和决定其素质高低、能力强弱的前提和基础。习近平总书记指出，中国共产党依靠学习走到今天，也必然要依靠学习走向未来。只有好学才能上进，领导干部只有大兴学习之风，才能真正拥有核心竞争力。"天下未有不学而成者。"能否坚持有效的学习是人与人之间拉开差距的重要因素。学历代表过去，能力代表现在，学习力才代表未来。然而，有的领导干部缺乏学习的兴趣和热情，不读书、不看报、不学文件；有的搞"应景式"学习，装门面、做样子，没有入心入脑；有的学用脱节，学而不思、学而不信、学而不用、学而不行。出现这些问题，归根结底还是不重视学习力的修炼。**学如弓弩，才如箭镞**。新时代的追梦人，不仅要有想干事、愿干事、勤干事的工作态度和敬业精神，还要有能干事、会干事、干成事的能力和水平。领导干部要把学习作为增长才干的必由之路，越是忙，越要读书，借以抬头看路、规划出路、开拓新路，进而精通本职、熟悉业务，成为政治强、懂专业、善治理、敢担当、作风正的干部。**知识就是力量**。高度重视学习、善于进行学习，是我们党的优良传统和政治优势，是保持和发展党的先进性、始终走在时代前列的重要保证。领导干部只有提高学习的自觉性，通过多种渠道和方式潜心学习，才能不断提高知识化、专业化水平，提高履职尽责的素质和能力，以"搏击者"的姿态，成为新时代"弄潮儿"。**好学才能上进。**"刀不磨会生锈，人不学会落后。"一个干部90%的知识和能力是走出校门以后获得的。不学习，思想就容易僵化、庸俗化，"以其昏昏，使人昭昭"，必然跟不上时代、必然被淘汰。领导干部要"不掉队"，就要时刻保持能力不足的恐慌感、本领不够的危机感，养成"活到老，学到老"的习惯。

2. **不管多大的官，不读书就是一介俗夫。**法国著名作家雨果有句名言："书籍是造就灵魂的工具。"书是知识的海洋、力量的源泉、智慧的翅膀。不读书的人往往只会用庸俗的方式消磨时间，或热衷于声色犬马，或热衷于吃吃喝喝，或热衷于请客送礼，俗夫气息越来越浓。当前，我国正处于改革攻坚期、发展关键期，只有努力学习各方面知识，不断增长干事创业的才干，才能避免陷入少知而迷、不知而盲、无知而乱的困境。**书籍是人类进步的阶梯。**俗话说："一日学，一日功，十日不学十日空。"书籍是知识和信息的载体，能够使我们站得更高、看得更远。读书学习，是领导干部解放思想、转变观念、拓宽视野、开阔胸襟的重要途径。眼光决定思路，视野关乎战略。世界已经发生和正在发生着极其深刻的变化，不注重学习，知识会老化，思想会僵化，能力会退化。超越自我首先要在视野上、观念上、思路上超越，而要实现这种超越唯有依靠读书和学习。**名声与尊贵，永远来自真才实学。**习近平总书记强调："既把学到的知识运用于实践，又在实践中增长解决问题的新本领。"[①] 当今时代，如果我们不识变、不应变、不求变，就可能陷入战略被动，错失发展机遇，甚至错过整整一个时代。领导干部要坚持理论联系实际，全面、系统、深入地学习，盘活知识存量，优化知识增量，在"学"与"干"的良性互动中不断

---

① 习近平：《在纪念朱德同志诞辰130周年座谈会上的讲话》，人民出版社2016年版，第12页。

增强本领。**学者非必为仕，而仕者必为学**。美国通用电气公司前 CEO 韦尔奇说："缺乏学习能力，对个人是悲惨的，对组织是致命的。"学习贯穿于个人、组织和国家发展的始终，是一个不间断的、连续的、逐渐提升的过程。领导干部学习能力的强弱，不仅直接反映出领导水平的高低，还事关能不能肩负引领事业发展的重任，要切实加强学习，以学增智、以学修身、以学增才，不断提升胸怀大局、审时度势、把握大势、适应形势的能力，当好新时代的奋斗者、追梦人。

3. 读书学习应成为领导干部第一爱好、第一习惯、第一行为。"非学无以广才，非志无以成学。"重视学习、善于学习，是中国共产党不断从胜利走向胜利的秘诀之一。对肩负重任的领导干部来说，读书学习从来不是个人的事情，越是在关键时期，越要加强读书学习。事有所成，必是学有所成；学有所成，必是读有所得。如果不能带头读书学习，不仅一个地方、单位的学习风气难以形成，工作也会因为思想贫乏难有起色，甚至个人也会由于能力不足遭到淘汰。**知之者不如好之者**。习近平总书记强调："兴趣是激励学习的最好老师。"① 如果为了学习而学习，没有明确的学习目的，学习就会缺乏积极性创造性，学习效果也会大打折扣。只有乐于学习，才会目标明确，才会切实解决现实问题，提高个人综合素质。要有所选择、有所侧重，循序渐进、驰而不息，努力构建起自己的知识体系，成为符合时代及岗位要求的复合型人才。**至乐莫如读书**。习近平总书记多次强调，领导干部要加强读书学习，爱读书、读好书、善读书，把学习作为一种追求、一种爱好、一种健康的生活方式，做到好学乐学。《论语》的开篇就是"学而时习之，不亦乐乎"。领导干部应该把书籍作为相伴一生的"良师益友"，把学习作为一种生存能力、一种工作责任、一种生活方式、一种精神境界，做到好学乐学。**养成读书学习的良好习惯**。领导干部

---

① 《习近平谈治国理政》第 1 卷，外文出版社 2018 年版，第 406 页。

读书学习要有"时不我待、只争朝夕"的精神，多一点学习，少一点应酬，利用好碎片化的时间，选择那些自己爱好的、有兴趣的、与工作关系密切的书来读，持之以恒，提高思想水平、增强工作能力、完善知识结构、提升精神境界。

4. **要有书卷气，不要有书生气。**"书卷气"指因为读书比较多而由内而外散发出一种学识渊博的气质；"书生气"指因为读死书、死读书而表现出来的一种迂腐、死板、不切实际和缺乏实践能力。书卷气与书生气，一字之差，天壤之别。做事也好，为官也罢，书卷气少不得，书生气要不得。新时代的领导干部要善于将知识内化为思维的方式、理论的素养、工作的本领。**腹有诗书气自华。**曾国藩曾说："人之气质，由于天生，本难改变，惟读书则可变化气质。"不少干部没有养成读书习惯，阅读流于感官化、快餐化、传媒化，欲望的满足取代了意义的追求，感官的享受取代了思想的求索，长此以往，就容易内心空虚，信仰缺失。书卷气绝不可能在牌桌、麻将桌上"打"出来，更不可能在酒肆、茶楼里"泡"出来，只会也只有在书本前浸润、滋养出来。**"活"读书，读"活"书。**人民教育家陶行知认为，读书不能过于死板，书是一种工具，读书是为了解决问题，断不可呆读。他批评书呆子是典型的"读死书，死读书，读书死"，太拘泥于书本知识而缺乏实践，导致自身陷入抛开书本就一无所知的困境。一个人只有投入到社会实践中去，将生产生活对象作为"活书"来看待，才能学到真正的知识，贡献于整个社会。**内化于心，外化于行。**读书的目的全在于应用，最后必须落实到陶冶情操、净化心灵、增长才干上来，落实到增强思辨能力、廓清思想迷雾、提高政治觉悟上来。学习不仅要读书破万卷，更要善于从实践这本无字之书中学习新知、增长智慧、提高能力，并善于结合本职工作，在履职尽责中有针对性地施展才能、尽展才干，抛弃不合时宜的思想观念，摒弃习以为常的思路方法，突破制约创新发展的障碍，努力成为工作上的行家里手。

5. 博学可以使人明辨世事。 朱熹说，"凡事皆用审个是非，择其是而行之"。博学是明辨的基础，提高认识才能正确抉择。领导干部要牢固树立终身学习的理念，并使之转化为自觉行动，使学习完完全全地融入工作、融入生活，做到生活学习化、工作学习化。**多读书，读好书。** 领导干部需要外部赋能，更需要激发内在动能，自觉练好破解难题的内功、储备开拓创新的势能。要多读一些开拓宏大襟怀、锻造宏观思维的理论书籍，博采各家之长，构建自己的思维框架，才能从多角度、多层面来观照问题，不断逼近真相、明了本质，窥识"庐山真面目"，从而使复杂问题简单化。**书读百遍，其义自见。** 读书是一个需要付出辛劳的过程，绝不能心浮气躁、浅尝辄止，而应当先易后难、由浅入深，循序渐进、水滴石穿。正如荀子在《劝学》篇中所说："不积跬步，无以至千里；不积小流，无以成江海。"领导干部要带着问题读书，养成边读书边思考的习惯，在广泛阅读的基础上，联系实际，对现实中的疑惑进行深入思考，力求把零散的东西变为系统的，把孤立的东西变为相互联系的，把粗浅的东西变为精深的，把感性的东西变为理性的。**博学多识方能从善如流。** 读书学习是一个去粗取精、去伪存真的过程，通过理论的指导、利用知识的积累，来洞察客观事物发展的规律。古人讲，"耳闻之不如目见之，目见之不如足践之，足践之不如手辨之"。毛泽东同志说，读书是学习，使用也是学习，而且是更重要的学习。领导干部要坚持读书与运用相结合，把理论学习与研究解决人民群众最关心最直接最现实的利益问题、本地区本部门改革发展的重大问题结合起来，综合运用各种知识进行创造性劳动，使工作有质的飞跃。

6. 知识创造生活，知识创造幸福。 事物发展都是有规律可循的，知识是"知"和"识"的统一，是人们能够正确感知世界、理解世界、接受世界，顺应世界运动变化作出正确判断选择的基础，是创造我们幸福生活的源泉。新时代，是知识经济高速发展的时代。领导干部如果不努力提高各方面的知识素养，不自觉学习各种科学文化知识，不主动加快知识更新、优化知识结构、拓宽眼界和视野，那就难以增强本领，也就没有办法赢得主动、赢得优势、赢得未来。**知识开启生活，学习开创未来**。掌握知识的多少是人与人之间最大的差距，谁掌握了比别人更多的知识，谁就拥有了影响他人的力量。领导干部要激发学习的内生动力，多一些书卷气，少一些烟酒气，勤学不辍、苦学不止。要提高知识转化能力，独立思考、联系实际，把理论知识转化为分析、处理问题的能力，转化为工作的水平和本领，转化为自身的修养和修为，从而更好地创造生活、赢得未来。**知识决定底蕴，见识决定水平**。只有把学习当作一种良好的习惯，融入自己的生活和工作，才能将学到的知识转化为自己的能力素质。要坚持多读书，读好书，广泛涉猎群书，扩大知识面，从书本中汲取养分，成为一个有温度、会思考的人，在跌宕起伏的工作生活中，拥有处变不惊的强大内心。**自满是学习的天敌**。毛泽东同志说过："学习一定要学到底，学习的最大敌人是不到'底'。"① 倘若只是忙于工作而不读书，看似工作很忙，却可能缺少效率，以致事倍功半。优秀的领导干部在学习上往往都很勤奋，爱学习的领导干部一般不会差。领导干部要秉持以学为先的理念，把学习作为立身之本、从政之基，通过不断的学习来提升自己。

7. 创造性源于不设限的学习。创造性是指个体产生新奇独特的、有社会价值的产品的能力或特性。创造性是竞争力的源泉，是社会进步和人类发展的不竭动力。当今世界，知识是不断更新和发展的，只有不断地学习、积累、探索和运用，才能使自己永葆创造性，获得竞争优势。**问渠那得清如许，为有源头活水来**。学习的本质是学会创新创造，善于发现问题并找到解决问题的办法。创造性需要理论与实践的积累，积累来自学习，没有学习是不可能积累的。有厚实积累的创新创造是摩天大厦，没有积累的创新创造是空中楼阁。增强创造性，必先抓积累、抓学习，没有学

---

① 《毛泽东文集》第 2 卷，人民出版社 1993 年版，第 184 页。

习的高潮，就没有创新创造的热潮。**思路决定出路，格局决定结局**。创造性是不受常规思路的约束，寻求对问题全新的独特性解答和方法的思维过程，是创造力发挥的基本前提。没有创新性思维，没有勇于探索和创新的精神，一个人就只能停留在原有水平上，就不可能在创新中发展，在开拓中前进，工作就会永远重复同样的模式，陷入停滞甚至倒退的状态。只有摒弃从众心理，善于采取多向思维方法，学会创造性、建设性思考，才能做到与时俱进、革故鼎新，把握竞争的主动权。**学习无止境，才能创新无止境**。学习使人进步，学习的过程是一个不断解放思想、不断继承创新、不断加快发展的过程。正如毛泽东同志所言，领导干部要多看书学习，学一点哲学、经济学、历史、逻辑，学习马列，坚持数年，必有好处。要在勤奋学习上下功夫，积累知识、丰富经验、启迪智慧；在认真实践上下功夫，在学中用、在用中学，学以致用、知行合一。

8. **学习的根本目的是建立并完善属于自己的知识体系**。《庄子》云："吾生也有涯，而知也无涯。以有涯随无涯，殆已！"现代社会科技进步日新月异，信息海量、知识爆炸、新事物层出不穷，获取知识需要筛选和甄别，只有与时俱进构建自己的知识体系，才能善于从认知和实践中解决问题、归纳经验，形成一套科学的方法和逻辑。如果还是按照以知识的收集为中心的传统观念，企图在知识的数量上取胜，那几乎是天方夜谭。**有方向的学习比努力更重要**。习近平总书记指出："领导干部学习，要正确把握学习的方向。"① 没有正确的学习方向，学习就容易陷入盲目状态甚至误入歧途，就容易在错综复杂的形势中无所适从，不仅学不到有益的知识，还很容易被一些脱离实际甚至错误的东西所迷惑、所俘虏。因此，领导干部要抓住根本，学会用马克思主义立场观点方法分析问题、解决问题，自觉用习近平新时代中国特色社会主义思想武装头脑、指导实践、推动工

---

① 《习近平谈治国理政》第 1 卷，外文出版社 2018 年版，第 406 页。

作。**学习不能"眉毛胡子一把抓"**。当今社会发展日新月异，面临的新情况、新问题对专业化、专门化、精细化提出了越来越高的要求，领导干部不仅要具备广博的知识结构，而且要具备精专的业务能力，只有不断改进工作方法，掌握专业本领，才能适应时代发展需要。要根据工作实际，有计划地加强业务知识和所分管领域的相关专业技术、知识的学习，不断增强做好工作的本领能力。**道不可坐论，德不能空谈**。学习必须着眼于理论与实际相结合，提升解决现实问题的实际工作能力，既看"面子"更看"里子"，既重"含金量"亦重"含真量"，既要"存储量"又要"转化率"。学习的根本，在于知行合一、躬行实践、见诸行动。领导干部要自觉做到先学一步、多学一些、深学一层，切实把学习成效转化为做好本职工作、推动事业发展的生动实践。

9. **学习是投资回报率最高的行为**。如果说车是人类腿脚的延伸，使人们走得更远；望远镜是人类眼睛的延伸，使人们看得更远；计算机是人脑的延伸，使人们算得更快；那么学习就是人类所有能力的延伸，可以使人们拥有更多的能力。百万钱财可能一夜散尽，投资任何地方都存在风险，唯有投资学习才是稳赚不赔的。每一次坚实的学习，都能成为引领我们不断攀爬的阶梯。**一分耕耘，一分收获**。古语云："为学日益，为道日损。"学习不仅是积累的过程，更是不断丰盈内心、提升素质的过程。但学习的曲线并不是一路高涨的，相反是一个缓慢上升的过程，对于初学者来说，似乎眼前的收获和付出的努力并不成正比，但只要勤学苦练、久久为功，必能迎来自身能力飞跃。领导干部要学习古人"枕上、马上、厕上"的读书精神，少一些觥筹交错，多一点伏案苦学，学以增才、学以益智、学以修身，在学习中掌握发展主动权。**知识改变命运，学习改变人生**。唯有读书学习，才会让你的内心得到修炼，境界得到提高，能力得到提升，人生得到改变，生活变得美好。一个始终坚持学习的人，最终必将得到生活满满的馈赠。好学者不如乐学者。兴趣，是最好的老师，如果缺乏兴趣，学习就会成为一种负担；要想学习变得不枯燥、不乏味，就需要学会培养学习的浓厚兴趣。领导干部必须把学习当成一种乐趣，保持如饥似渴的学习状态，做到勤于学习，善于学习，乐于学习，努力成为兼收并蓄、融会贯通的通达之才。**多学多有益，艺多不压身。**一个人掌握的知识技能越广泛，在接受新东西时就越能触类旁通。相反，学识浅薄且又无所用心的人，即使终生从事一种职业，也难以干出太大的成绩来。当今时代，各行各业都在呼唤复合型的人才。有一项专长是最起码的要求，如果再多一样或两样技艺便能使人生有更多选择。新时代的领导干部，要有本领不足的危机感，重视学习、善于学习，以学益智、以学修身，自觉主动地学习、掌握和运用各种本领，争当复合型人才，适应新时代发展需要。

10. **学习大于教育**。学习是获得知识和技能的过程，教育是一种有目的地培养人的社会活动。学习强调学习者的主动性，教育对于学习者来说是被动的过程。教是为了不教。学会学习是教育的首要目的，而教育是激发人学习的过程。**教育的本质是教会如何去思考。**吃鱼是最终的目的，钓鱼是生存的手段，一条鱼只能解一时之饥，却不能解长久之饥，如果想永远有鱼吃，那就要学会钓鱼的方法，这就需要靠教育才能实现。教育的本质是帮助我们理解了如何去思考，让我们掌握如何去看待这个世界；教育让我们学会以一颗感恩的心回报曾经帮助过你的人；教育让我们认识自己，同时愿意学习，保持一颗谦逊、包容的心，学会学习，让自己变得更好。**拒绝学习，就是拒绝进步。**学习是一个人终身的旅程，没有一本万利的知识，只有不断学习，才能不断进步。学习能力是生存的必备技能，有能力的人都是终身学习者。面对世界百年未有之大变局，只有一刻不停地加强学习，增强本领，才能不断适应世情、国情、党情的新变化。领导干部必须更加崇尚学习、积极改造学习、持续深化学习，积少成多、积沙成塔，积跬步以至千里，学出本领、学出担当、学出自信。**教育有起点，学**

习无终点。教育是施加影响的过程，学习是主动探究的过程。高尔基曾经说过："如果不想在世界上虚度一生，那就要学习一辈子。"教育只是人生学习的一个过程，而学习则是人生的主要内容，它贯穿了人的一生，不能因为停止接受教育而停止学习。领导干部必须养成终身学习的习惯，把学习当作日常生活的一部分。

11. **学习没有太迟之说**。学习永远不晚，而且越学越能深入，越能体会到其中的韵味。董必武同志75岁时，仍"趁日翻俄语，开灯读楚辞"，到86岁还"五篇六本相连读，学习当如过河卒"。当前，有的干部对理论学习存在片面认识，认为自己学历高，不用学；有的觉得学习条件差，没法学；有的托词年龄大，学不会、不想学。因此，党员干部要牢固树立终身学习的理念，活到老学到老，自觉地把学习作为实现自身发展、推动社会进步的根本要求，不断提升自身的政治素质、思想素质与理论素质。**永远保持"空杯心态"**。古人云："吾生也有涯，而知也无涯。"领导干部选择了学习，就是选择了进步。要重学好学，真正把学习当成一种生活态度、一种工作责任、一种精神追求，自觉养成读书学习的习惯，真正使读书学习成为工作、生活的重要组成部分，使一切有益的知识和文化入脑入心，在学习中开阔视野、丰富知识，在学习中把握规律、探求真理，使自己变得更加充实、更加睿智。**树立终身学习的理念**。"朝闻道，夕死可矣。"孔子的这句话教育人们，不要认为自己年岁大了，再学也没用了，学无止境，学习永远没有太晚的道理。学习是一个日积月累、循序渐进、由浅入深的过程，只有饱含对真理和知识的渴求，静下心来，日积月累，终身学习好学乐学，才能不断完善和提升自己，跟上时代脚步，更好地实现自身价值。**最好的时间就是现在**。学习什么时候开始都不晚，最好是从现在开始。年轻的时候，记忆力好、接受力强，应该抓紧读一些对自己终身成长具有关键性作用和决定性影响的好书；中年的时候，精力旺盛、视野开阔，应该努力拓展读书的广度和深度，打牢一生的学问基础；年老的时候，时间充裕、阅历丰富，要有锲而不舍的精神、常读常新的态度、百读不厌的劲头，在读书生活里感悟人生、乐以忘忧。

12. 越学习，越无知，越无知就越要学习。《礼记·大学》中有句云："苟日新，日日新，又日新。"当今世界，科学技术日新月异，知识经济方兴未艾，知识总量呈几何级数增长，知识更新速度大大加快，近 50 年来人类社会所创造的知识比过去 3000 年的总和还要多。越是学习，越是明白自己不知道的知识还有很多。要适应不断发展变化的客观世界，只有坚持不断学习，才能防止知识老化、思维固化、能力弱化。**学习永无止境。**只有加强学习，才能增强工作的科学性、预见性、主动性，才能使领导和决策体现时代性、把握规律性、富于创造性，避免陷入少知而迷、不知而盲、无知而乱的困境，才能克服本领不足、本领恐慌、本领落后的问题。要不断地学习，紧跟时代和理论的新潮流，才能成为新时代的"弄潮儿"，练就一身过硬本领，成为一个对党、对国家、对社会、对人民有益的人。**书到用时方恨少。**"读得书多胜大丘，不须耕种自然收"。当下是知识爆炸时代，知识"保质期"越来越短，能力"迭代率"越来越高，要坚持学习、学习、再学习，坚持实践、实践、再实践，让学习与实践的无限循环顺畅起来，不断提升学习成效和实践能力，改善工作方法，取得令人民群众满意的工作成效。**学如逆水行舟，不进则退。**"学如才识，不日进，则日退。"学习不能改变人生的长度，但可以改变人生的厚度。事实表明，如果不努力学习新知识，就不能跟上时代前进步伐，就会落后于时代，甚至被淘汰。领导干部要有能力不足的危机感和紧迫感，摒弃老经验、老方法，主动加快知识更新、优化知识结构、拓宽眼界视野，才能赢得主动、赢得优势、赢得未来。

13. 读书越多，看世界的角度越高。读书是一个人格局的基础，它可以用最低成本去改变你的眼界和格局。当前，有的干部不爱读书，知识长期匮乏，窝在自己的一亩三分地里自我感觉良好，"一叶障目，不见泰山"，长此以往，眼界只会越来越狭窄，思维会越来越局限，最终导致决策失误，贻害百姓。**唯读书可放大格局**。读书可以让人增长智慧，放大格局，养足才气。要把读书作为一种加强修养的手段，视书为生命的营养、生活的调剂、终身的朋友，要在读书中理清纷繁复杂的世态，获得积极向上的勇气和智慧。既要培养"为天地立心，为生民立命"的家国情怀，又要培养"先天下之忧而忧，后天下之乐而乐"的人生境界，还要培养"宁静致远，淡泊明志"的人格修养。**以书为镜，可以修身立德**。古人讲，治天下者先治己，治己者先治心。治心养性，一个直接、有效的方法就是读书。领导干部要不断提高自己、完善自己，经受住各种考验，就要坚持在读书学习中坚定理想信念、提高政治素养、锤炼道德操守、提升思想境界，坚持在读书学习中把握人生道理、领悟人生真谛、体会人生价值、实践人生追求，坚持在读书学习中不断改造主观世界和客观世界，在不断丰厚知识、培养素质、提高能力的同时，潜移默化地提升格局境界、涵养修为品德、陶冶情操情怀。**思想的深度，决定人生的高度**。古今中外，任何一个有杰出成就的人，无一不是勤奋好学、博览群书的。匡衡凿壁偷光，终能封侯拜相；毛泽东以书为枕，方能指点江山。领导干部只有通过读书学习，保持思想活力，启发工作智慧，滋养浩然之气，才能使自己拥有认识世界的"望远镜"，解剖现实的"显微镜"，解决问题的"金钥匙"，才能切实将书本上的知识学以致用，内化于心、外化于行。

14. 读书是一种站在巨人肩膀上最直接的方式。书是前人智慧的积累，精华的结晶。牛顿曾经说过："如果说我看得别人更远些，那是因为我站在巨人的肩膀上。"登高才能望远，学习是登高的唯一的路径。当下，一些领导干部不深思、不善谋，闭目塞听、孤陋寡闻，坐井观天、盲人摸象，不善于向实践学习、向群众学习，不会从生动的社会实践和鲜活的经验中汲取营养、融会贯通、指导实践。**读书能借鉴他人的智慧**。希腊哲学家苏格拉底曾说："真正高明的人，就是能够借助别人的智慧，来使自己不受别人蒙蔽的人。"要善于向书本学习，学精神、学品质、学方法，通过学习书本中的精华，提高自身素养，改善知识结构，成为工作上的行家里手。要从书中汲取别人的教训，从别人的经验中总结经验，举一反三、触类旁通，在一点一滴中完善自己，从小事小节上修炼自己，以自己的实际行动学习先进、保持先进、赶超先进。**在创新中学习，在学习中创新**。善于学习，就是善于进步。要在别人的知识转化为自己可以记忆或者理解的内容。要善于在消化吸收既有知识、前人成果和他人经验的基础上，创造性地提出有切实依据的新观点、新认识，形成改进工作的新思路、新办法。**学而不思则罔，思而不学则殆**。读书不只在于读，更在于读与思、读与行相结合，要不断回顾，不断思索，才更有成效。实践证明，给人以思路方法比给人以知识更重要。要坚持学用结合、为"用"而学，认真思考，敢于质疑，提高批判鉴别力，打破格式化、套路化的惯性思维，真正理解和掌握知识，辩证地分析矛盾问题，不唯上、不唯书、只唯实，防止学而不思和思而不学的现象。

15. **既要读有字之书，又要读无字之书**。认识来源于实践，又在实践中检验，并指导人们的实践活动。不读有字之书就很难读懂无字之书，有字之书读得再好而不读无字之书也难于取得成功。领导干部要注重从有字之书中悟出无字的原则、意念和明辨是非的本领，从无字之书中念出有字的条文、规律和处事之道，在有字之书的基础上，提高认识层次，学会客观地、辩证地分析所学所见所闻所得。**不把书读死，要把书读活**。"纸上得来终觉浅，绝知此事要躬行。"读书的目的在于运用，知识的价值在于转化，学习的意义在于实践。一个人光有书本知识是不行的，一定要投身到社会生活中去学习实际的知识，这是最丰富最生动的知识。任何时候都要牢记把书读活、读通、读"薄"，要历史地读、辩证地读、联系实际地读、带着问题读、带着思考读，最终形成自己的见识、见解、见地，养成发现问题、解决问题、破解难题的能力。**读万卷书，行万里路**。知识是静态的，能力是动态的，一个人如果不注重把学到的知识运用到工作中、落实在行动上，即使他"学富五车、才高八斗"，也不能说达到了学习的最终目的。要坚决杜绝把读书停留在照搬照抄、照本宣科的层面，摒弃把学习与思考分开、理论和实践脱节的"形式化"读书，只有把学习与思考、理论与实践、认识与行动有机结合、融会贯通，才能把学习的价值体现出来。**不当空谈家，要做实干派**。读书是学习，实践也是学习，并且是更重要的学习。如果读书人光有理论没有实践，停留在纸上谈兵，而不去投身实践，就会沦为没有用处的空谈家。要发扬理论联系实际的马克思主义学风，千万不能夸夸其谈。要带着问题学，拜人民为师，做到干中学、学中干，做到学以致用、学用相长，努力扩大知识半径，掌握真才实学，练就过硬本领。

16.**"看家本领"必须掌握牢**。毛泽东同志在延安时期曾说："我们队伍里边有一种恐慌，不是经济恐慌，也不是政治恐慌，而是本领恐慌。"[1]进入新时代，经济社会快速发展，全面深化改革持续推进，不少领导干部在工作中常面临老办法不管用、新办法不会用、硬办法不敢用、软办法不顶用的问题，出现不同程度的"知识恐慌"、"本领恐慌"，影响了党的执政基础巩固，阻碍了地方经济发展。应对"本领恐慌"，就要掌握看家本领，练就过硬本事。**修好马克思主义这门必修课**。习近平总书记强调，我们党历来高度重视理论建设和理论教育，运用马克思主义基本原理指导中国的事情是我们的看家本领。领导干部要通过读马克思主义经典、悟马克思主义原理，真正把马克思主义这个看家本领学精悟透用好，创造性地运用马克思主义去分析和解决我们面临的实际问题。**薄技在身，胜握千金**。每个出色的领导干部，都有自己的一技之长，这是领导干部安身立命

---

[1] 《毛泽东文集》第2卷，人民出版社1993年版，第178页。

之本。新的历史时期，那种习惯指手画脚、耍嘴皮子的人已跟不上时代的步伐。领导干部要对标对表新时代好干部要求，把自身能力向组织需要看齐靠拢，善于学习，不断实践，丰富自身的知识素养，避免陷入少知而迷、不知而盲、无知而乱的困境，始终保持能力与岗位相匹配，干出更多实绩，取得更好成绩，真正做到"本领高强"。**没有金刚钻，揽不了瓷器活**。领导干部无论职位如何，首先要成为某一方面的专家，有两把过得硬的"刷子"，才能拥有自己的竞争力，从而在复杂形势中抢占先机、掌控局面，从容应对各种风险和挑战。如果仅仅具备一般性的素质和能力，就难以适应形势发展的需要、有效履行领导职责。

17. **读史寻正路，历史是最好的教科书**。习近平总书记强调："历史、现实、未来是相通的。历史是过去的现实，现实是未来的历史。"① 作为世界上唯一的历史文明不曾间断的文明古国，5000 多年文明史是中国人骨气和底气的精神源泉。历史中蕴含着十分丰富的治国理政经验，只有重视历史、研究历史、借鉴历史，才能知道我们从哪里来、往哪里去，才能从纷繁复杂的社会现象中认知和把握社会发展的客观规律。**观今宜鉴古，无古不成今**。历史是一个民族、一个国家形成、发展及其盛衰兴亡的真实记录，凝聚了前人的知识、经验和智慧。读史可以知得失兴替，可以陶冶情操，还可以提高能力。领导干部应充分认识学习历史的重要意义，尤其要认真学习党史、新中国史、改革开放史、社会主义发展史，这门功课不仅必修，而且必须修好。**不知过去，无以图将来**。习近平总书记强调，"只有了解一个国家从哪里来，才能弄懂这个国家今天怎么会是这样而不是那样，也才能搞清楚这个国家未来会往哪里去和不会往哪里去"②，"一切向前走，都不能忘记走过的路；走得再远、走到再光辉的未来，也不能忘记

---

① 《习近平谈治国理政》第 1 卷，外文出版社 2018 年版，第 67 页。

② 习近平：《出席第三届核安全峰会并访问欧洲四国和联合国教科文组织总部、欧盟总部时的演讲》，人民出版社 2014 年版，第 41 页。

走过的过去"①。历史的经验值得吸取，历史的教训值得警诫。党的历史生动反映着中国共产党人的初心，蕴含着中国共产党人不懈奋斗的历史使命。历史没有终结，初心必须牢记。只有学习历史，善于借鉴和运用历史中有关治国理政的有益经验，运用于领导工作全过程，才能避免领导工作的主观性、随意性和盲目性，不断提高领导工作的水平。**让历史告诉现在，让现在启迪未来**。习近平总书记强调："我们回顾历史，不是为了从成功中寻求慰藉，更不是为了躺在功劳簿上、为回避今天面临的困难和问题寻找借口，而是为了总结历史经验、把握历史规律，增强开拓前进的勇气和力量。"② 一切过往，皆为序章。过去未来皆是现在。只有把握好现在，才能赢得光明的未来。领导干部要善于通过学习历史，了解历史上治乱兴衰规律，不断丰富头脑、开阔眼界、提高修养、增强本领。要从当下的实际出发，与当前的形势俱进，把握好当下的光阴、当下的人，做好正在做的事，同时把眼光放远、视野延伸，敢于放下过去、面向未来，将自己的人生与国家的命运、民族的未来紧密联系起来，努力创造无愧于时代、无愧于人民的业绩。

18.干什么学什么，缺什么补什么。习近平总书记强调，党员干部加强学习，应当"坚持干什么学什么、缺什么补什么，有针对性地学习掌握做好领导工作、履行岗位职责所必备的各种知识，努力使自己真正成为行家里手、内行领导"③。领导干部不仅要具备广博的知识结构，而且要具备精专的业务能力。当前，改革发展面临新情况、新问题，对专业化、专门化、精细化提出了越来越高的要求，只有不断改进领导方法，掌握专业本

---

① 习近平：《在庆祝中国共产党成立 95 周年大会上的讲话》，人民出版社 2016 年版，第 8 页。

② 习近平：《在庆祝中国共产党成立 95 周年大会上的讲话》，人民出版社 2016 年版，第 7 页。

③ 习近平：《在中央党校建校 80 周年庆祝大会暨 2013 年春季学期开学典礼上的讲话》，人民出版社 2013 年版，第 9 页。

领，才能适应时代发展需要。**对症下药，量体裁衣**。抓对方子用对药，才会发挥疗效。学习不能"眉毛胡子一把抓"，如果只是泛泛知道一些概念和要求，不注重构建与之相适应的知识体系，就难以适应新环境，肩负新使命。领导干部要科学规划学习科目，将经济、政治、历史、文化、社会、科技、军事、外交等方面的知识融合起来，有针对性地学习掌握做好领导工作、履行岗位职责所必备的各种知识，不断提高自己的知识化、专业化水平。**实用先学，实用实学**。干部是块砖，哪里需要哪里搬。当干部不是自己想干什么就能去干什么，而是干了什么就必须干好什么；不是爱一个地方就能去那个地方，而是去了那个地方就必须爱那个地方。领导干部无论到什么岗位上都要根据分管领域的业务知识进行"充电"，才能尽快上手。不能只满足于"什么都懂一点、什么都不精通"的"万金油"式粗放型知识结构，要结合岗位特点，有目标地加强分管领域的相关专业技术知识的学习，不断增强做好领导工作的实际本领，努力成为熟悉专业知识的"活字典"、掌握各项政策的"政策通"和精通业务工作的"多面手"。**急用先学，立竿见影**。任何事情都有轻重缓急之分，急用的就要先学，这样做事才更有效果，能立竿见影，而且能够保证高效率地完成。领导干部要在广泛涉猎、博闻强识的基础上，注重结合自己的实际工作，优先学习工作中急需掌握的理论知识和专业化知识，有针对性地补齐知识短板，有力有序推动各项工作，确保工作不断档、不延误、不落空。

19. **只有学习科学，才能掌握科学**。"科学"是关系探索自然规律的学问，是人们探索研究感悟宇宙万物变化规律的知识体系的总称。学习科学就是要认识规律、把握规律，这是做好各项工作的重要前提，也是提高领导水平和工作能力的必然要求。现实中，有的领导干部缺乏科学精神和科学知识，"想当然"、"拍脑袋"、"拍胸脯"作决策，违背常识、南辕北辙，不仅事情难有成效，而且还会贻误党和人民事业发展。**科学精神是科学的灵魂**。习近平总书记指出，发展必须是遵循经济规律的发展，必须是遵循自然规律的可持续发展，必须是遵循社会规律的包容性发展。在全球化时代，一种文化或文明能否屹立在世界民族之林，取决于科学精神的高低。领导干部要充分掌握和运用马克思主义理论，深化对共产党执政规律、社会主义建设规律、人类社会发展规律的认识，把对客观规律的科学认识作为行动的指南，树立"知其然知其所以然"的探究精神，坚持求真务实的态度，不断增强工作的科学性、预见性、主动性。**思维水平决定工作水平**。恩格斯说过："一个民族要想站在科学的最高峰，就一刻也不能没有理论思维。"科学的思维方式是正确认识和把握规律的有效工具。领导干部要善于用科学的思维方式观察分析事物，自觉培养战略思维、创新思维、辩证思维、法治思维、系统思维、超前思维、底线思维等科学思维方式，自觉按客观规律办事，真正做到"运筹帷幄之中，决胜千里之外"。**科学决策，科学指挥**。习近平总书记指出："要按照已经认识到的规律来办，在实践中再加深对规律的认识，而不是脚踩西瓜皮，滑到哪里算哪里。"① 具有科学决策能力，是执政党和现代社会对领导者、管理者的基本要求，是领导干部应当具备的真功夫。领导干部要在实践中不断增强对事物规律性的认识，坚持用马克思主义观察时代、解读时代、引领时代，准确研判发展形势，科学作出决策部署，多做打基础、利长远、惠民生的好事实事。

20.**书必当择而读**。读书学习是个人提升能力、增长见识的重要途径。古今中外，人们的思想、文化、精神通过书籍代代传承，形成的书籍浩如烟海，这其中有很多是开卷有益的，但也有一些书不仅没有多少营养，甚至还有副作用。作为领导干部，读书治学时间紧、任务重，更应志存高远，慧眼择书。**择书如择友**。一本好书如良友，一本劣书如损友，当慎

---

① 中共中央文献研究室编：《习近平关于全面深化改革论述摘编》，中央文献出版社 2014年版，第 43 页。

之又慎。"近朱者赤，近墨者黑"，一本好书，可以影响一个人的一生；一本坏书，也可以摧毁一个人的前程。古人云："有书癖而无剪裁，徒号书橱。"若对书籍无从取舍和选择，这种人就像书橱一样。新时代的领导干部，读书不能饥不择食，要学会增强鉴别能力，分清好书与劣书。对于该读什么书，读什么内容，要学会有所侧重，既要读普世之学，更要读专门之学。**读书既要博也要专**。托尔斯泰说得好："真正的学者往往不是读了很多书的人，而是读了有用的书的人。"读书与不读书，言行举止是不一样的；读好书还是读劣书，精神状态是不一样的。新时代的领导干部要围绕提高思想水平、增强工作能力、完善知识结构、提升精神境界，选择那些与马克思主义价值观相符，与所从事的工作关系密切的书来读，力争在有限的时间内获取书中最有用的内容，取得最佳的读书效果。**尽信书不如无书**。读书不能拘泥于文字或盲从书本。习近平总书记在《之江新语》中提到，"读书要用'巧力'，读得巧，读得实，读得深，懂得取舍，注重思考，不做书呆子，不让有害信息填充我们的头脑"①。领导干部要掌握读书的方法和技巧，提高鉴别力，善于辩证地看待书中内容，取其精华、去其糟粕，构建自己的知识体系，不能为读书而读书。要注重运用转化，把学习阅读转化为分析、处理问题的能力，转化为工作的水平和本领，转化为自身的修养和修为。

21. **善学者尽其理**。"理"在中国传统文化中指"道理"、"机理"，引申为事物的本质和发展的客观规律。《荀子》有云："善学者尽其理。"告诫人们善于学习就是要有刨根问底的钻研精神，探究本源，穷其根本。当前，一些领导干部行动跟不上、工作缺乏创造性，归根究底是对问题的本质认识不深入、不到位。面对层出不穷的新情况、新问题、新矛盾，领导干部只有学会在研究状态下工作，注重研究事物本质，才能从根本上解决

---

① 习近平：《之江新语》，浙江人民出版社 2007 年版，第 180 页。

问题、推动发展。**知其然，更要知其所以然。**习近平总书记曾引用朱熹的"穷理者欲知事物所以然与其所当然者而已"，告诫领导干部要培养钻研意识，提高钻研能力。如果只是泛泛知道一些概念和要求，而不注重构建与之相适应的知识体系，做事就难以抓到要害、抓住关键、抓好重点。领导干部要弘扬"打破砂锅问到底"的精神，既要"知其然"，加强对新思想基本观点和重大论断的学习理解；还要"知其所以然"，学懂弄通新思想中蕴含的科学内涵，在把握规律中提高攻坚克难、化解矛盾、驾驭复杂局面的能力。**真理越辩越明，道理越讲越清。**古人云："学非疑不明。"领导工作既要"领"、更要"导"，需要比一般人看得更广、更远、更深，就是要善于透过现象看本质，通过客观辩证地分析判断揭示事物的本质属性和内在联系。这种把握事物本质的能力，与个人知识、阅历、修养、视野、判断力等因素相关，只有在刻苦学习和实践历练中才能不断增强。因此，领导干部要坚持理论联系实际，善于从本质上研究事物，涵养研究问题的能力，在纷繁复杂的头绪中厘清思路，找到工作的突破口。**格物致知，知行合一。**领导干部要善于联系地、发展地、一分为二地研究分析事物，加强问题研究、原因研究、思路研究、对策研究、方法研究，做到在思考研究中把握本质规律，在思考研究中借鉴经验教训，在思考研究中提出办法措施，使思想和行动紧贴客观实际，不断提升工作质量。

22. **上山问樵，下水问渔。**凡事只有加强调查研究，具体问题具体分析，才能有效解决问题。当下，有的领导干部不注重调查研究，工于作秀、哗众取宠，好大喜功、急功近利，态度不端、胡乱应付，不仅损害领导干部形象，更贻误事业发展。面对新时代空前的风险挑战和艰巨的改革发展任务，只有大力弘扬调查研究之风，方能出实招、解难题、得成效。**没有调查就没有发言权，没有调查就没有决策权。**习近平总书记反复强调，"要把调查研究作为基本功"，要求"当县委书记一定要跑遍所有的村，当市委书记一定要跑遍所有的乡镇，当省委书记一定要跑遍所有的县市区"。① 只有坚持调查研究，踏遍千山万水、走进千家万户、尝尽千辛万苦、讲尽千言万语、想尽千方百计，才能练就调查研究的基本功，不断改造主观世界，转变工作作风，把解决问题的思路和对策研究透彻。**从群众中来，到群众中去**。毛泽东同志曾把共产党人比作"种子"，把人民誉为"土地"。领导干部的"土壤"在基层，要想"生根发芽"，就要深入基层，倾听群众呼声、体察群众情绪、感受群众疾苦、总结群众经验、吸取群众智慧，尤其对群众最盼、最急、最忧、最怨的问题更要主动调研、抓住不放，才能真正听到实话、察到实情、获得真知、收到实效。**解放思想，实事求是**。理论的生命力在于实践。"空谈误国，实干兴邦"。领导干部要坚持原则，树立求真务实的作风，在全面、客观认识具体情况上下功夫，善于思考、勇于实践，全面掌握经济、政治、社会、文化情况和民情民意，在此基础上综合分析，根据事物的规律了解同类发展趋势，触类旁通、举一反三，从广度和深度上实现问题范围的宽泛性和问题解决的彻底性，自觉把理论放到实践的熔炉中来检验。

23.**学而不思则罔，深思善悟则明**。古语有云："为学之道，必本于思。思则得之，不思则不得也。""学"与"思"是相互依存、相互促进的关系，好学深思才能保持思想敏锐、把握规律、找准方向、增强预见、保持定力。现实中，有的干部只干不"学"，照抄照搬，照本宣科；有的只学不"思"，缺乏真知灼见；有的只学不"钻"，置身自媒体轰炸和信息碎片洪流之中丧失自我思考。**由浅入深，循序渐进**。著名学者王国维论述治学有三种境界："昨夜西风凋碧树，独上高楼，望尽天涯路"；"衣带渐宽终不悔，为伊消得人憔悴"；"众里寻他千百度，蓦然回首，那人却在灯火阑珊处"。习近平总书记强调，"学习马克思主义理论，要有'望尽天涯路'那样志存高远的追求，耐得住'昨夜西风凋碧树'的清冷和'独上高楼'

---

① 《习近平谈治国理政》第 2 卷，外文出版社 2017 年版，第 144—145 页。

的寂寞，静下心来通读苦读"。学习不乏枯燥生涩，但要发扬苦读的精神，在孤独的求索中不断给思维增值。**思想深度决定谋事高度**。思考是灵魂的苦修和升华。习近平总书记指出，"理论学习上要勤奋努力，刻苦钻研，舍得付出，百折不挠，下真功夫、苦功夫、细功夫"①。这是思考的境界，只有深思、沉思、精思，才能形成系统科学的认识，指导实践的发展。领导干部要养成独立思考、深度思考、辩证思考、系统思考、精准思考的习惯，学会用全面的、战略的、动态的、发展的观点看问题，从不同的角度、从不同的层面观察和思考，以求洞悉事物，通晓事理。**学有所悟，学以致用**。学习的目的在于内化为自身的知识体系并精通运用，只有在知行合一、学用结合中反复思考，才能领悟思想的奥义，获得"心有灵犀"的感触。领导干部要坚持实践、认识、再实践、再认识，在实践中检验和发展真理，善于把读书学习所得所悟，转化为改革创新、攻坚克难的勇气、智慧和能力，做到学用结合、学有所悟、用有所得。

24.**学问就是苦学和勤问的概括**。古语云："不学不成，不问不知。"埋头苦学和谦虚勤问是学习的不二法门。前者强调勤学苦练，修好内功；后者强调向外借鉴，汲取他人智慧。学习是一个需要长期艰苦付出的过程，只有内外兼修，才能学有所成。现实中，有的领导干部不愿学、怕吃苦，不愿问、怕丢脸，最后只会"泯然于众人矣"。只有发扬"学不可以已"的精神，勤学善问、久久为功、常学常新、永无止境，才能跟上时代步伐。**持之以恒，锲而不舍**。"书山有路勤为径，学海无涯苦作舟。"学习是一个由浅入深、循序渐进的过程，来不得半点投机取巧、心浮气躁，只有静下心来，真正让自己钻进去、沉下去，才能取得实效。领导干部要舍得下苦功夫，学习古人"韦编三绝"、"悬梁刺股"、"凿壁偷光"的精神，做到经常学、刻苦学、持久学，使学习成为一种新常态。特别是要真正学懂

---

① 习近平：《之江新语》，浙江人民出版社 2007 年版，第 6 页。

弄通做实习近平新时代中国特色社会主义思想，达到对理想信念的真懂、真信，并把这种理想信念变成自己行动的自觉。**敏而好学，不耻下问。**历代圣贤名人都有虚心求教、不耻下问的精神，正如毛泽东同志所言："先做学生，然后再做先生；先向下面干部请教，然后再下命令。"所谓知之为知之，不知为不知，形势多变，万象更新，以前知道的不代表现在不过时，以前掌握的不代表现在还能用。领导干部要端正认识，敢于发问，善于发问，更要勤于发问，通过思想的碰撞辨伪鉴真，加深印象，拓宽知识面，形成更为科学有效的决策。**带着问题学，瞄着问题干。**学习和问题是相互关联、相互促进的。习近平总书记指出，学习要"博学之，审问之，慎思之，明辨之，笃行之"。领导干部要带着问题读书学习，养成边读书边思考的习惯，既广泛涉猎经济、政治、历史、文化、哲学、社会、科技、军事、外交等各方面知识，又要在学习中提出问题，一条一条研究，一项一项解决，向书本请教、向同事请教、向内行请教，在解决问题的过程中深化学习效果。

25. 好记性不如烂笔头。清代著名史学家章学诚在《文史通义》中说："札记之功，必不可少；如不札记，则无穷妙绪，皆如雨珠落大海矣！"形象指出了读书做笔记的重要性。现实中，有的领导干部读书学习急于求成，浅尝辄止，对知识满足于知道就行，觉得没必要记之于笔端。而记忆是有"保鲜期"的，记得再牢也难免会遗忘。只有多学多记，才能加深记忆、方便回顾，从而更好地将知识消化、内化、转化。**最淡的墨水也胜于最强的记忆。**心理学中有一个"艾宾浩斯遗忘曲线"，是指遗忘在学习之后立即开始，随着时间的推移，记忆的数量逐渐减少趋于消失，而记笔记的过程就是一个和遗忘作斗争，将知识理解消化的过程。手脑并用，不仅能积累大量的材料，便于日后翻检援用，免除了"踏破铁鞋无觅处"之苦，还可以训练分析、总结和表达能力。要善于通过整理笔记的方式将碎片化的知识有机串联起来，将艰深的知识逐步消化理解，形成自己的"知识库"

和"素材库"。**记笔记是一个知识内化的过程。**毛泽东同志酷爱读书，且读书必在书上作批注。钱锺书也爱做笔记，从 20 世纪 30 年代到 90 年代一直坚持，单是外文笔记就达 200 多本，3.5 万多页。新时代学习的方式和途径增多了，但领导干部仍要回归基本，发扬"不动笔墨不读书"的精神，通过记笔记的方式迫使自己精读细读、去粗取精、去伪存真、由此及彼、由表及里，不断将感性认识上升为理性认识，将知识内化到自己头脑中，为我所用。**源浚者流长，根深者叶茂。**学习的最终目的是将理论知识转化为工作实践，在这一过程中，知识储备是基础和关键。温家宝同志曾经是一名地质工作者，在艰苦的野外条件下，他始终坚持认真记录自己的工作、学习、研究中的所见、所闻、所思、所悟，翻开任何一页都工整细致、规范清晰。读书记录既加深了对先贤思想的理解，又融入了自我的发散思考，久而久之，融会贯通，就有了推动实践的不竭思想之源。领导干部要把学习记录作为工作习惯和生活习惯，不断积累知识、增长能力、推动实践。

26. **三人行必有我师。**"不拒众流，方为江海。"学习知识是学问，学习他人是美德。人不可能穷尽一切知识，懂得一切道理。正所谓"人非生而知之者，孰能无惑"。如果"惑而不从师"，就会"其为惑也"，陷入"终不解也"的困境。现实中，有的领导干部自以为学识渊博就高高在上，不愿意把自己的经验和知识分享给下属，怕"教会徒弟，饿死师傅"，也不愿意吸收下属的宝贵经验而耻于下问，这不仅使自己知识结构单一，知识体系不完备，而且还影响到一个地区甚至一个部门的发展。因此，要学会虚怀纳谏，主动放下架子向能者求教，主动俯下身子向智者取经，以谦恭的姿态择其善者而从之。**满招损，谦受益。**习近平总书记强调："面向未来，我们必须坚持谦虚谨慎、戒骄戒躁。"① 骄傲自满是自己亲手挖掘的陷

---

① 《十八大以来重要文献选编》中，中央文献出版社 2016 年版，第 83 页。

阱，人一旦坠入其中，就如同被蒙蔽了双眼，夜郎自大、盲目乐观，看不清方向、失去前进动力。领导干部只有保持谦虚才能成为智慧的引路人，才能让人更有自知之明，始终保持一股虚心好学、积极进取的精神，既不狂妄自大，也不妄自菲薄，始终以平静、平和、平淡的心情对待成绩和赞誉，经受住各种风险和困难考验。**集众思，广众益**。《礼记》中说："独学而无友，则孤陋而寡闻。"学习是自己的事情，但学习的过程却不仅仅是自己的事情。学习需要进行思想交流、学识交流、经验交流，只有这样才能与他人共同提高、共同进步。领导干部要学会共享式学习，分享式交流，善于集思广益，把自己积累的知识和工作经验传授给下属，使他们少走弯路、迅速提高，同时还要善于听取下属的意见和建议，群策群力推动各项工作的进步。**取人之长，补己之短**。屈原曾说："尺有所短，寸有所长；物有所不足，智有所不明。"世界上不存在足赤之金，更不存在完美之人。因此，领导干部要敢于正视自己的缺点，冷静估量自己的能力，虚心向上级学习、向同事学习、向下级学习、向群众学习，不断补短板、强弱项，善于在扬长避短中树立个人威信、推进工作落实，不断完善自己、提高自己。

27. 处处留心皆学问。培根曾说："书并不以用处告人，用书之智不在于书中，而在于外，全凭观察得之。"在我们的生活中只需留心观察，就能够从一些细小的地方、平常的事情中获取知识。日积月累，这些知识就如同粒粒沙子，堆成了小沙丘。当前，一些领导干部只注重宏观层面的大方面，却忽略了一些细节性的东西，这往往影响到了工作的谋划和推进。所谓细节决定成败。因此，需要在"心至"上投入精力，注意留心身边的每一件小事。**世上无难事，只怕有心人**。俗话说："认真做事只是把事情做对，用心做事才能把事情做好。"所谓事在人为。用心工作，人生不一定获得成功，但不用心工作，人生一定不成功。古人云：天下之事，成于惧而败于忽。领导干部要学会沉下心来干事、心无旁骛抓落实，把握关键、抓住细节。要善于统筹谋划，敢于挖掘深思，从内心深处进行钻研，就算"蜀道难，难于上青天"，也要攻坚克难、务求突破。**为政之道，务于多闻**。习近平总书记指出，领导干部要善于观大势、谋大事。所谓眼界决定心界，胆识来自见识。视野宽心胸才会广，大开眼界必能大开心界。领导干部要练就"眼观六路、耳听八方"的本领，多方面、多层次、多角度观察分析问题，从全局上、宏观上、长远上认识和把握问题，避免鼠目寸光，真正做到见得更多更广，看得更深更远。**心如明镜，洞若观火**。习近平总书记强调："要透过现象看本质，从零乱的现象中发现事物内部存在的必然联系，从客观事物存在和发展的规律出发，在实践中按照客观规律办事。"① 一些领导干部在工作中常常会肤浅地看待周围的人和事，这往往会产生一些误解和错判。因此，需要练就一双"慧眼"，去粗取精、去伪存真、由此及彼、由表及里，才能真正达到正本清源，抓住主要矛盾和矛盾的主要方面。

28.**学习最忌一日曝十日寒**。《孟子·告子上》有言："虽有天下易生之物也，一日暴之，十日寒之，未有能生者也。"学习不是一朝一夕的事，不可能毕其功于一役。人类社会因学习而不断发展进步，每个人都需要在学习中成长。然而，有的领导干部学习不注意持续性，认为一次学习，终身受用，殊不知自己已经在工作和生活中不断地落伍。领导干部必须增强知识更新的紧迫感，舍得在学习上花时间、花精力，不断拓宽知识的"蓄水池"。**水滴石穿，非一日之功**。毛泽东同志说过："贵有恒，何必三更起五更眠；最无益，只怕一日曝十日寒。"学习是不断积累的过程，任何学习都不是一蹴而就的。做一名有"书卷气"的领导干部，就必须培养自己孜孜不倦的读书精神，阅读一本本书籍，积累一点一滴的知识，不断总结和深化自己每天的所学所思所想，形成自己学习的新常态，必会学有所

---

① 《习近平谈治国理政》第1卷，外文出版社2018年版，第25—26页。

成。**学习本无底，前进莫彷徨**。习近平总书记指出："哪怕一天挤出半小时，即使读几页书，只要坚持下去，必定会积少成多、积沙成塔，积跬步以至千里。"[1] 学习是一种持续性的动作，是一个冰冻三尺、久久为功的过程。古时候的读书人悬梁刺股、寒窗苦读，才能出人头地、金榜题名。今天的领导干部必须激发学习的本能本性，增强求知欲和学习欲，始终保持学习的热情和激情，坚定不移地把学习进行到底。**锲而不舍，金石可镂**。毛泽东同志曾经说过："饭可以一日不吃，觉可以一日不睡，书不可以一日不读。"学习读书是一个苦差事，同时也是一件乐此不疲的事。领导干部只要坚持不懈、久久为功，沉下身子，静下心来，日积月累，通过读书来磨炼自己的心性和意志，就能不断提升自己。

29. **没有终点，只有起点；没有毕业，只有毕生**。习近平总书记指出："我们的干部要上进，我们的党要上进，我们的国家要上进，我们的民族要上进，就必须大兴学习之风，坚持学习、学习、再学习，坚持实践、实践、再实践。"[2] 当今世界是一个知识爆炸、人才济济的时代，终身学习不仅是知识型社会的一种生存方式，更是领导干部从政的重要理念。领导干部要把学习作为一种生活习惯、精神追求，作为安身立命、履职尽责的内在需要，培养"手不释卷"的习惯。**吾生也有涯，而学也无涯**。高尔基曾经说过："如果不想在世界上虚度一生，那就要学习一辈子。"学习是人生的主要内容，它贯穿了人的一生。然而，大部分的人在离开校门以后即不再学习，一张学校的毕业证书，变成了一生学习的休止符。领导干部要热爱学习、坚持学习、加强学习，绝不能浅尝辄止、得过且过，使自己真正成长为一名理论通、技能懂、历史全的好干部。**求知若饥，虚心若愚**。习近平总书记曾经说过："我们一定要强化活到老、学到老的思想，主动

---

[1] 《习近平谈治国理政》第 1 卷，外文出版社 2018 年版，第 407 页。

[2] 《习近平谈治国理政》第 1 卷，外文出版社 2018 年版，第 407 页。

来一场'学习的革命'，切实把外在的要求转化为内在的自觉，成为自己的一种兴趣、一种习惯、一种精神需要、一种生活方式。"①领导干部要把学习作为一种持续性的行为习惯，树立自觉学习、终身学习理念，从"要我学"变成"我要学"，从"学一阵"变为"学一生"。**对待职务要有满足感，对待能力要有危机感**。习近平总书记强调："全党同志特别是各级领导干部，都要有本领不够的危机感，都要努力增强本领，都要一刻不停地增强本领。"②"知足"与"知不足"是共产党人党性修养的一个基本问题。领导干部不应该在名利上攀比，而应该在工作能力上提倡"攀比"，随时保持知识不足、本领恐慌的紧迫感，自觉加强学习、加强实践，永不自满，永不懈怠。

30.**学而不用等于没学，学习的目的全在于运用**。现实中，有的领导干部读死书死读书，说起书本上的知识滔滔不绝，但一遇到工作中的难题就"抓瞎"。领导干部要善于将学到的知识运用到工作中，切实增强工作本领、提高解决实际问题的水平。**耳闻之不如目见之，目见之不如足践之**。习近平总书记指出："领导干部加强学习，根本目的是增强工作本领、提高解决实际问题的水平。"③工作实践是检验学习成效的一个很好的舞台。学习只有和实践相结合，才能体现出价值。领导干部要注重培养学以致用的能力，始终坚持理论联系实际的学风，在学习中运用，在运用中学习和提高。做到"读万卷书、行万里路"，把学到的知识运用于实践，增强解决问题的真本领。**既要读"有字之书"，又要读"无字之书"**。社会生活是一本无字的大书，要认识和改造它，就必须走近它、走进它、研究它。领导干部的工作本身就是服务群众，群众的需要决定了领导的工作路径，这就要求领导干部要经常深入实际、深入基层、深入群众调查了

---

① 习近平：《之江新语》，浙江人民出版社 2007 年版，第 41 页。

② 《习近平谈治国理政》第 1 卷，外文出版社 2018 年版，第 403 页。

③ 《习近平谈治国理政》第 1 卷，外文出版社 2018 年版，第 406 页。

解情况，拜人民群众为师，虚心向实践学习、向群众学习，掌握第一手资料。**学习工作化，工作学习化**。习近平总书记强调：领导干部要发扬理论联系实际的马克思主义学风，带着问题学，拜人民为师，做到干中学、学中干，学以致用、用以促学、学用相长，千万不能夸夸其谈、陷于"客里空"。领导干部要做到学习和工作相得益彰，两手抓、两不误、两促进。要把学习看作是工作的发动机和助推器，既要博学善思，又要笃行实践；既要爱读书、读好书、善读书，又要能实干、肯实干、善实干，始终在学中干、在干中学，真正把学习的收获转化为谋划工作的思路、推进工作的措施、领导工作的本领。

二、好干部是干出来的

1. **为政之道，贵在实干**。古往今来，凡事兴于实、败于虚。一切问题，只有在实干中才能解决；一切机遇，只有在实干中才能抓住。东晋、南朝士大夫崇尚虚谈、不尚实干，以高谈阔论、驳倒他人为能事，治国理政、强兵富民则被讥为俗务琐事，结果偏安一隅长达数百年，成为自秦统一之后中国历史上分裂时间最长的时期，给我们留下了深沉的历史之思。中国共产党人则始终把实干作为行动纲领，从建立新中国到确立社会主义制度再到推进改革开放和社会主义现代化建设，团结带领全体中国人民走出苦难、走向辉煌，用短短数十年时间走过西方国家两三百年的发展历程，靠的正是筚路蓝缕、胼手胝足的实干苦干。**空谈误国，实干兴邦**。宋人陆九渊讲"千虚不博一实。吾平生学问无他，只是一实"。做学问是这样，干工作更应如此。赵括"纸上谈兵"、清末"清流误国"历来是治国理政的大忌。实践一再证明，如果终日谈论玄虚，闲扯不着边际的事情，或是热衷于"经验包装"、"材料美化"，只高谈阔论而不知行合一，喜好清谈务虚而不求真务实，弄虚作假、投机取巧，就必然导致国家政务的荒废，不仅影响党和国家的事业，也损害广大群众的切身利益。**实干才是硬道理**。说一千道一万，不如实际干一干。十个空谈家比不上一个实干家。如果眼高手低，说起来一套一套，干起来一塌糊涂，那是没有任何意义和价值的。地方的发展、个人的进步，乃至于时代的气质与风貌，都是由实干来定义与推动的，"不争论，大胆地试"，既是我们改革开放取得成功的重要经验，也理应成为我们持续推进新时代社会主义现代化建设的重要遵循。见之不若知之，知之不若行之，实干正是连通"知"与"行"的桥梁，正如园丁的锄头，砸向大地就能花香袭人；也似农夫的犁铧，深入泥土就有春华秋实。**实干就要有实干的样子**。干工作最忌做虚功、出虚招。对领导干部来说，实干实绩是德才素质的集中反映，是担当作为的现实表现。要以实干立身，始终坚持说实话、鼓实劲、做实事、求实效，实实在在干事，干实实在在的事，不因一时一事的排名先后而心浮气躁，不以攻坚克难的过程曲折而悲观沮丧，注重发展质量、效益和后劲的统一，稳扎稳打，步步推进，以实干创造实绩，赢得组织的信任、人民的支持。

2.**不干，半点马克思主义都没有**。马克思主义哲学最显著的特点就在于它的实践性，实践的观点是马克思主义哲学首要的、基本的观点。实践是人的存在方式，是认识的来源，也是认识发展的动力，更是检验认识正确与否的唯一标准，离开了实践来谈马克思主义就是形而上学。实践，通俗来说，就是干事，干，才是坚持和践行马克思主义；不干，半点马克思主义也没有。社会主义是干出来的，新时代也是干出来的。一个领导干部有没有干事和担当精神，不仅反映作风、鉴见人品，更考量党性、检验官德。**这主义那主义，不落实就没主义**。没有一项工作不是干出来的，没有一项事业不是靠干成就的。中国共产党自成立之日起，就把马克思主义作为自己的指导思想，坚持理论与实践相结合，团结带领广大人民群众实践实干，实现了中国从封闭半封闭到全方位开放的伟大历史转折，实现了中华民族有史以来最为广泛深刻的社会变革和发展。新时代实现中华民族伟大复兴中国梦，也必须通过实干抓住机遇、赢得主动，全方位、深层次地改造主观世界和客观世界，创造性、变革性地开创未来，促进人类社会的全面发展与进步。**要做起而行之的行动者，不做坐而论道的清谈客**。虽然我们已走过千山万水，但仍需要不断跋山涉水。当前，无论是继续涉险滩、啃硬骨头，还是推动改革举措进一步走深走实，都必须激发真抓实干、狠抓落实的精气神。改革关头勇者胜。要涵养实干的态度，葆有实干的姿态，宁可站着干事，不可坐着等事干，敢于打破体制壁垒，突破利益藩篱，革故鼎新、善作善成，绝不能借口现在各方面要求严了、"紧箍咒"紧了，该抓的事业不抓了，该管的事也不管了，为自己不担当不作为找借口，那还有什么脸面忝居其位呢？**干就干最好，争就争一流**。干工作切忌粗枝大叶、得过且过，不能满足于常规性的完成、低水平的落实，而是要振奋精神、迸发激情，打破向后看的惯性思维，树立向前冲的革命豪情，敢于同强的比、向高的攀、与勇的争、跟快的赛，形成昂扬向上、奋发有为的精气神，一鼓作气攻城拔寨，干就干成一流，做就做到极致，将实干进行到底。

3. 当干部一定要有政绩。"为官一任，造福一方"是古已有之的为官之道，更是从政者应当恪守的政德。古往今来，能被历史所记载、人们所传颂的，无一不是通过扎实勤奋的工作，在任职期间作出突出贡献、留下突出政绩的能臣干吏。杭州西湖有白堤、苏堤，就是白居易、苏东坡任职杭州时主持修建的，被冠以他们的姓，如今已经成为著名的旅游景点；韩愈被贬到潮州期间，用短短 8 个月时间，就干了驱除鳄鱼、兴修水利、赎放奴婢、兴办教育 4 件大事，得到了当地群众的高度认可，人们给他修建了韩公祠，把祠后的山叫作韩山，祠前的水叫作韩江，留下了"八月为民兴四利，一片江山尽姓韩"的千古美誉。封建时代的官吏尚且有这样的追求，我们党的干部特别是各级领导干部更应把在任期间干出一番事业、创造一番业绩、为百姓谋得一些福祉作为自己从政为官的追求。**没有实绩的干部不是好干部**。评价干部好坏，不只是看其作风形象，更重要的是看他干不干事、干成多少事。如果干一年、两年、三年还是"涛声依旧"，本地本单位发展面貌没有变化，每年都是"重复昨天的故事"，那就是失职，就不配当干部。一个干部只有在其位、谋其政、履其职、担其责、成其事，干出一番经得起实践、历史、人民检验的政绩，才不负组织的重托、人民的期望。如果只是浑浑噩噩混日子、得过且过熬日子、无所作为耗日子，即便不贪不占，看似"无欲无求"，也不是我们需要的好干部，不仅耽误事业发展，其本质是懈怠，也是一种腐败。**要政绩，不要"政绩工程"**。政绩之精要，关键在"实"。领导干部追求政绩是履职尽责的应有之义，无可厚非，但不能把有政绩等同于搞"政绩工程"，铺摊子、搭架子、挣面子，看似热热闹闹，其实不过是一己之私心，于事业无益、于百姓无利。要牢固树立以人民为中心的发展思想，坚持谋事要实、创业要实、做人要实，自觉端正政绩观，决策用权符合实际、符合规律、符合科学，实实在在为人民谋幸福、为地方谋发展，既做让老百姓看得见、摸得着、得实惠的实事，也做为后人作铺垫、打基础、利长远的好事。**抓好党建是最大的政绩**。党员领导干部必须在党言党、在党忧党、在党为党，想问题、办事情都要从有利于党的团结统一、有利于巩固党的执政地位、有利于维护党的形象的角度来考虑。如果我们党弱了、散了、垮了，其他政绩就没有任何意义了。各级领导干部要爱党、忧党、兴党、护党，自觉增强管党治党意识，全面落实管党治党责任，一级抓一级、层层抓落实，把从严治党的责任切切实实地承担好、落实好，推进全面从严治党向纵深发展。

4. **等不是办法，干才有希望**。云南省西畴县是全国石漠化程度最严重的地区之一，全县99.9%的国土面积属于山区，裸露、半裸露的喀斯特山区占75.4%，面对山大石头多、人多耕地少、石漠化程度深、水土流失严重的生存发展困境，西畴人发扬"搬家不如搬石头，苦熬不如苦干；等不是办法，干才有希望"的精神，硬是在石旮旯里劈出了致富路，形成了享誉全国的"西畴精神"。天上不会掉馅饼，唯有努力奋斗才能创造幸福生活。道理很简单，但有些领导干部就是不明白，"等靠要"思想严重，凡事等文件要指示，看左邻瞧右舍，前怕狼后怕虎；有的一味拿客观原因说事，张口闭口要政策、大事小事讲条件，不推不动，推了也不动。**从来就没有什么救世主**。靠山山会倒，靠人人会跑，唯有自己最可靠。早在新中国成立初期，毛泽东同志就指出："我们是主张自力更生的。我们希望有外援，但是我们不能依赖它，我们依靠自己的努力，依靠全体军民的创造力。"① 中国发展所取得的一切成就，归根结底是广大人民在党的带领下不断推进改革开放，靠艰苦奋斗和顽强拼搏干出来的。别人的帮助可以依靠，但万万不可依赖。如果一个地方、一个干部依赖心理太重，缺乏进取精神，那这个地方、这个干部就一定是没有希望、不会成功的。**等待机会不如创造机会**。干任何事情，都会遇到这样那样的困难，是依靠自己攻坚克难、迎难而上，还是停下来，坐等上级的帮助、同事的支持，反映出两种截然不同的干事态度，其结果自然也会大相径庭。大庆油田建设初期，物资供应和后勤保障都跟不上，吃和住都是大问题，王进喜为了早点开钻，为国争光，喊出了"有条件要上，没有条件创造条件也要上"的口号，激励出广大群众参与建设社会主义的空前激情和冲天干劲。我们现在的条件远胜于当年，更没有什么可推脱的理由和借口，要积极发挥主观能动性，自觉摒弃"等靠要"思想，坚持实字当头、干字在先，艰苦奋斗、自强自立，撸起袖子加油干，才能无愧于这个伟大的时代。**积极主动干，不当算盘珠子**。算盘珠子——拨一拨动一动，不拨就不动。做人可不能这样，从事领导工作尤其不能这样。新时代发展日新月异，机遇稍纵即逝，如果抓不住、用不好，就会在新一轮竞争中处于下风、失去机会。要时刻保持"等不起"的紧迫感、"慢不得"的危机感、"坐不住"的责任感，不等不靠，积极作为，把现有政策用好用活，把自身资源禀赋优势发挥出来，加强上下内外衔接，发扬艰苦奋斗精神，以不甘落后的气势和逢山开路的干劲，托起一片精神高地，点燃希望之光，赢得属于自己的荣光。

---

① 《毛泽东选集》第 3 卷，人民出版社 1991 年版，第 1016 页。

5. 干实事见实效才是真功夫。俗话说："是骡子是马，要拉出来遛遛。"一个人不能只是嘴上说得好听，是否有真本事只要做几件事情看看，是好是坏自有分辨。对领导干部来说，能说会写固然可以成为加分项，甚至可以形成具有个人特色的语言、文字风格，增添个人魅力。但说得再多、再好、再吸引人，都不如踏踏实实干事，干出一番业绩来得更有说服力。实际工作中，一些人口才上佳，说话声情并茂，排比句、感叹句交叉使用，很容易引起听众的共鸣，但说完就完了，从不见什么下文；还有一些干部工作浮在表面，看似忙忙碌碌，就是不抓落实，情况不明决心大，心中无数点子多，急功近利，劳民伤财，其实不过是在"瞎折腾"。**说了不等于做了，做了不等于成了**。说和做是两码事，说了，是思路想法、打算要求；做了，是事实判断、过程评价；成了，是价值判断、效果评价。我们不缺雄韬伟略的战略家，缺少的是精益求精的执行者。那些动口不动手、光说不练，对"是什么"、"为什么"头头是道、夸夸其谈，对具体"怎么做"、"做什么"心中无数、闭口不谈的领导干部，看似是谋略家、分析家，实际只是空想家、清谈客，不仅无助于个人发展，还会损害党和人民的事业。**实践实干实效最重要**。为什么一些地方工作推动有力，发展步伐坚实，而有的地方工作总推不开，发展步子迈不出？一个重要的原因就在于干部的精气神不足、求真务实不够、真抓实干不够。无论你表现得多努力多辛苦，结果不会陪你演戏，只有实干才有实效，这是亘古不变的真理，也是从事领导工作必须坚持的原则。当前，我们正处于实现中华民族伟大复兴中国梦的关键时期，只有以干实事、见实效的真功夫，坚定不移地干、大胆创新地干、久久为功地干，才能干出新形象、干出新作为、干出新辉煌。**发扬不兴"伪事"的踏实作风**。搞形式主义、官僚主义，做伪事虚功，是作风不实和低能、无能的表现。实干精神、实干能力和实干效果，最终要靠人民和历史来检验。领导干部要大兴求真务实之风，始终坚持出实招、干实事、说实话，勤勉敬业、真抓实干、精益求精，创造出经得起实践、人民、历史检验的实绩。

6. **唯有"埋头"，才能"出头"。**"埋头"犹如起跳前的深蹲，弹簧弹起前的压缩，是力量凝聚的过程。"出头"则是功到自然成的飞跃，是量变到质变的必然结果。根深才能叶茂，成功讲究水到渠成，功夫到家了，出头就自然而然、顺理成章。美术大师的画作经久不衰甚至成为流传经典那是因为日复一日的枯燥乏味的练习，音乐家弹奏的美妙音符也源自几十年如一日的研习苦练。如果老是抱怨没有出头之日、总是想着一鸣惊人而不知兢兢业业、踏踏实实干事，那只能徒有虚名、徒增烦恼、徒劳一场。**要想人前显贵，必先人后受罪。**任何取得的成绩和亮眼的光芒，背后都是默默艰辛的付出。台上一分钟，台下十年功。有位心理学家提出了一个著名的一万小时成功定律，一个人取得成功与天分无关，只跟"练习"时间长短有关，如果想在某一领域取得成就，就必须"练习"一万小时以上。我们无法决定自己的起点，但却可以通过后天的努力去发光发热。**板凳坐得十年冷，文章不写半句空。**钱锺书先生讲过："做学问既要有好头脑，也要有好屁股。"没有定力、吃不了苦，做学问、做干部都是做不下去的。当干部要真用力、用真力、力用真，方可精进。心有杂念、贪图享受，是无法当好干部的。只有坐得住、吃得苦，全神贯注，慎思明辨，才能明为官之道、正为官之事。**既要埋头干活，也要抬头看路。**埋头苦干不是埋头蛮干，也要讲目标讲方法。做事不由东，累死也无功。奋斗是长期的，伟大事业需要几代人的接续奋斗，如果只埋头不抬头，就有可能好了一时、误了一世。要着眼未来、谋划长远，在埋头的过程中不断校准航向，把当下和未来结合起来，学会等待和积累，在时机来临之时一飞冲天。

7. **宰相起于州郡，猛将发于卒伍。**凡成大事者，大多都是从基层一步步摔打起来的。前些年舆论场上兴起探讨的中西方选举领导人模式，里面讲中国选拔的领导人，大多是经历过多年的基层任职考验，对国情、政情、民情比较了解，而西方选举出的领导人，不少是毫无行政经验的"政治素人"，所以西方国家会有一些宪政空窗期，有的新领导人需要长达半年的时间来熟悉情况，在瞬息万变的全球化时代，这么长的适应期，代价显然过于高昂。没有人生来就是宰相、将军，不当几次"热锅上的蚂蚁"，不接几回"烫手的山芋"，那永远是温室的花朵，成不了大事。**不了解基层就不了解中国**。习近平总书记曾经指出，"基层跑遍、跑深、跑透了，我们的本领就会大起来"①。实践出真知，基层是沃土。基层是党员干部了解国情、了解中国社会、向广大群众学习的好课堂，也是党员干部磨砺作风、提高素质的磨刀石。一个党员干部要是不"接地气"，就掌握不了基层实际情况，工作思路和方法就很可能脱离实际，自然也就很难受群众欢迎。**脚上沾了多少泥土，心中就沉淀了多少真情**。清水在于流动，感情在于走动。干部只有真正走进百姓中间，才能了解群众所思所盼，才能摸准难题症结，才能与群众建立真感情。共产党人是自己有一条被子，也要剪下半条给老百姓的人。干部与群众之间的"鱼水情深"就是用脚步丈量出来的。经常到群众中走动，既是一种工作方法，更是一种良好作风，只有脚下沾满泥土，才能接通地气、增长才气。**到基层一线蹲苗淬火**。越是条件艰苦、困难大、矛盾多的地方，越能锤炼人，干部多墩墩苗没有坏处，把基础搞扎实了，后面的路才能走得更稳更远。基层的艰苦，能够磨炼一个人的意志和能力，而后无论遇到什么困难，都能有一股遇到任何事情都敢于挑战的勇气，什么事都不信邪，都能处变不惊、克难而进。要读好"无字书"、进好"百家门"、行好"万里路"，经风雨、练本领、长才干，加深对群众的感情，提升群众工作本领，提高领导能力和工作水平。

8.**把工作当事业，把事业当追求**。工作的价值在于"干事"，人生的意义在于"奉献"。你把工作当职业，它就仅仅只是一个养家糊口的营生；

---

① 习近平：《干在实处　走在前列——推进浙江新发展的思考与实践》，中共中央党校出版社 2016 年版，第 534 页。

把工作当副业，那么它随时有可能失败；只有把工作当事业，把事业当追求，它就是一个舞台，可以实现自己的人生价值。如果完全为了工作而工作，忘记了人民公仆的使命与责任，工作不在状态、没有激情，只求"无过"，不求"有功"，那是没有格局、没有境界、没有追求的表现。**工作是一时的，事业是一生的**。数学大师陈省身把数学当作自己一辈子的事业，不断努力工作，最终取得了巨大的成就。"一辈子干革命到脚直眼闭"的杨善洲，最终得到了人民的敬仰、历史的铭记。人一生会经历很多工作，会有不同的岗位变化，如果没有强烈的事业心责任感，这些工作就仅仅只是一份工作。领导干部只有对自己所从事的工作有深刻的理性的认识和情感认同，才能产生热爱之心、履行认真之责，把工作当成事业干。**有大追求才有大事业**。追求是人奋发向上的原动力，有了追求干事创业才更有激情，才会增强精益求精、成就卓越的行动自觉。干部是负重前行的人、披星戴月的人、鞠躬尽瘁的人，无论在什么岗位、担任什么职务，应把工作当事业来对待，作为一种责任来鞭策，始终保持热情、充满感情、怀有激情，变"要我干"为"我要干"，让工作成为自己割舍不下的一份牵挂，肯钻研、立标杆、当旗帜，努力做事，努力做成事，努力做成大事。**不把工作当回事，工作就会让你摊上事**。把工作当儿戏，敷衍了事，怀着当一天和尚撞一天钟的心态干工作，能拖则拖、能挡则挡、能推则推，这样的干部一定没有出息，甚至会出事。现实生活中，有的干部信奉"千里来做官，只为吃和穿"，把工作职务当成牟利工具；有的只求过得去、不求过得硬，当庸官懒官混事官；有的为了不出事，宁可不做事，只想当一事无成的太平官，这些人最终都将被淘汰出局。

9. **干事是干部的天职，担当是干部的使命**。担当使命是共产党人融入血脉的传统。中华民族从站起来、富起来到走向强起来的不凡征程，一直都刻印着共产党人的担当与奉献。从井冈山上 4.8 万多名烈士忠骨、点燃中国革命的星星之火，到新中国成立之后的自力更生，到改革开放的杀出一条血路，再到新时代中华民族的伟大复兴，就是一个个共产党人守初心、担使命的宏大叙事。一代人有一代人的历史责任，一代人有一代人的使命担当，推进伟大事业，唯有实干才能成功，这是检验每名干部的忠诚度、事业心和使命感的试金石，是在新起点上把党的事业不断推向前进的重要保证。**不担当就是不忠诚**。担当作为体现的是一种自觉、一种品行、一种格局，也是检验一个干部合不合格的最直观的标尺。不担当就是不忠诚，就不配当干部。有的干部认识却没有达到这个高度，口头上说担当，行动上却退缩，在其位却不谋其政、在其岗却不尽其职，浑浑噩噩混日子；遇到问题就绕、见到困难就躲，平平安安占位子；不争前、不落后，只求中间过得去，庸庸碌碌守摊子；口号喊得震天响，行动起来轻飘飘，忙忙碌碌装样子，长此以往，就会失去当干部的资格。**有多大担当才能成多大事业**。为官避事平生耻，担当大小，体现着干部的胸怀、勇气、格调。实现"两个一百年"奋斗目标，需要我们有更加强烈的担当精神，勇于涉险滩、破坚冰、攻堡垒、拔城池。要认清职责定位，该承担的任务要主动认领，敢于担当责任、勇于直面矛盾，敢啃最硬骨头、挑最重担子，说到做到，善于解决问题，不推诿扯皮，对"为官不为"、"为官乱为"感到羞愧难当、无地自容。**要拎着乌纱帽为民干事，不要捂着乌纱帽为己当官**。党和人民把我们放在领导岗位上，就是对我们的信任，是给了我们为党分忧、为国效力、为民尽责的机会。古人常讲"居庙堂之高则忧其民，处江湖之远则忧其君"，"先天下之忧而忧，后天下之乐而乐"，新时代的干部更要身体力行，凡是有利于党和人民事业的，就坚决干、加油干、一刻不停歇地干；凡是不利于党和人民事业的，就坚决改、彻底改、一刻不耽误地改，用我们的不舒服一点、不自在一点，换来老百姓的舒适度好一点、满意度高一点。

10. **实干者吃香，有为者有位**。做老实人说老实话干老实事，历来是我们党倡导的优良作风。"不让老实人吃亏"，让有为者有位，是我们党干部工作的一贯原则，映射出选人用人的朴素逻辑和正确导向。当下，很大比例的脱贫攻坚一线优秀干部和担当作为的干部得到提拔，都在说明，个体成长的关键路径，就是实干与作为。干事创业容不得庸懒散怠，改革创新容不下为官不为。任何事业都需要实干家的奋斗，与其这山望着那山高、坠入升迁焦虑的深渊难以自拔，不如立足岗位，奋发有为。**历史不会辜负实干者**。一分耕耘一分收获，没有功劳就谈不上苦劳。现在一些干部，在一个地方干了三五年，就认为自己被"拴"住了、耽误了前程。要明白，没有哪个岗位是用来坐等提拔的，干得不好别说提拔，连现有的位置都保不住。大浪淘沙，哪个干部埋头苦干，哪个干部投机钻营，哪个干部尸位素餐，组织和人民群众都看得清清楚楚，都会公正对待。那些"立德立功立言"的人，那些"为天地立心，为生民立命，为往圣继绝学，为万世开太平"的人，那些为新中国的成立和建设、为人民群众的幸福生活而鞠躬尽瘁、殚精竭虑的人，历史不会忘记、组织不会忘记、人民不会忘记。**成功没有"捷径"，实干成就梦想**。干任何事情都没有近道可抄。路要一步一步地走，事要一件一件地干，唯有脚踏实地地干、坚持不懈地干，才能日积月累、成就千里之功。实干是最靠谱的"捷径"。离开了实干，为人就会急功近利、好高骛远，干事就会作风漂浮、华而不实，这样的路不是"捷径"，而是"歪路""邪路""断头路"。**干部只管冲锋陷阵，成长进步交给组织**。干部敢不敢、能不能担当作为，除了自身境界、个人能力外，组织也承担着重要的作用。把实干者担当者用起来，实干担当就会蔚然成风。对那些在关键时刻、重大任务面前豁得出来、冲得上去的干部，一定要及时发现出来、合理使用起来。作为干部个人，一定要稳住心神、扑下身子，踏踏实实做实事，个人的成长进步交给组织就行，不能搞自我设计，屁股还没坐热就想挪位子，事没干几件就伸手要"帽子"。

11. 行动胜于回避，完成胜于完美。任何事情，都不能等到所有条件都成熟以后才去做，遇到困难就想着回避，或是等待"完美"，就会贻误战机、贻误发展。大多时候，行动起来就是最好的选择，如果过于追求完美，瞻前顾后、犹豫不决，甚至回避退缩，总是想要所有条件都具备的时候才开始行动，那么事情永远干不成。一些美好的设想大多止于纸面，原因就在于过于追求完美导致无从下手。凡是认定的事情，就要敢断他人所不敢断，迅速作出决策并立即付诸实施，方能抓住机遇，乘势而为。**行动是成功的一半**。一个行动胜过一打纲领。"想到"和"达到"中间隔了"做到"，行动虽然不一定就能成功，但不行动，一点成功的机会都没有。如果一味回避，纠结于有没有万全之策、有没有十足把握，那就永远不会有结果，更不要说有完美的结果。想成事、成大事就要有行动力。不管有没有想好怎么翻墙，把背包扔过墙后，你总会想办法翻过去的。**没有完成就没有完美**。喜欢完美的事物并且追求完美是人的本性，完美可以是终极的追求，但不能成为完成的阻碍。有时候完美的条件太过苛刻，太过执着于此、沉溺其中，就有可能丢了西瓜捡了芝麻。事事都要出色的人，往往很难把一件事情真正做到最好；在一件事上反复修正、苛求完美，往往浪费了本该用在更有价值事情上的宝贵时间。很多事情都是在完成的过程中不断修正、逐渐走向完美的，哪怕做不好、会做错，也要先把事情初步完成，只有先"完成"，你才有基础、有时间不断完善、达到完美。**下定决心之日都是吉日**。这种择吉文化自古以来就深入人心，某种程度上讲也是追求完美的一种表现。事情要在行动中完成，而不能在想象中幻灭。要随时准备付诸行动，随时在状态，不断激活自己，面对机遇敢于抢抓、面对艰险敢于探索、面对落后敢于奋起、面对竞争敢于拼搏，提高驾驭工作的能力，不怕苦累、真抓实干。要强化立即行动、现在就做、马上就办的工作理念，事情定了就办、办就办好，保持快节奏、追求高效率，不拖拖拉拉、不半途而废，在完成工作的基础上，逐步纠偏、迭代、升级，才是追求完美的正确姿势。

12. **香花不一定好看，会说不一定能干**。著名的"冰山理论"提出，一个人的"自我"就像一座冰山一样，我们能看到的只是表面很少的一部分外在行为，而更大一部分的内在世界却藏在更深层次不为人所见。生活中处处充满了谜团，并不是散发着香味的花都是好看的，嘴上功夫了得的人也可能不怎么会干活，稍有疏忽，就会被事情的表面误导。因此，我们评价一个干部，不能只看他说了什么，更应该看他做了什么。当干部，想要成长进步，还是要靠踏实肯干创造出真功实绩，决不能一讲一大堆、一干都在推，沦为"言语的巨人、行动的矮子"。**光说不做假把式**。党的事业是靠实干干出来的，而不是靠"喊口号"喊出来、"放空炮"轰出来的。干事创业不能夸夸其谈、坐而论道，关键在于付诸实践、落到实处。只有把"想法"、"看法"转化为"做法"，变成具体行动、化为实际效果，才能不断推动经济社会发展。如果终日喜好高谈务虚而不苦干实干，"嘴上说得好，做起来一团糟"，那是金玉其外败絮其中，没有内涵内核。**口能言之，身能行之，国宝也；口言善，身行恶，国妖也**。干部要练就硬核本领，既"能说"又"会干"的干部才是事业最需要的干部。只有既重言又重行，才能有效破解难题、化解矛盾，不断开创事业发展新局面。说话要讲究效果，所讲的内容能抓得住要害、掌握好分寸、打得动人心，让人听得清楚、入脑入心，善于发动和组织干部群众，汇聚各方智慧和力量。但行大于言，要练就实干"内核"，发扬"贴着地面走"的实干精神、"弯下腰身拉"的吃苦精神、"一步一个脚印"的拼搏精神，干事不避事、担当不塞责，把工作落到实处、干出实效。**练就识人察人的火眼金睛**。眼见不一定为实，耳听不一定为虚。知事识人是干部的基本功。要坚持辩证地、全面地、历史地看待干部，既看优点也看缺点，既看功劳又看失误，把"两面人"识别出来、挡在门外，把老实人甄别出来、重用起来，把敢不敢扛事、愿不愿做事、能不能干事作为奖惩升降的重要标准，把干部干了什么事、干了多少事、干的事组织和群众认不认可作为选拔干部的根本依据，旗帜鲜明树立讲担当重担当、重实干重实绩的用人导向。

13. 做正确的事比正确地做事更重要。用管理学分析，做正确的事是高效能，正确地做事是高效率，每个管理者都希望同时提高效能和效率，但在效率与效能无法兼得时，首先应着眼于效能，然后再设法提高效率。做正确的事是世界观问题，正确地做事是方法论问题。认识到什么是正确的事是做一切事的开始，只有做正确的事情，才有可能把事情做正确，从而达到预期的效果。不正确的事，花的力气越多，错误就有可能越大。**方向不对，努力白费**。方向涉及根本、关系全局、决定长远。做任何事要先有方向、有目标，方向对，事情才有可能对；方向错了，一切都无从谈起。干事创业路上经常有岔路、弯道、沟壑和险阻，如果不会抬头看路、辨别方向，轻则出工出力却跑偏了方向、走了弯路，重则"南辕北辙"，甚至车毁人亡。**校准航向再出发**。只要方向对，就已经成功了 50%，即使在具体执行时有所偏差，也可以随时校准，对结果不会有太大的影响。要把握正确的政治方向，站稳政治立场、坚定政治原则，始终在大是大非面前保持头脑清醒；要坚持正确的价值取向，始终把人民放在心中最高位置，尊重人民群众历史主体地位，实现好、维护好、发展好最广大人民群众的根本利益；要坚决抵制不良倾向，慎独慎初慎微，堂堂正正做人、清清白白为官，任何时候、任何情况下都坚守底线、不踩红线、不碰高压线。**用正确的方法做正确的事**。方向正确、方法对头，就能得到最大的效率效能。对领导干部来说，做正确的事就是为中国人民谋幸福、为中华民族谋复兴；正确地做事就是遵循客观规律、解放思想、实事求是、与时俱进、求真务实。要把握工作大局，理解意图、熟悉情况、坚持原则，分清层次、分清主次、分清缓急，遵循既定的目标计划——落实。要注重听取群众意见，充分了解群众所需所盼，争取群众的理解、支持和参与，确保把事情做对做好。要保持想事干事的责任之心、谋事勤事的进取之心，以敬业、勤业、创业、精业的精神，立足本职为人民谋利益、为社会作贡献、为国家而献身。

14. 方向正确后，方法便为王。 做任何事情，方向明才不会背道而驰，方法对才不会事与愿违，前者是前提，后者是保证，都是成事的关键。毛泽东同志曾把完成任务比作是"过河"，把方法比作是"桥"和"船"，不解决"桥"或"船"的问题，"过河"就是一句空话。当下，一些领导干部"老办法不管用、新办法不会用、硬办法不敢用、软办法不顶用"，说到底是疏于学习，没有找到好方法。无论从事什么工作，很重要的是掌握科学的世界观和方法论，科学的思维、思想、工作方法是我们提高工作质量的重要工具和手段。**千难万难，方法对了就不难。** 做工作、办事情，都要选择好路径、遵循规律、讲究方法。当目标确定之后，如何去实现这个目标就看方法。方法得当事半功倍，方法失当事倍功半。面对前进道路上的各种问题和困难，方法总比困难多，"穷理以致其知，反躬以践其实"，就能把方法研究透，把本领学到家，把问题解决好。**把思维方法搞对头。** 思维指挥行为。要努力学习掌握科学的思维方法，特别是辩证思维、系统思维、战略思维、法治思维、底线思维、精准思维，用这些思维方法观察事物、分析问题，不断增强工作的科学性、预见性、主动性和创造性。要自觉按辩证法办事，善于从纷繁复杂的矛盾中抓住"牛鼻子"、找到关键点，将看似艰难的工作巧妙转换，在把握全局中推进各项工作。**一把钥匙开一把锁。** 从唯物论的角度来看，锁就是一个"问题"，而钥匙就是解决这个问题的办法，强调的是矛盾的特殊性，对症下药才能药到病除。要因地、因时、因事、因人而异地开展工作，精细化诊断问题，精确化分析问题，精准化解决问题，注重方法的实效性，重点"症结"重点留意、重点环节重点关注，对问题复杂程度要有基本的掌握，对可能出现的结果要有基础的预判，找到"钥匙"开对"锁"，确保问题妥善解决、矛盾迎刃而解。

15. 想干的人找方法，不想干的人找借口。 想干和不想干，检验的是干部的品质。好干部永远斗志昂扬，千方百计把事情干好；官油子永远都庸懒散滑，有工作就推有难题就让。喷泉之所以漂亮，是因为有压力；瀑布之所以壮观，是因为没有退路。拼命找方法的人，得到的是一份份收获，不断增加着人生的宽度和厚度；不停找借口的人，失去的是一次次机会，长此以往领导同事和群众远离你、发展进步远离你，甚至被时代抛弃。**想法决定干法**。思想决定行为，有什么样的想法，就会有什么样的干法。想干，到处都是机会；不想干，什么都是困难。无论做任何事情，首先都要树立正确的世界观、人生观、价值观，提高事业心责任感，任何时候都饱含激情、永远年轻，始终保持积极向上的原动力。**任何借口都是推卸责任**。领导干部敢不敢担责、能不能担责、愿不愿担责，不仅体现个人能力品行和思想作风，更关乎党和国家的事业发展。当前，有的领导干部热衷把工作层层布置、层层分解，一旦出了事就层层卸责、转移重点，把他人的"责任状"变成自己的"免责单"，"事不关己高高挂起"。"行有不得，反求诸己"。面对困境，少从客观方面找借口，多从自身方面找出路，只为解决问题想办法，不为避事推责找借口。**多做可行性研究**。作为领导干部，把可能变为可为，这是本职；把可能变为不可能，这是失职；把不可能变为可能，这是本事，是好干部应有的素质。当前，有的干部遇事不是去研究如何破解，而是研究这样不行、那样不行，习惯于搞不可行性研究，这是不担当的表现。面对工作、面对难题，要千方百计想办法、出点子，从各个不同的角度研究分析，分清主要矛盾和次要矛盾，抓住矛盾的主要方面，进而把事情办好，把难题解决。

16. **没有走不到顶的山，只有找不到路的人**。马克思说过：在科学的道路上，没有平坦的大路可走，只有不畏艰辛，沿着陡峭的山路攀登的人，才有希望到达光辉的顶点。任何的高山都能够被征服，任何的困难都会得到解决，关键是你有没有找路的恒心毅力。二万五千里长征，硬生生在雪山草地上走出了一条大道，"两弹一星"、天宫蛟龙，都是从无到有，硬生生杀出一条上天入地的路。当下，一些干部常常会被"高山"吓倒，还没攀登就先怯场，丢了气场。如果没有一股闯的精神、逢山开路的英雄气，那就永远欣赏不到山顶的美景。**世上无难事，只要肯登攀**。世上无"为难"二字，唯有用心而已。在一个地方、一个部门或一个单位任职，有的干部得心应手，游刃有余；有的却焦头烂额，疲于奔命；有的甚至四面楚歌，身败名裂。这说明，有心和无心，格局境界天差地别。只要肯下决心去做，世界上没有什么办不好的事情，困难总是可以克服的。领导干部面对日益纷繁复杂的局面，必须时刻做个有心人，时刻保持事业心责任感，极端负责地做好各项工作。**人比山高，路在脚下**。山高人为峰。只要有勇气和胆魄，就可以登上珠穆朗玛峰，那么世界上的最高点便是你；只要有毅力并且够健壮，就可以环绕地球，那么世界上最长的便不再是赤道的距离，而是你走过的长度。推进伟大事业、实现伟大复兴，我们应当一个难题接着一个难题去攻克、一项工作接着一项工作去推进，用坚持不懈的努力走好走稳社会主义的康庄大道。**无限风光在险峰**。不畏艰难、敢于挑战、勇于奋斗，用一步一个脚印去征服山峰的登山之人，才能感受到那种登顶后一览众山小的征服感、畅快感和满足感。作为领导干部，越是在艰难困苦面前，越是在爬坡过坎的时候，越需要拿出应有的责任与担当，直面矛盾和问题，主动接受挑战，大胆开拓创新，矛盾面前不躲闪、挑战面前不畏惧、困难面前不退缩，跨过高山大河、险滩湍流，才能够欣赏到柳暗花明、别有洞天的美景，经过困难的磨砺，自身的境界格局本领也将得到质的飞跃。

17. 既要想干愿干积极干，又要能干会干善于干。改革越到紧要关头，事业越到十字路口，越需要领导干部履职尽责。没有落后的群众，只有落后的干部。有些干部，不主动接受新事物，不善于掌握新知识，不出思路、不想办法、不会干事。还有一些干部，守着过去的光荣，凭着老经验办事，无开拓创新之能，无改革开放之志。真担当要有真本事，如果空有一腔担当的热血，却没有干事创业的"几把刷子"，那就是个"银样镴枪头"。**只要思想不滑坡，办法总比困难多。**任何事物的发展都是螺旋式上升和波浪式前进的，在发展过程中免不了遇到各种各样的问题矛盾。但事物终究是曲折前进的，这说明只要"思想不滑坡"，任何困难都不会把我们逼进死胡同。相反，它会给困境中的我们，带来意想不到的惊喜，这个惊喜就是我们战胜困难的能力和胜利后的成就感。要有一股积极向上的精气神，把所有的办法和措施都紧紧围绕解决问题这个目标展开，咬定青山不放松，不达目的不罢休，办法就一定会比困难多。**打铁必须自身硬。**打铁的人必须是铁打的人。领导干部自身素质的好坏，工作能力的高低，直接关系到各项工作能否扎实推进、取得实效。要敢于直面问题，勇于自我革命，严下先严上，严兵先严将，着力扶正祛邪、革故鼎新，以勇于自我革命的精神，不断改造主观世界，解决好世界观、人生观、价值观这个"总开关"问题，增强本领不足、本领恐慌、本领落后的危机意识，不断改进作风，以身作则、率先垂范，真正做到信念过硬、政治过硬、责任过硬、能力过硬、作风过硬。**要有担当的宽肩膀，还要有成事的真本领。**无论是干事创业还是攻坚克难，不仅需要宽肩膀，也需要铁肩膀；不仅需要政治过硬，也需要本领高强。要勇于挑最重的担子，敢于啃最硬的骨头，善于接最烫的山芋，增强学习新知识、掌握新本领的自觉性和紧迫感，注重培养专业能力、专业精神，突出针对性和实用性，补齐本领上的短板、能力上的不足。

18. **只争朝夕，不负韶华。**人生苦短，难过百年。而在一生中，能够工作的时间大概只有四五十年，而当领导干部的时间则更短，慢不得、等不得、拖不起，只有以时不我待、只争朝夕的紧迫感投入工作，才不会辜负大好年华和这个伟大的时代，才可能有所成就、有所收获，不然就会延误本地区本单位的发展，延误各项方针政策的落实，阻碍改革发展的大业。**盛年不重来，一日不复返。**精力充沛的年岁、干事创业的时机，一旦过去就不会再来，万万不可白白辜负。要爱惜时间，好好规划自己，用好分分秒秒，努力去完成自己该做的事情，别以为还有大把时间可以挥霍就不珍惜光阴，让其白流空转，应清醒认识到生命短暂、光阴宝贵、年华正在渐渐老去，不要蹉跎了时光。**把有限的生命投入到无限的为人民服务中**。人的生命是有限的，为人民服务是无限的。发展未有穷期，时间不等人，历史不等人，时间属于奋斗者，历史属于奋斗者。领导干部理当争分夺秒与时间赛跑，同历史并进，与祖国同步伐，与时代共奋斗，创造出中华民族的伟大历史实践。**新时代是奋斗者的时代**。中国特色社会主义进入新时代，新时代属于每一个人，也不会辜负每一个人，每一个奋斗者都有发光出彩的机会。一万年太久，只争朝夕。在实现民族复兴中国梦的大路上，要牢记"为中国人民谋幸福、为中华民族谋复兴"的初心和使命，永远把人民对美好生活的向往作为奋斗目标，在岗一分钟、战斗六十秒，不断征服新的"雪山"、"草地"和"娄山关"、"腊子口"，以全新的姿态答好"时代之卷"。

19. **功成不必在我，建功必定有我**。干事创业如接力赛跑，除了自己要跑好，还得接好棒、传好棒。现实中，一些领导只顾"烧自己的火，热自己的锅"，喜欢另起炉灶、另搞一套；有的只想"自己栽树，自己乘凉"，对开花早、结果快的事高度重视，对周期长、见效慢的事却不太感冒。领导干部只有坚持在前任基础上做好衔接性、继承性、持续性的工作，为后任做好铺垫性、基础性、长远性的工作，才能不断拾级而上，推动事业取得成功。**出尽"功成"之力、不求"功成"之誉**。建功立业，是干部应有的追求，但绝不能一味求"功"和"名"。要自觉摒弃功利思维，加强主观世界的改造，切实解决好"我是谁"、"为了谁"这一根本问题，牢固树立以人民为中心的发展思想，想问题办事情多考虑群众利益，少考虑个人得失，只要有益于人民，即便在自己手上做不出来，或者与自己关系不大，也要义无反顾地去做，尽力添砖加瓦。**既要显绩也要潜绩**。为官从政，既要立足当前，从解决好人民群众最关心最直接最现实的利益问题入手，多做人民群众看得见、摸得着、得实惠的实事好事，不断增强群众的获得感、幸福感、安全感；也要着眼长远，坚持不懈做好打基础管根本利长远的工作，勇于推进周期长、泽济后世的潜绩，推进经济社会优质高效可持续发展。**久久为功，一张蓝图绘到底。**塞罕坝两代人近50年的艰苦奋斗，在极端困难的条件下，成功打造了112万亩人工林，创造了一个变荒原为林海、让沙漠成绿洲的绿色奇迹。做工作、干事业，就要有这种久久为功、利在长远的定力和耐力，发扬钉钉子的精神，一茬接着一茬干，一任接着一任抓，稳扎稳打、步步为营，创造出无愧于时代和人民的业绩。

20.**干一行爱一行，专一行精一行。**领导工作是一门科学，需要敬业精神和专业精神，领导岗位都是为干事而设的，如果心猿意马、三心二意，是不能成事甚至还会坏事的。想干事、爱干事是干事创业的前提条件，主观上有干事的强烈激情和愿望，才能爱岗敬业、追求卓越；勤于钻研、精通业务是干事创业的基本功，能力不足，本领缺位，也会影响工作效果，只有具备基本的政治素养，具备与履行职责相匹配的能力水平，才能成为工作的行家里手，成为"政策通"、"活字典"、"问不倒"。**既干之则爱之，既爱之则乐之。**安心、热衷本职岗位，是做好一切工作的基础，也是每个领导干部都应具备的职业道德。人人都倾向于因为兴趣而从事某一工作，即"爱一行干一行"。但现实中，兴趣同工作岗位、工作内容不一定是完全匹配的，这是不因个人意愿而转移的，唯有及时调整自己的心态，努力做到"干一行爱一行"，在实践中不断培养对岗位的兴趣，进而从内心喜爱上自己的工作，并让这种态度和精神成为干好工作的最大保障。**既要当好领导，又要成为专家。**工作都是具体的，不同的行业、岗位有不同的工作要求。领导干部既要统筹协调，做好部署安排，也需要一定的专业知识、专业水平作支撑，如果在业务上只是"门外汉"、"半桶水"，就会有心无力、贻笑大方。要坚持干什么学什么、缺什么补什么，不断提高解决实际问题、推动实践发展的能力和水平，努力成为本领域本行业的内行、专家。**让工匠精神成为干事创业的标配。**新时代对领导干部提出了新的更高要求，只有在工作中保持"精益求精"的匠心，将"精"的态度应用到工作的各个方面，努力做到"零差错"、"最完美"，才是一名优秀的领导干部。要始终秉承"如切如磋、如琢如磨"的钻劲，深入研究、认真落实，不断培育专业精神、专业作风、专业能力，提高专业化、专门化、精细化水平，推动事业又好又快发展。

21．**没有执行力，一切等于零。**为政之要，贵在落实；落实之本，重在执行。长征途中，毛泽东同志指挥红军四渡赤水，虽然一些官兵对他的指挥方法和作战意图并不理解，但依然坚决贯彻执行，最终摆脱了几十万敌军的围追堵截。执行力强则事成，执行力弱，再完美的计划、再完备的制度、再完善的办法措施，也都只能是空中楼阁。为官从政，执行力更是必不可少。领导干部必须不断提升自己的政治能力、业务能力和执行能力，才能真正做到召之即来、来之能干、干之能成。**执行力是核心竞争力。**工作计划确定、工作目标明确后，能否不打折扣、不讲条件、不挑肥拣瘦、不敷衍塞责地抓好执行，能否有胆气、有办法、有能力抓好落实，就成为衡量一个领导干部是否称职的重要标尺。执行力不仅体现工作作风，更体现领导水平。面对新形势新挑战，领导干部必须强化执行观念，以立即做、马上办的精神，不拖拉、不观望，不折不扣贯彻执行，才能让工作落实落地，并让自己有更好的"价值"、更高的"含金量"。**千招万招，不执行都是虚招。**一分部署，九分执行。对领导干部来说，干了没有、干的效果如何，是执政能力的重要体现，也是对领导力的重要检验，更是政策落地生根、目标变为现实的关键。"良弓在手，贵在速发"。要不打折扣把党和国家的各项方针政策、决策部署和措施要求执行到位，切忌"表态很坚决、行动很迟缓"、"只打雷不下雨"或是"好办的事更好办、难办的事更难办"。**执行得漂亮，方显真本事。**执行是最有力的宣言，落地见效是最有效的担当。但如果只是机械执行、生搬硬套、落不到点子上，也是没有意义的。领会要准，悟透上面的政策，熟悉下面的情况，掌握科学的执行方法，精准执行；跟进要快，及时落实，及时解决发现的问题，既直面困难抓好具体工作，又强化指导做好督查检查，确保落实落地；反馈要速，及时将执行进度、存在问题、取得成果向上报告、向下通报，确保上下左右信息对称，让工作更好地推进。

22. **高起点谋划，高标准推进，高质量落实**。想干事、会干事、干好事、不出事是对领导干部的基本要求。达到这一要求，就不能一般化推动工作，满足于"差不多"、"基本完成"、"已然合格"，而是要以"成就无止境、奋斗有佳境"的高起点谋划工作、以"没有最好、只有更好"的高标准推进工作、以"勇于超越、矢志卓越"的高质量落实工作，始终勇于突破、勇攀新高，不断推动各项工作向上向好、开拓创新、有收获见效果。**取上得中、取中得下**。《论语》讲，取乎其上，得乎其中；取乎其中，得乎其下；取乎其下，则无所得矣。《孙子兵法》也讲，求其上，得其中；求其中，得其下；求其下，必败。只有高标准才有高质量。一个人即使制定了较高的目标，最后仍可能只达到一个中等的结果，而如果一开始就制定一个低目标，那恐怕就什么都实现不了。领导干部如果没有争一流的志向，没用争一流的力气推进工作落实，就有可能什么也干不成。要坚决摒弃一般化标准，带头以最高的标准谋划和推进工作，树立"人无我有、人有我新、人新我精、人精我强"的意识，不断超越自我，使其成为一种思维习惯、一种行为自觉，融入工作的方方面面。**善思则善行，善谋则善为**。谋事是成事之基，一件事情能不能做好，能不能做出最大效益，关键看能否科学谋划、高起点谋划。相同一件工作，有人做得声色并茂，有人做得了无生气，其中很大一个原因就在于谋与不谋、谋的起点高低。只有站在全局、站在更高的位置上，想得长远一些、深入一些，科学运筹、高位谋划，做事才会更加成竹在胸、胜券在握，这是干好工作的前提和基础。**工作抓落实，成效不落空**。长期以来，一些工作抓不到要害，解决不了症结，主要在于工作不具体、不细致、不扎实。要勇做撸起袖子加油干的行动派，不做消极等待、无所作为的"守摊人"，制定时间表、明确路线图，细化具体措施，压实工作责任，分解任务、明确责任、加强督查，保证和推动改革发展各项任务顺利推进。

23. **长计划短安排，当日事当日毕**。有计划有安排才能更清晰地逐一对账销号，这是抓工作的良好习惯。制订计划也一直是我们党的优良传统，从五年计划到"两个一百年"奋斗目标，再到全面建设社会主义现代化国家新征程的两个阶段，清晰地描绘了实现现代化和民族复兴的时间表、任务书和路线图，指引着我们向正确的方向前进。作为干部个体，没有计划的行动，就会"东一榔头西一棒子"，做事就会一团乱麻。没人会计划着去失败，但失败总追随没计划的人。**事前无计划，做事一团麻**。百年寿限难得有，百年计划不可无。事先做好充分准备，虽然会花费一些时间，但并不会耽误事儿，反而能提高工作效率。遇事先冷静思考，尽可能多地掌握有用的信息，进而研究分析，作出决策，定能事半功倍。有的领导干部临阵了都不磨枪，遇事不是先搞清楚状况，而是像没头苍蝇一般急急火火地启动推进，由于事前准备不充分，中途反复试错折腾，以致事倍功半。这样的教训很多。领导工作不能靠拍脑袋临时起意，也不能"脚踩西瓜皮，滑到哪里算哪里"，而是要有备有方。**安排越具体，行动越有效**。计划具有一定的长期性和抽象性，要想计划不落空，还得把长计划分解成一个个具体的短安排，落细落小在每件事、每个工作过程里，执行者就会更拎得清，知道要做什么、做到什么程度。领导干部要养成良好习惯，每天或每隔一段时间把工作梳理一遍，一一列出清单，排出工期表，完成一件"销号"一件。但有时"计划不如变化快"，还要注意适时调整每个阶段的目标任务，强化过程管理，对工作进行有效控制，这样才能牢牢把握工作主动权，真正做到抓一件成一件。**事不过夜，案无积卷**。今日复明日，明日何其多。如果不能马上就办，或者进两步退一步、慢慢吞吞甚至推三阻四，小事拖大，大事拖炸，拖垮了事业，拖坏了作风，最终也会把自己也拖进了火坑。多少事，从来急；天地转，光阴迫。不管是长计划，还是短安排，都要把着力点放在狠抓落实上，树立强烈的时间观念和效益观念，强化立即行动、现在就做、马上就办的工作理念，做到日清日结，今日事、今日毕、不拖延，保持快节奏、追求高效率，抓好各项工作落实。

24. 既要挂帅又要出征，既要表态也要表率。邓小平同志曾讲过："连长指导员不以身作则，就带不出好兵来；领导干部不做出好样子，就带不出部队的好风气，就出不了战斗力。"① 干部的一言一行、一举一动，无形中会潜移默化地影响整个单位的氛围，形成一种风气，影响党风、政风、民风的形成。只想升堂坐帐，不愿挂帅出征，只想出彩不想出力，这样的干部是要不得的。**示范是最好的领导，行动是无声的命令**。挂帅出征、表态表率，都要求领导干部身体力行、率先垂范、引领风尚，既要发挥"领"的作用，当好方向盘；又要发挥"导"的作用，催生驱动力，不"领"就是缺位，不"导"就是失职。凡事只要领导带头、干部当先，苦干实干，往往就可以激活广大党员干部干事创业的"活力因子"，在潜移默化中形成一种上下同心、合力攻坚的良好氛围。**多用"身影"指挥人，少用"声音"指挥人**。表态容易表率难。如果只是满足于各种各样的表态，口号响亮、承诺感人却没有实际行动，最后豪言壮语就会成了花架子。喊破嗓子不如做出样子。领导干部是党员、干部和群众的"主心骨"、"领头雁"，必须做到干字当头、实字打底，用"身影"指挥，而不能用"声音"指挥，少说"给我上"，多喊"跟我上"，变指派命令为行为感召，用勇气和担当使下属不敢不服、不得不服、不忍不服，带领干部群众心往一处想、劲往

---

① 《邓小平文选》第2卷，人民出版社1994年版，第124页。

一处使、拧成一股绳，"一呼百应"，才能真正把责任扛起来、把威望立起来。**挂帅不出征、表态不表率是典型的官僚主义。**不管是"只挂帅不出征"还是"只表态不表率"，都是官僚主义思想在作祟。没有"出征"和"表率"，"挂帅"和"表态"便成了"作秀"和"空头支票"。要表里如一、知行合一，言必信、行必果，说到的就要做到，承诺的就要兑现，说出来的话要负责，做出来的事要有结果，不能只承诺不践诺，那是无法取信于人的。

25. **责任有大小，责任心无大小。**责任是自身所充当的角色应负的义务和要遵循的规则，是一种与生俱来的使命，伴随着每个人生命的始终；责任心是个人对自己所负责任的认识、情感和信念，以及与之相应的遵守规范、承担责任和履行义务的自觉态度与行动。不同的岗位有不同的要求，所承担的责任也有大小之分，但要想把工作干好、干出成绩，都应该拥有一颗强烈的责任心，兢兢业业、全力以赴做好工作。刘少奇同志担任国家主席，时传祥同志当掏粪工人，革命分工不同，承担的责任有重有轻，但二者都是人民的勤务员，"宁肯一人脏、换来万人净"同样是值得我们学习的典范。**责任心的大小决定成就的大小。**人的能力是有大小的，但对工作的态度和责任则是没有区别的。放弃了自己应承担的责任时，就等于放弃了生活，生活也会放弃你。责任心与机遇成正比，敢于承担责任的人才会有更多的机遇、担负起更大的使命、做出更大的成就。领导干部无论职务高低、权力大小，都肩负着组织的重托和群众的期待。每一个平凡的岗位背后都连接着不平凡的使命。要不断增强使命感、责任感，自觉把干事创业的日常融入全心全意为人民服务的过程中去，始终做到人在岗上、身在事上、心在责上，守土担责、守土尽责，不负重托、不辱使命、不负人民。**责任心胜于能力。**一个没有责任心的人，能力越大，破坏性越大。一个人可以清贫，可以不伟大，但不能没有责任心。"心之所向，无所不成，心向所依，无坚不摧"。责任心强，就会化被动为主动，可以形成攻坚克难的不竭力量，可以弥补能力方面的部分欠缺，能够击溃一切的

"顽瘴痼疾",取得不平凡的业绩,收获工作的快乐。但若只是有能力而不用心,那就会错漏百出,最终"泯然众人矣"。**坚持极端负责的工作作风。**所有干部不论资历长短、职务高低、年龄大小,一旦走上了"岗位",就意味责任在肩,就要将"责任心"固牢,这是履职尽责的基础。每一名干部都要时刻把工作挂在心上、抓在手上,尽可能把各种可能的情况想全想透,把各项措施制定得周详完善,努力做到一丝不苟、精益求精,零失误零差错。对需要承担的责任,始终不推诿、不踢球,创造条件,克服困难,真正践行担当精神、坚持担当精神。

26. **贪图省力的船夫,目标永远是下游。**俗话说"人往高处走,水往低处流",水向低的地方流,这本是自然规律;但人要想往上游走,就必须逆水行舟。逆水行舟用力撑,一篙松劲退千寻。只有一篙接着一篙使劲撑,人才能由下游走到上游,倘若贪图省力或是精神松懈,那就只能往下走了。行船是这样,做人做事也是这样。我们现在所处的是一个船到中流浪更急、人到半山路更陡的时候,是一个愈进愈艰、愈进愈险而又不进则退、非进不可的时候,领导干部必须坚定信念信心,保持工作定力,像挑山工那样一刻不松、半步不退,永不懈怠,久久为功,决不能有松口气、歇歇脚的念头和打好一仗就一劳永逸的想法。**现在省下多少力,未来就吃多少苦。**屈原在《离骚》中写道:"夫唯捷径以窘步",劝诫人们不能贪图所谓的"捷径"而放弃努力,走捷径容易陷入人生困境。少壮不努力,老大徒伤悲。一分耕耘,一分收获。现在省力气、图安逸,看似轻松自在,但由于缺乏积累,在情况发生变化时,往往难以应对,就会失去竞争力,即便悔不当初,也于事无补,因为错过的时光和机会永远不会再来了。**全力以赴才会不被辜负。**每个人的历史都是自己书写的,你的结局正是由你奋斗的过程决定的。每个人每天都有24个小时,不会多也不会少,但利用时间的态度和方式却千差万别,有的人贪图安逸、懒散庸碌任由命运摆布;有的人得过且过,抱怨世界不公;有的人始终保持奋斗姿态,豁出全部力量，拼到最后一刻，把命运掌握在了自己手里，得到了世界的尊重和世人的敬仰。付出才有回报，唯有全力以赴才不负组织的重托、人民的希望，才不负自己的人生和这个伟大的时代。**迎难而上才会蒸蒸日上。**唯其艰难，更显勇毅；唯其磨砺，始得玉成。领导工作纷繁复杂，不是轻而易举就能做好的，但历事才能练心，经历过一些难事、急事、复杂的事，个人才能更好成长。要勇挑重担，面对矛盾和问题敢于挺身而出、迎难而上，面对急难险重任务要豁得出来、顶得上去，脚踏实地去干，稳扎稳打，一步一个脚印，才能练就"真本领"、"硬功夫"，创造出令人瞩目的成绩，获得最后的成功。

27. **坚持了就是神话，放弃了就是笑话。**锲而舍之，朽木不折；锲而不舍，金石可镂。人生事十之八九不如意，但如果因此就放弃了，那就只能是人们茶余饭后的笑谈；而如果坚持到底，则有可能进入另一番天地，成为励志的榜样、学习的典范。马云在创业初期，到处融资都被人拒绝，被很多人视为"疯子"、"骗子"，是一个"笑话"，但他没有放弃、坚持到底，最终创造了阿里巴巴的商业"神话"。戏剧《状元与乞丐》讲述了一个故事，兄弟两人在年幼时被算命先生断定哥哥为"乞丐命"、弟弟为"状元命"，弟弟知道后沾沾自喜、整天游手好闲，而哥哥则愈加努力、坚持学习，最终哥哥高中状元，弟弟却沦为乞丐，结局出现 180 度大逆转，让人唏嘘不已。**人贵有恒，事无不成。**恒心是成功的基石，努力是成功的阶梯。成大事不在于力量大小，而在于能坚持多久。人的一生会遇到很多历练和磨难，在失意和平淡时，若具备持久的耐心和坚韧的毅力，铆足劲坚持下来，就能一次次地"渡劫"成功，积小胜为大胜，从而成就事业、书写神话；若轻言放弃，不仅到头来碌碌无为、一事无成，还会为世人所耻笑。**常常是最后一把钥匙打开了门。**世间事难在坚持、贵在坚持、成在坚持。成功有时候只需要再坚持一下就行，如果半途而废，那就永远也到达不了终点。为官从政，非一朝一夕之功，若一开始激情万丈、风风火火，遇到一点困难问题就"绕道走"、碰到瓶颈就懈怠、经历挫折就放弃，就会导致前期努力"竹篮打水一场空"，白白浪费国家资源，辜负群众信任。只有持之以恒砥砺前行，才能无愧于党和人民的嘱托。**绳锯木断，水滴石穿**。涓滴之水可以穿石，不是由于它力量强大，而是由于昼夜不舍的滴坠。干工作既要有一鼓作气的冲劲，更要有绵绵用力的坚持。要树立正确的工作目标，保持"咬定青山不放松"的定力，发扬愚公移山精神，坚持抓常抓长，不放弃、不停顿、不懈怠，持续用力、久久为功，善始善终、善作善成，积小胜为大胜，从而成就事业、书写神话。

28. **既要结果更要效果，既要效率更要效益**。结果与效果、效率与效益，虽然只是一字之差，但侧重点却各有不同。结果只是一种客观状态，表示完成了、做完了，而效果则带有主观认识，意味着成效较好；效率关注的是时效，而效益则更重成效。干工作既要看过程，也要看结果，更要看效果，三者必须均衡发展，不可偏废。当前，在实现中华民族伟大复兴的实践中，若只关注任务是否完成、完成的速度有多快是远远不够的。**既要干成，又要干好**。习近平总书记多次强调，做工作要注意"时度效"，最终要看效果。完成工作固然重要，但倘若只是随便应付、交差了事，没有产生实实在在的效果，这样的"完成"就是白白浪费时间和精力，没有多少意义。因此，干事创业不能只关注"干没干成"，更要关注"干没干好"，善于从效益的角度去检验和衡量工作的完成情况，坚持政治效益、经济效益、社会效益相统一，以人民高兴不高兴、满意不满意、答应不答应为尺子，不断提升工作能力水平。**既要高速度，又要高质量**。习近平总书记指出，我们对加快发展的期待，是实现有质量有效益的速度，实现实实在在没有水分的速度。无论是工作的开展，还是地方的发展，前面有标兵、后面有追兵，不讲速度不行，但只讲速度不讲质量也不行，那就会欲速则不达，甚至贻害无穷。要掌握统筹开展工作的方法和措施，不断提升抓工作、谋发展的能力和水平，努力实现速度和质量两手抓、两手硬，又快又好地推动各项工作，交出推动高质量发展的优秀答卷。**始终坚持稳中求进工作总基调**。稳中求进是我们党治国理政的总基调，也是推进改革开放的重要原则。具体到实际工作来说，就是要把握好工作的节奏和力度，在发展的速度、改革的力度、社会的稳定度、资源环境的可承受度之间找到平衡点，该稳的要稳住，该进的要进取，避免发展陷阱，克服路径依赖，保持工作方式方法上的稳定性、持续性和创新性。特别是要克服速度焦虑、数字情结，更加注重质量与效益的提升，推动经济发展质量变革、效率变革、动力变革，不断增强经济创新力和竞争力，推动经济社会在高质量发展轨道上行稳致远。

29. **总结反思是前进的阶梯**。大总结大收获，小总结小收获，不总结没收获。只有经常对工作进行梳理、总结、反思，才能掌握工作的主动权，使工作水平阶梯式上升，并最终走向成功。现实中，有些领导干工作不研究不分析不总结，"猴子掰苞谷"、见子打子、平均用力，工作总在原地打转，很难打开新局面、登上新台阶；有些领导工作思路不清，抓不住重点，老是纠缠细枝末节的东西，捡了芝麻丢了西瓜，自己却全然不知。这些现象从表面看是工作方法的问题，但根子上还是责任心和进取心的缺失，不想前进，自然也不会去找总结反思这个阶梯了。**进步来自总结，智慧源于反思**。"温故而知新"、"鉴往知今"、"总结过去，启示未来"之类的箴言警句，充分说明了总结与反思可以给我们带来智慧和进步。曾子"吾日三省吾身"、毛泽东同志"靠总结经验吃饭"，都是在不断总结过往、反思自己的过程中，将思想中"碎片化"的认识归纳起来，寻找出事物的本质和规律，及时发现修正自身的缺陷和不足，从而不断从胜利走向胜利，从成功走向成功。**好干部是总结反思出来的**。总结反思的过程，既是一个回顾过去的过程，更是一个推陈出新的过程，一次总结反思，就是对工作的一次检验，对事业的一次促进。既要总结正面的经验，又要总结反面的教训；既要总结历史的经验，又要总结新的经验；既要总结自己的经验，也要总结别人的经验，在不断总结反思中拓展认识、丰富自我，获得持久深厚的发展动力，成长为党和人民需要的好干部。**永不贰过**。人非圣贤，孰能无过？工作中难免会出现错误和失误，但必须及时总结经验、吸取教训，坚决避免再次犯同样的错误。前车之覆，后车之鉴。要善于对标问题检视自身，增强发现问题的敏锐性、改正错误的自觉性，常思己过，常省吾身，始终确保自己沿着正确的方向前进，不犯颠覆性的错误，这也是总结反思的最大意义所在。

30. 没有最好只有更好，勇于追求卓越。最好是一种静止状态，是在一定范围一定时间内所取得的成绩；而更好则是动态发展、永无止境的，可以不断进步、不断突破的。做到最好固然不易，但如果就此满足，止步不前，那这个"最好"就必然不会长久，很容易就被人超越。事实上，一个人只有不断地超越自我，追求更好、更高的目标，才有可能不断取得进步，走向卓越。袁隆平院士几十年来取得成就无数，但他却始终认为自己没有做到最好，还需要继续努力，在荣获"共和国勋章"后还谦虚地说，我现在是个"90后"，不能躺在功劳簿上睡大觉，应该继续努力，继续攀高峰。**不安于小成，不留恋过往**。人生路漫漫，一时的优秀不代表永远优秀，一时的成就也不能"吃"一辈子，决不能被小小的阶段成绩、点滴的浮光掠影捆住自己的手脚。国画大师李可染晚年仍自称"白发学童"，依然保持孩童般的好奇心、求知欲。人之所以能够变得卓越，关键在不能小进即满、小富即安、吃老本，要始终以初学者的谦虚态度、干事者的积极热情投入未竟的事业，不断焕发出更高的事业心和责任感，实现职业生涯的全面超越。**适时归零，轻装前行**。过去的成绩和功劳往往容易成为继续前进的包袱和束缚，背在身上压得人喘不过气，但认真想想，这些虚名不过是身外之物，不仅对干事创业无益，还徒增心理压力。要及时卸下"荣誉"的包袱，时刻把自己想象成"一个空着的杯子"，不断接纳新事物、新知识，放松手脚轻装上阵。要突破对自身经验认识的惯性依赖，不断保持对新鲜事物的好奇心，肯钻研、重探索，努力挖掘出新的亮点，才能不断提高、持续进步。**让卓越成为一种习惯。**优秀的领导干部从不自我满足，他们努力将卓越培养成自己的习惯，力求将任何事情都做到完美极致、精益求精。要专注于自己所从事的事业，牢固树立"没有最好只有更好"的理念，时刻保持追求卓越的精神状态和工作状态，力求将自己的优势、能力发挥到极致，凭着"雄关漫道真如铁，而今迈步从头越"的精神气魄，为实现"两个一百年"奋斗目标勇往直前、不懈努力。

三、好干部是自律出来的

　　1. 自觉自律是向上向善的永久动力。向上是创造，是快乐的源泉，向善是方向，是正向的力量。向上向善是每个人都应具备的人生态度和价值取向。向上向善一阵子容易、一辈子难，唯有坚持不懈地自觉自律，向上向善才能获得持续的内在动力。**从善如登，从恶如崩**。这句话出自《国语》，启示人们向上向善不易，稍有不慎，就会一泻千里。"前途是光明的，道路是曲折的"。在追求向上向善的过程中，也必然会遇到各种因素的阻碍。这就意味着，追求向上向善的过程往往伴随着艰辛和磨难、付出与奉献、痛苦与欢乐。一个人要始终做到向上向善实属不易。如果没有自觉自律，即使心里希望自己向上向善，但在各种困难、风险、诱惑面前，也容易萌生各种歪念、邪念、贪念，也容易出现麻痹大意、放纵懈怠，就难以始终保持执着的精神追求和坚强的意志品质，功亏一篑、前功尽弃也就在所难免。现实中有太多这样的例子，有的干部一开始也向上向善，但是疏于自律、要求不严，最终走偏走斜、坠入深渊，从"好干部"成为"阶下囚"。**自觉自律，精进不止**。屈原曾说："路漫漫其修远兮，吾将上下而求索。"领导干部应该具备这种"上下求索"的精神，坚持自律、严格自律、自觉自律，使自己不断经风雨、见世面、壮筋骨、长才干，成为党和人民需要的好干部。古人言："志不可一日坠，心不可一日放。"历史只会眷顾坚定者、奋进者、搏击者，而不会等待犹豫者、懈怠者、畏难者。新时代的领导干部要始终保持奋斗者的姿态，用自律催发奋进，用自律护持善心，积极发扬开拓进取精神，始终以坚强的党性、昂扬的斗志不断进取、奋发作为，始终以百折不挠的意志、激情饱满的干劲攻坚克难、顽强拼搏，始终以只争朝夕、不负韶华的精神抓紧提高自己、完善自己，真正成为信念坚定、为民服务、勤政务实、敢于担当、清正廉洁的好干部。

2. 优秀的背后往往是苦行僧般的自律。不经一番寒彻骨，怎得梅花扑鼻香。一切成功的背后，都是艰辛努力的过程；一切优秀的背后，都是战胜无数艰难的结果。正是艰苦地自律，成就了人的优秀；也正是自律得艰苦，使优秀更具夺目的光芒。**平庸者多自弃，优秀者多自律**。有人说，"自律是精彩人生的规划师"。就是因为，自律的人能够更好地约束自己思想、脾气、言行，从而不畏艰辛、不惧坎坷，更好地把自己的时间、精力、物力、能力投入到工作学习中，不断取得进步，使人生更有质量、更加辉煌。而平庸的人对自己缺乏严格的约束和要求，往往妄自菲薄、自轻自弃、碌碌无为、难有所成。《孟子》云："故天将降大任于斯人也，必先苦其心志，劳其筋骨，饿其体肤，空乏其身，行拂乱其所为，所以动心忍性，曾益其所不能。"宝剑锋从磨砺出，梅花香自苦寒来。任何人的优秀都是在自律中苦出来、熬出来的，只有能忍别人所不能忍、耐别人所不能耐、吃尽别人所不能吃的苦，为着目标倾注自己的一切，才能真正变优秀、担当"天降大任"。**有多自律，就有多优秀**。优秀既是一种状态、也是一种追求。领导干部保持优秀的状态、坚持优秀的追求，都离不开自律。吃得苦中苦，方为人上人。要成为新时代的好干部，一定要严于律己，做到不辞劳苦，把吃苦耐劳作为自己应有的品质、精神、能力和作风，坚持用"吃苦在前、享受在后"的标准严格要求和约束自己，用苦干实干磨砺自己、丰富自己、提升自己；做到不惧艰苦，积极到条件艰苦的地方去，主动到人民群众最忧最盼的地方去，到工作矛盾突出的地方去，带领群众艰苦创业，创造幸福生活；做到甘于清苦，发扬艰苦朴素的优良作风，带头厉行勤俭节约、艰苦奋斗，"心不动于微利之诱，目不眩于五色之惑"，保持共产党人的政治本色。

3. 清正廉洁是最根本的能力。清正廉洁是领导干部为官从政的根本要求、一以贯之的道德底线，也是领导能力最核心的内容。身为领导干部如果不具备管好、管住自己的能力，做不到清正廉洁，纵然其他能力再强、本事再大，也只会给党和人民事业带来更大的危害，就不能当领导干部。**清正廉洁不仅是一种品德，更是一种能力。**领导干部必须始终把清正廉洁能力作为自己最根本的能力。清正廉洁具有强大的号召力、感召力和凝聚力，本身就是领导力的重要组成部分。习近平总书记强调："为政清廉才能取信于民，秉公用权才能赢得人心。"① 领导干部肩负畅一方政令、领一方风气、聚一方人心的使命和责任，只有自己管好自己，始终做到清正廉洁，才能至廉而威、至公而信、至严而范，从而赢得群众信任，真正承载起时代重任和历史使命。如果自我约束不严、自己不干净，就会严重损害党和政府的形象，就会失去为党为民工作的资格，也不可能获得施展才华、成长进步的机会和舞台。因此，对于领导干部来说，工作能力有强弱之别是客观存在的，也是正常的，但是清正廉洁是最根本、最重要的能力，没有有无、强弱之分。**能干事干成事不出事，才是真本事。**习近平总书记强调，领导干部要"自身正、自身净、自身硬"，"确保既想干事、能干事，又干成事、不出事"。如果做不到清正廉洁，必定要出事，绝不可能干成事。领导干部要自身正，自觉涵养正气，光明磊落、正大光明，始终堂堂正正做人、公公正正处事，努力做到思想纯洁、处事公道、明礼诚信、作风正派，坚决抵制歪风邪气。要自身净，正确处理公私、义利、是

① 《习近平谈治国理政》第 1 卷，外文出版社 2018 年版，第 385 页。

非、情法、亲清、俭奢、苦乐、得失的关系，立身不忘做人之本、为政不
移公仆之心、用权不谋一己之利，始终清清白白做人、干干净净为官。要
自身硬，为官一任、造福一方，履职尽职、尽心尽责，加强自我修炼、自
我约束、自我塑造，无论在什么情况下都要旗帜鲜明，按党性原则办事，
做到无愧于党、无愧于民、无愧于心。

4.**常怀律己之心，方修为政之德**。"为政以德，譬如北辰，居其所而
众星共之。"习近平总书记强调"领导干部要讲政德"，"立政德，就要明
大德、守公德、严私德"，他还强调为政做官都需要"修心治身"，而且
要先有修心治身的道德，然后才会有经世治国的政德。领导干部修政德，
就要从修心开始。**修德之道，贵在修心**。古人云："修其心治其身，而后
可以为政于天下。"身之主宰便是心。自古以来，为官从政都重视修心。
习近平总书记指出："'本'在人心，内心净化、志向高远便力量无穷。"①
心有所向，身必有所行；心有所守，行必为示范。一个人有什么样的内
心，就会有什么样的境界格局，从而就有什么样的行为举止。对于领导干
部而言，修德是修心的根本目标，修心是修德的重要途径。不能胜寸心，
安能胜苍穹。只有加强修心，才能真正做到心中有党、心中有民、心中有
责、心中有戒，真正修政德、立政德，真正成为党和人民满意的好干部。
纵观那些在挫折困难、利益诱惑、大是大非面前丧失斗志、丢了忠诚、忘
了根本、被"围猎"、被"腐蚀"的干部，无不是在修心上出了问题，导
致信仰迷失、党性动摇、宗旨淡漠、道德败坏，极其可悲、发人深省。**政
德之炼，从心开始**。正心方能修身，心中正则行不偏。领导干部要修一颗
对党忠诚之心，勇于在大是大非、大风大浪、艰难困苦中确立和磨砺坚定
不移的理想信念，始终保持对党唯一的、彻底的、无条件的、不掺任何杂

① 习近平：《在第十八届中央纪律检查委员会第六次全体会议上的讲话》，人民出版社
2016年版，第21页。

质的、没有任何水分的忠诚。要修一颗为民赤子之心，始终把人民放在心中最重要的位置，努力在为人民服务的实践中增强党性、改进作风、磨炼意识、陶冶情操、提升境界，不断砥砺亲民之心、爱民之情、为民之志。要修一颗做人清白之心，培养高尚道德情操，懂得感恩党、感恩组织、感恩人民，慎独慎初慎微慎欲，严格约束自己的操守和行为，确保在权力、金钱和名利面前不丧志、不失节、不折腰。

5. 决定自己上限的，不是智商，而是自律。"天才是百分之九十九的汗水加百分之一的灵感。"智商是人的天赋，自律是人的后天努力。古今中外无数事实证明，勤能补拙，一个人即使天赋差一些，但是通过后天坚持不懈地自律，自强不息，也可以弥补差距，实现人生的飞跃。**自律的程度，决定人生的高度。**郭沫若先生曾说过："天资的充分发挥和个人的勤学苦练是成正比的。"一个人即使天赋再高，没有后天的努力，也不可能做出卓越的成就。王安石写的《伤仲永》，就深刻地回答了一点，"仲永之通悟，受之天也"，由于"不使学"，最后"泯然众人矣"。人后天努力的过程，就是一个坚持自律的过程。越自律，奋发向上的动力就越强，就越能克服和补齐自身弱点，越能充分发挥和释放天资，越能扩充成长成功的潜质潜能，从而也就能迈过别人迈不过的坎，做成别人做不了的事，达到更高的人生高度。如果不能长久严格自律，就不可能保持对事业发展的不懈追求，往往就会在自满自负或盲目乐观中失去机遇、失去发展、失去未来。**敢于超越自我，勇于追求卓越。**林则徐有一句名言："海到无边天作岸，山登绝顶我为峰。"世界在不断发展进步，党和人民事业在不断发展进步。领导干部的发展上限也是相对的，不是绝对的，只要加强自律，充分用好一切时间、精力、能力来不断充实提高自己，就能不断进步、不断提高、不断成长。领导干部要坚持"没有最好，只有更好"，在扎扎实实做好每一件工作的基础上，善于准确认识自己、认识工作、认识大势，不断给自己提出更高目标和标准，主动与自己较劲，敢于挑战自己、突破自己，努力争取更大的进步。要"目标提高一层，自律更严一层"，以更加严格的要求约束自己、管理自己、激发自己，始终保持清醒头脑，向着目标努力奋斗，而决不在进步中迷失自我、放松自律。

6. 炼就金刚身，不怕百毒侵。面对世情、国情、党情的深刻变化，"四大考验"、"四种危险"更加尖锐地摆在全党面前。领导干部只有筑牢信仰之基、补足精神之"钙"、把稳思想之"舵"，用坚定的理想信念炼就"金刚不坏之身"，才能经受住考验、抵得住诱惑，做到百毒不侵。**苍蝇不叮无缝的蛋，"打铁"必须自身硬**。"打铁"的人必须是"铁打"的人。中国共产党能够历经挫折而不断奋起，历尽苦难而淬火成钢，归根到底在于心中始终有远大理想和革命信念的坚定执着。进入新时代，领导干部只有不断筑牢理想信念，把自身打造得更加坚强有力，才能在大是大非面前旗帜鲜明，在风浪考验面前无所畏惧，在各种诱惑面前立场坚定，关键时能站出来，危险时能豁出去。如果理想信念这个"总开关"拧不紧，自身不过硬，就会败下阵来。**坚定理想信念，提高自身"免疫力"**。理想信念不是凭空产生的。科学理论是坚定理想信念的基础，实际行动是坚守理想信念的诠释。新时代的领导干部，必须强化理论武装，坚持以习近平新时代中国特色社会主义思想为指导，深入学习党史、新中国史、改革开放史、社会主义发展史，认清共产党执政规律、社会主义建设规律、人类社会发展规律，把理想信念建立在对科学理论的理想认同上，建立在对历史规律的正确认识上，建立在对基本国情的准确把握上；必须强化实践实干，增强"四个意识"、坚定"四个自信"、做到"两个维护"，把理想信念转化为对党忠诚、为党分忧、为党尽职、为民造福的实际行动，把理想信念融入工作学习生活之中，带头做共产主义远大理想和中国特色社会主义共同理想的坚定信仰者和忠实实践者。

7. 律人先律己，言行才硬气。习近平总书记强调，"律人者必先律己", "一个人廉洁自律不过关, 做人就没有骨气"。① 敢硬气的前提是有底气。领导干部只有以更高的标准、更严的纪律要求自己, 才有要求别人的底气和硬气。**唯无瑕者可以戮人, 唯自净者可以净人**。发挥表率作用是做好领导工作的基本方法。"其身正, 不令而行; 其身不正, 虽令不从。"包拯不贪赃枉法, 才敢拿权贵开刀; 海瑞不收受贿赂, 才敢犯颜直谏。领导干部只有以身作则, 说话才有人听, 办事才有人跟。"善禁者, 先禁其身而后人; 不善禁者, 先禁人而后身。"自己"干净", 才能影响和带动别人。领导干部只有严格要求自己, 才能更有硬气地要求别人。**修己以安人, 正己以率下**。"治人者必先自治, 责人者必先自责, 成人者必先自成。"领导干部带头严以律己, 以身作则、率先垂范, 才能取得上行下效、令行禁止的效果。要求别人做到的自己首先必须做到, 在行使权力上慎之又慎, 坚持秉公用权、依法用权、廉洁用权、谨慎用权、阳光用权, 把权力用在为民造福、为党尽责上, 把权力关进制度的"笼子"里; 要求别人不做的自己首先坚决不做, 用权不任性、不越轨, 不为私心所扰、不为人情所困、不为利益所惑, 不把权力凌驾于纪法之上, 不以权谋私、不假公济私、不贪污腐败。

8. **自律胜于他律**。自律就是自我管理、自我约束, 是内因; 他律就是外部管理、外部约束, 是外因。内因起决定性作用, 外因通过内因起作用, 他律重要、自律更重要。领导干部应当严格自律。**自律是关键, 他律通过自律起作用**。自律是根本, 他律是条件。《西游记》里的孙悟空心怀取经之志是自律, 头戴金箍是他律, 自律与他律相结合, 他律转化为自律, 在取经路上才发挥出关键性作用, 保唐僧取得了真经。如果心中没有取经的念头, 那么戴上金箍也只是装饰而已。一个放松自律的领导干部, 再严密的法规也很难管住他, 必然会以身试法、铤而走险, 突破他律。一

---

① 《习近平谈治国理政》第 3 卷, 外文出版社 2020 年版, 第 521 页。

个严格自律的领导干部，总是自觉遵守纪律规矩，绝不破规逾矩。**严守党纪党规，化他律为自律**。党规党纪是对领导干部的硬约束。长期地严守规党纪，在其潜移默化的影响和作用下，于内心深处渐渐形成一套自觉遵守的规范和约束自己行为的红线，化他律为自律，就能够切实管理住自己的思想和行为。领导干部必须把党规党纪内化于心，深入学习党章党规党纪，全面熟悉党的各项规章制度和纪律要求，经常对照党章党规党纪分析查找自身存在的问题和不足，真正做到学深悟透、入脑入心，化外部约束为内部约束；必须把党规党纪外化于行，带头遵守党章各项规定，时刻用党章、用共产党员标准要求自己，自觉履行党章赋予的各项职责，严格按照党的纪律规矩办事，老老实实做人、踏踏实实干事、清清白白为官。

9. **自律者最自由**。希腊先哲毕达哥拉斯说过，不能约束自己的人不能称为自由的人。自由是相对的。随心所欲不是自由，如果没有了自律，自由犹如脱了缰的野马，必然会横冲直撞，直至坠入深渊。真正的自由必须建立在严格的自律基础上，只有管住自己的行为，把自己牢牢掌握在自己手里，才能真正享有自由。**自律是自由的保证，没有自律就没有自由**。"畏则不敢肆而德以成，无畏则从其所欲而及于祸。"自律者最奉法，奉法者最自由。春秋时期，鲁国的国相公仪休喜欢吃鱼，有人送鱼给他，他却拒绝了，解释说："正因为我喜欢吃鱼，所以不收别人送的鱼。收了鱼，就会失去相位，那时既没有人送鱼，也买不起鱼了。"古人尚且如此，作为共产党人，党的领导干部更加应该严格自律。领导干部只有自觉接受党纪国法约束，从严自律，严格规范自己的言行，才能身无囹圄之困，心无"敲门之惊"，真正享有宪法法律、党规党纪赋予的自由。**自由是自律的结果，有多自律就有多自由**。自律的升华是自由，遵循规律、遵循必然，从心所欲不逾矩，才是真正的自由；违背规律、违背必然，就会处处碰壁，从而失去自由。自由内在地要求自律，只有人人都自律，行使自己的自由而不妨害他人的自由，人人才能真正享有自由。越是自律越是自由。领导干部必须稳得住心神、管得住行为、守得住清白，把法律的戒尺、纪律的戒尺、制度的戒尺、规矩的戒尺、道德的戒尺牢记于心，穿好"防弹衣"、系好"安全带"、筑牢"防火墙"，用权不放纵、不越轨、不逾矩，清清白白为官、干干净净做事、老老实实做人。

10. **自律不分职务高低**。党的各级领导干部是人民的公仆，没有搞特殊化的权利。无论在哪一个岗位上工作，无论职务高低，都需要严格遵守党纪国法，时刻保持自律。不能因为职务高，才加强自律；也不能因为职务低，就放松对自己的要求。**干部没有特殊，自律不分你我**。党纪国法面前人人平等，任何个人都不得有超越宪法和法律的特权，共产党员都必须自觉接受党的纪律规矩的约束。习近平总书记强调："党内决不允许有不受党纪国法约束、甚至凌驾于党章和党组织之上的特殊党员。"① 遵守党纪国法没有例外。法治之下，任何人都不能心存侥幸，都不能指望法外施恩，没有免罪的"丹书铁券"，也没有"铁帽子王"，违反党纪国法必将受到严惩。**职务越高越要严格自律**。严以律己是领导干部为政之道、成事之要、修身之本。职务越高，责任越重，权力越大，诱惑越多，越应当心存敬畏、严格自律。春秋时期宋国大夫正考父是几朝元老，但他对自己要求很严，在家庙的鼎上铸下铭训："一命而偻，再命而伛，三命而俯。循墙而走，亦莫余敢侮。饘于是，鬻于是，以糊余口。"领导干部的党性修养高低、拒腐防变能力强弱，并不与职务高低成正相关。一些领导干部在职位升迁后，自恃位高权重，放松了对自己的要求，最终成了"笼中虎"。领导干部职务越高，越要带头严格自律，绝不能有"松松劲"、"歇歇脚"的念头。

11. **但立直标，终无曲影**。该语出自《旧唐书·崔彦昭传》，意思是只要树立的是一根笔直的竿子，就不会有弯曲的影子。启示人们，只要自

---

① 《十八大以来重要文献选编》上，中央文献出版社 2014 年版，第 133 页。

身正，就不怕影子斜。领导干部严以律己，做人、做事、做官当以"正"为标杆，始终堂堂正正、正气凛然。**政者正也，律己就是正己。**"正"就是不偏不倚、合乎法度、顺乎道理、恰到好处。对于领导干部来说，"正"是"政"的根本和源泉，"政"是"正"的躬行和实践。古人讲："正气存内，邪不可干。"领导干部只有带头做到守正理、走正道、做正事、行正气、当正人，才能正气充盈、邪气不侵；如果正气不足、正气虚弱，邪气就会乘虚而入，就会底线失守，甚至走向犯罪的深渊。领导干部只有严以律己、坚持正己，才能真正做到不忘初心、牢记使命，恪守正道、端方正直，不改本色、践行宗旨，真正为党和人民执好政、用好权、担好责，做到不贪不占不腐。**公道正派，以正为政。**习近平总书记告诫领导干部，"公道正派才能出清风正气，廉洁自律才能塑良好形象"[①]。领导干部思想要纯正，把牢把紧世界观、人生观、价值观这个"总开关"，没有私心杂念、不动歪心邪念，牢记不义之财不可取、非礼之事不可做、不法之行不可为，稳得住心神、管得住行为、守得住清白。为人要方正，始终坚持党性原则，始终坚持人格平等，对上不卑不亢，不弓腰塌背、点头哈腰；对下不居高自傲、盛气凌人，做人有方有棱，做事堂堂正正。处事要公正，任何时候都坚持原则、站稳立场，把人民满意不满意、赞成不赞成、拥护不拥护作为工作的价值取向和根本行为准则，为民请命、为民解难、为民谋利，坚守正道、维护正义、弘扬正气。

12. **自律之道在于防患于未然。**习近平总书记强调，领导干部"增强底线思维，凡事从坏处准备，努力争取最好的结果，做到有备无患、遇事不慌、处变不惊、应对自如"[②]。领导干部自律，也要树牢底线思维，防患于未然。**与其后悔于已然，不如防患于未然。**古人说，"患生于所忽，祸

---

① 习近平：《在纪念胡耀邦同志诞辰 100 周年座谈会上的讲话》，人民出版社 2015 年版，第 12 页。

② 《十八大以来重要文献选编》下，中央文献出版社 2018 年版，第 755 页。

起于所略"。任何时候，意识不到危险或者对危险认识不足，不能充分做好应对准备，就是最大的危险。许多深陷腐败泥潭而被查处的领导干部，就是因为风险意识不强，对风险麻痹大意，最终被洞穿了廉洁防线，悔之晚矣。领导干部工作生活中，诱惑无处不在、风险无处不有，能不能充分认清自己周围各种风险的复杂性、严峻性，透过现象看本质，从而切实筑牢自身防线，提前做好防范，这是对领导干部素质和能力的重要考验。领导干部只有提高对风险的预见力和洞察力，见微知著，下好先手棋、打好主动仗，扎实做好预防工作，才能把自己的防线筑得坚而又坚，才能把风险和诱惑坚决挡在墙外。**常敲思想警钟，筑牢廉洁防线**。进入新时代，新情况新问题层出不穷，影响从政安全的风险无处不在，领导干部一定要常敲思想警钟，谨记"马行千里不失蹄，只因步步谨慎；人生一世少错误，重在警钟长鸣"，以"检身若不及"的态度，多思贪欲之害、纵权之祸，勤扫思想尘埃、时时涤荡心灵，不让自己滋生半点歪思邪念。一定要筑牢廉洁防线，把各种风险情况想得全面一些，把拒腐防变的预案做得严密一些，措施定得扎实一些，善于自己给自己立规矩、自己给自己定框框、自己给自己不方便，真正做到防患于未然、止之于未发。

13. **自律必须严格**。习近平总书记强调，"从严是我们做好一切工作的重要保障"①。这就告诉我们，严字当头是自律的基本要求，严格是自律一贯的内在属性。无论什么时候、什么场合、做什么事，领导干部都只有严而又严地坚持自律，才能健康成长。**万事严中求，自律严当头**。当领导干部，如果对自己要求不严，不把自律当回事，态度不端、言行不羁，就会在松松垮垮中走向堕落。自律来自从严，自律就应从严，世界上不存在"宽松"的自律。不严格，自律就无从谈起。在自律上守住了这个"严"字，方能仰不愧于天、俯不愧于人、内不愧于心。领导干部只有始终严格自

① 《十八大以来重要文献选编》中，中央文献出版社2016年版，第93页。

律，把全面从严的要求贯穿于学习、生活、工作各方面，落实到做人、做事、做官全过程，以严格严肃严谨的态度来对待、来推进、来完成，对自己身上的问题零容忍、动真格、不手软，才能方向正、步子稳、行得远。**严以修身、严以用权、严以律己。**严则正气充盈，严则内力倍增。领导干部要做到严格自律，就应当"严以修身"，自觉加强党性修养，坚定理想信念，提升道德境界，追求高尚情操，保持健康情趣，不断反省自身问题和差距，自觉远离低级趣味，自觉抵制歪风邪气；就应当"严以用权"，面对权力心有所畏、言有所戒、行有所止，坚守公与私、权与法的界限，始终依法用权、秉公用权、廉洁用权，绝不搞"一言堂"、独断专行，绝不搞以言代法、以权压法、徇私枉法；就应当"严以律己"，把廉洁作为从政的底线，心存敬畏、手握戒尺，慎独慎微、勤于自省，知晓为官做事的尺度，始终做到为政清廉。

14. **每次雪崩都始于一片雪花的运动。**法国启蒙思想家伏泰尔曾说，"雪崩时，没有一片雪花觉得自己有责任"。这句话言外之意是，每一片雪花都认为，是所有雪花的共同作用才造成了灾难，单单一片雪花没有责任。殊不知，生命不可承受之轻，往往就是一件小事、一个小节就成了压垮人的最后一根稻草。**小节不守，大节难保。**习近平总书记指出，"小事小节是一面镜子，能够反映人品、反映作风。小事小节中有党性、有原则，有人格。古人云：'堤溃蚁孔，气泄针芒'……从小事小节上加强自身修养，从一点一滴中自觉完善自己"[1]。当前有的领导干部在小事小节上漫不经心、疏于防范，甚至认为只要不犯大错误，不搞大腐败，犯点小错误，得点小实惠，都是人情往来、无伤大雅。这种在小事小节上的放纵，犹如温水之于青蛙、蚁穴之于大堤，常常能使人在不知不觉中陷于困境，在温情脉脉中缴械投降，最终小管涌演变为大塌方，带来致命危害。领导

① 习近平：《之江新语》，浙江人民出版社2007年版，第440页。

干部必须时刻牢记"不虑于微，始贻于大；不防于小，终亏大德"。**小心驶得万年船，勿以恶小而为之**。《淮南子》中说："圣人敬小慎微，动不失时。"从古至今的清官，无不在小事小节上防微杜渐，谨言慎行。要慎独，加强自警自省，在私底下自觉做到言行一致、表里如一，无论是身处公共场合还是独处，都能做到恪守道德原则，检点个人行为，坚决做到有人无人一个样、人前人后一个样、台上台下一个样。要慎微，牢记不矜细行、终累大德，小洞不补、大洞吃苦，坚持从小事小节上加强修养，严防诱惑之"微"、蜕变之"渐"，从细处严起、从小事实起，坚决抵制失志之念、失德之欲、失格之为。

15. 心存侥幸必有不幸。心存侥幸，就是无视本质、违背规律，事事、时时、处处都想投机钻营、不劳而获，一种典型的"赌徒心态"。每个人或多或少都有侥幸心理，如果不能及时克服纠正，任其滋长蔓延，就会导致私心膨胀、原则立场丧失，结果害人又害己。因此，习近平总书记强调："领导干部要心存敬畏，不要心存侥幸。"[①] **侥幸是不幸的开始**。心存侥幸者，通常把反常看作正常，把偶然当作必然，产生"赌一把"、"试一试"的想法；或自以为"技高一筹"，考虑"周全"，安排"得当"，自认为无人知晓；或自恃德高望重，无人猜疑；或抱着"冒险一次，享受终身"的念头，突破理智、道德乃至法纪底线。殊不知，侥幸得了一时，侥幸不了一世。这种掩耳盗铃的做法，必将是"聪明反被聪明误"，不仅葬送自己的"卿卿性命"，还会侵害党的肌体、给党和人民事业带来巨大危害。一个人的客观需要总是有限的，领导干部有工资收入、有各项保障，何必还要这山望着那山高，伸手拿不该拿的东西，开口要不该要的利益，最终必将受到党纪国法的制裁，纵或侥幸脱逃，也如惊弓之鸟，整天提心吊胆，又有什么意义呢？**手莫伸，伸手必被捉**。这是陈毅元帅的一句诗，旨

---

① 《习近平谈治国理政》第 1 卷，外文出版社 2018 年版，第 395 页。

在告诫领导干部天网恢恢、疏而不漏，不该拿的不拿、不该收的不收，绝不能心存侥幸。领导干部要坚决杜绝侥幸心理，特别是在廉洁上，哪怕是1%的侥幸也绝不能有。要敬畏组织，牢记自己的第一身份是共产党员、第一职责是为党工作，始终站在党的立场上说话办事，把爱党、忧党、兴党、护党落实到工作生活各环节。要敬畏人民，时刻谨记自己是人民公仆，权力来自人民、属于人民、只能用于人民，自觉接受群众监督。要敬畏岗位，牢记职务就是信任、岗位就是责任，在岗一分钟、战斗六十秒，时刻不忘肩负的使命。要敬畏戒律，手握戒尺，战胜欲望，法纪面前人人平等，有权绝不任性，不破底线、不越红线、不碰高压线。

16. 一定要学会积累和等待。 《菜根谭》有言："伏久者飞必高，开先者谢独早。"凡事都有一个过程，只有量变达到一定程度才会质变，欲速则不达。领导干部善于等待和积累，沉得住气、静得下心，循序渐进、蓄势待发，也是一种自律。**不能急于求成，自律方能厚积薄发。** 常言道，百年陈酒十里香。好干部也是"熬"出来的。这种"熬"，体现在坚持自律中，不断进行积累沉淀、经受考验，多吃一些苦、多受一些煎熬，使自己更有品位、更厚重，这本身就是一种自律。领导干部的党性修养、道德水平、能力素质，不会随着党龄的增长而自然提高，也不会随着职务的升迁而自然提高，只有善于在自律中等待和积累，多当几回"热锅上的蚂蚁"、多经历几件让人挠头的事，在"疾风暴雨"中、在"无声无息"中，不断进行自我净化、自我完善、自我革新、自我提高，才能更坚强、更有实力、更立得住。如果心浮气躁、急于求成，经常性"头脑发热"，喜欢"大干快上"，往往会自乱阵脚，终将一事无成。要想成为优秀的干部，必须善于在自律中等待和积累。**加强自律，保持永久定力。** 习近平总书记指出，不能只热衷于做"质变"的突破工作，而要注重做"量变"的积累工作。领导干部加强自律，必须要耐得住寂寞、稳得住心神、经得住诱惑，在坚定、镇定、淡定中韬光养晦、蓄积能量。要耐得住寂寞，甘于平淡、甘于寂寞，坐得住冷板凳，受得了被冷落，始终在默默无闻、不张扬中坚守岗位、勤奋敬业，做好该做的事，把全部精力用到事业上、工作中。要稳得住心神，不盲从、不浮躁、不动摇，不为难所屈，不为危所乱，临危不乱、处变不惊，全身心扑到研究工作、琢磨事情上来。要经得住诱惑，面对权力、金钱、美色头不昏、眼不花、心不乱，真正做到不为名所缚、不为利所累、不为色所诱，真正经得起各种诱惑的考验。

17. **莫不有始，鲜克有终**。这句话是指多数人做事往往都能有好的开头，但坚持到最后的却是少数。锲而不舍，金石可镂。不管做什么事情，在没有完全的胜利之前一刻不能松、一步不能退，才不会半途而废、前功尽弃。领导干部的自律，刚开始不难，难在一如既往、慎终如始。领导干部要确保从政生涯始终不出事，就必须坚持自律步履不止、一日不怠。**好的开始是成功的一半，要开好局起好步**。"千里之行，始于足下。"干什么事情，一开始、第一步极其重要，从一开始就得起好步、筑好基。领导干部自律，刚开始需要改变很多行为习惯，通常会有很多不自然、不适应，需要忍耐、需要煎熬，如果没有意志力、没有恒心，就很可能坚持不下去。第一步走不稳、走不好，剩下的路就不可能走下去。领导干部自律要做好充分的思想准备，从一开始就把标准树起来、规矩立起来，规划好要自律些什么，该怎么做，从哪里入手，切实把第一步走稳、走实，为长期自律打下坚实基础。**行百里者半九十，善终才能善成**。《道德经》有言："慎终如始，则无败事。"不管做什么事情都要坚持始终如一，谨慎小心，才不至功败垂成。习近平总书记强调，"要以踏石留印、抓铁有痕的劲头抓下去，善始善终，善做善成，防止虎头蛇尾"①。自律也需要如此。要保持定力，坚持把"自律"作为一种政治底线、行为规范来坚守，作为一种道德观念、价值尺度来修炼，作为一种生活方式、精神追求来坚持，始终沉下心来、安静下来，不走神、不分心，"不破楼兰终不还"，把自律坚决贯穿于工作生活全过程，持续坚持下去。要保持韧劲，不仅在大事要事中自律，也在小事小节中自律，遇到再大的困难、再大的阻力，也要坦然面对、泰然处之，百折不挠，坚韧不拔，一事不忘、一天不懈怠，自律到永远。

18. 面对诱惑，要算好政治账、经济账、感情账。人生是一本账。一个人生活要踏实安稳、事业要发展进步，就要学算账、算好账。尤其是领导干部面临的诱惑无时不有、无处不在，如果不算算账、算不好账，就难以始终保持头脑的清醒，就容易被私欲束缚、被权财色绑架，坠入万劫不复之地。所以，面对诱惑，领导干部必须把"账"算好、算清，最重要的是算好政治账、经济账、感情账。**要算好政治账，始终做到政治上清醒**。政治生命是领导干部为官从政、为民服务的政治前提，关乎干部的政治品行和人生方向。共产党人最宝贵的莫过于政治生命。习近平总书记要求，领导干部要"珍惜个人的政治生命"。领导干部只有政治生命不熄灭，才有干事创业的平台，才能实现个人事业进步发展，才能继续为党和人民的事业持续奋斗。然而，政治生命既坚强，又脆弱，如果严守党纪国法、尽心尽责为党和人民的事业努力奋斗，政治生命就充满活力、闪闪发光；如果目无法纪、任性用权、庸政懒政、贪污腐化，政治生命就戛然而止、自动毁灭。领导干部要像保护眼睛一样保护自己的政治生命，始终坚定理想信念，加强政治修养，坚定政治定力，树立正确的政治方向，牢固树立正确的世界观、人生观、价值观，时刻保持清醒的政治头脑，不断增强"四个意识"、坚定"四个自信"、做到"两个维护"。**要算好经济账，始终做到经济上干净**。朱元璋告诫文武百官：老老实实地做官，守着自己的俸禄过日子，就好比守着一口井，井水虽不满，但可以天天汲取，用之不尽。竭泽而渔，明年无鱼。从政为官要算长远账、算大账。君子爱财，取之有道。领导干部只有既立足当前，又放眼长远，不被眼前利益、小恩小惠所迷惑，才能"一本万利"。倘若心存侥幸，把组织赋予的权力当作敛财的工具，见利就眼开，见钱就想收，最终只会落得人财两空，自毁前程，得不偿失。日食三餐、夜宿七尺。领导干部要有知足心态，时刻绷紧严以用权这根弦，树立正确的金钱观、义利观，不可因小利忘大义，不为名所累、不为利所惑，不该拿的坚决不拿，不属于自己的坚决不要，真正做到经济上干干净净、明明白白。**要算好感情账，始终做到感情上"亲"、"清"**。人生在世，为"情"字所系，亲情、爱情、友情和和美美，比其他任何东西都更有价值、更加宝贵。领导干部正确处理好各种感情关系，始终做到"亲"和"清"，既是党性要求，也是工作需要。世间"恶人"最无情。领高干部如果违法乱纪，就是"恶人"，到时幸福美满的家庭必然被打破，亲朋好友必然会远离而去，众叛亲离、妻离子散，最终一无所有。领导干部珍视亲情、爱情、友情，就要把深沉的感情追求转化为干事创业的动力，廉洁自律、勤政廉政，切实保护好自己的政治生命，激励自己做让家人爱戴的干部，受亲友尊敬的好干部，使各种感情亲于心、清于行，努力夯实巩固各种感情根基。

19. **守住法律底线，树立道德高线，不踩纪律红线**。凡事有"界线"。对于领导干部而言，法律底线是最基本、最起码、最低限度的行为规范，道德高线是修身立德的高标准、严要求，纪律红线是不可逾越、不可触碰的生命线。不越过"三条线"是领导干部立身之本、干事之需、从政之基。领导干部必须树立"界线"意识，坚持守住法律底线、努力追求道德高线、坚决不踩纪律红线，切实做到行得正、站得稳、走得远。**法律不可触碰，要守住法律底线**。习近平总书记强调，"领导干部要牢记法律红线不可逾越、法律底线不可触碰"①。就是告诉我们，法律不仅是全体公民的底线，更是领导干部的底线。现实中，一些干部由于法治意识淡薄，有法不

---

① 《习近平谈治国理政》第2卷，外文出版社2017年版，第127页。

依、执法不严，甚至徇私枉法，严重影响了党和国家的形象和威信，也严重损害了经济社会正常运行秩序。领导干部必须增强法治意识、树立法治思维，带头尊法学法守法用法，坚持运用法治思维和法治方式深化改革、推动发展、化解矛盾、维护稳定，绝不以言代法、以权压法、徇私枉法，绝不钻法律"空子"，不打法律"擦边球"，坚决不违法、不犯法。**德乃为官之本，要追求道德高线**。古人云："才者，德之资也；德者，才之帅也。"我们党始终坚持德才兼备的干部路线，我们必须把德摆在干部队伍建设的首位。领导干部必须把加强官德修炼作为安身立命之本，摆在自身建设的首要位置。领导干部要铸牢理想信念，锤炼坚强党性，忠于党忠于人民；要强化宗旨意识，恪守立党为公、执政为民理念，严格操守、规范言行，加强家庭家教家风建设，切实做到明大德、守公德、严私德。**纪律不可逾越，要不踩纪律红线**。党纪党规，体现着党的理想信念宗旨，是管党治党的尺子，是党的先进性和纯洁性的必然要求。对于领导干部而言，党纪严于法律，要高于法律，是领导干部不可触碰的红线。领导干部要不踩"红线"，关键是守纪律讲规矩作为工作生活的基本素质和基本意识，始终把党的政治纪律和政治规矩挺在前面，坚持纪在法前、纪严于法，敬畏党、敬畏人民、敬畏法纪，自觉规范约束权力，不该干的坚决不干，不能逾越的坚决不逾越，切实做到心有所畏、言有所戒、行有所止。

20. **公器不能私用**。公器，乃共用之器、为公之具。领导干部手中的权力，是国家的权力，管理公共事务的权力，就是一种"公器"。习近平总书记指出："作为党的干部，就是要讲大公无私、公私分明、公而忘私，只有一心为公，事事出于公心，才能坦荡做人、谨慎用权，才能光明正大、堂堂正正。"[1] 领导干部坚持把权力当作"公产"使，不因私废公、不以权谋私，这是用权常识，也是自律的重要方面。**权力姓公不姓私**。

---

[1] 《习近平谈治国理政》第1卷，外文出版社2018年版，第394页。

习近平总书记强调："我们的权力是党和人民赋予的，是为党和人民做事用的，姓公不姓私，只能用来为党分忧、为国干事、为民谋利。"①领导干部手中的权力来源于党和人民，承载着使命、肩负着党和人民的重托，只能用来造福人民、造福社会，绝不能作为谋取私利的工具。如果把手中掌握的权力"私有化"、"商品化"，把权力变成谋取个人或少数人私利的工具，假公济私、假公肥私，胆大妄为、任性用权，必然坠入违法乱纪的万劫不复之地。所以，公器只能公用，不可私用。**用权为公不为私。**"公则不为私所惑，正则不为邪所媚。"习近平总书记指出："公权为民，一丝一毫都不能私用。领导干部必须时刻清楚这一点，做到公私分明、克己奉公、严格自律。"②领导干部必须树立"公权"、"公器"、"公用"意识，要让权力回归公器本质，正确行使权力，依法用权、秉公用权、廉洁用权，事事出于公心，时时怀着公心，处处依照公心，公平公正公开办事，公道正派、克己奉公，永葆立党为公、执政为民本色；要正确处理公私关系，不为私情所累，祛除私心杂念，干公务不干私事，谋公利不谋私利，更不能公私不分、损公肥私，用公权搞团团伙伙、拉拉扯扯、结党营私，谋取"小团体"、"小圈子"的利益。

21. 特权思想是廉洁自律最大的敌人。特权思想究其根源就是一种官本位思想，认为"当官"就是"做老爷"、就得"搞特殊"。有特权思想，就会随心所欲、行无规矩，这样的领导干部必定会走向廉洁自律的对立面。**特权思想一抬头，廉洁自律必失守。**特权思想携带的，往往是不廉洁、不自律的有害因子。搞一次特殊，就会减一分威信；破一次规矩，就会留一个污点。天欲其亡，必令其狂。任由特权思想在大脑中滋长，为了方便自己而越过应有的"条条框框"，认为"小意思，不必在意"，从根本

---

① 《习近平谈治国理政》第 2 卷，外文出版社 2017 年版，第 147 页。
② 《习近平谈治国理政》第 1 卷，外文出版社 2018 年版，第 394 页。

上折射的是领导干部权力观的严重扭曲。在这种严重扭曲的权力观驱使下，领导干部很可能"舒舒服服"地干出各种恶行来，使自己违背廉洁自律要求、滑入腐败的无底洞。《党章》规定，"除了法律和政策规定范围内的个人利益和工作职权外，所有党员都不得谋求任何私利和特权"。这既是对全体党员的要求，也是对所有干部的要求。领导干部唯有自觉同特权思想作斗争，才能真正做到廉洁自律。**坚持正确的权力观，自觉摒弃特权思想**。领导干部摒弃特权思想，必须始终坚持"权为民所赋，权为民所用"的正确权力观。当思"权力取之于民"，牢记权力是人民赋予的、职务是组织任命的，自己权力再大也大不过组织、级别再高也高不过人民，不管权力大还是小，都永远不搞特殊、永远不迷恋特权"滋味"、永远不凌驾于组织和人民之上，永葆对人民的赤子之心。当思"权力用之于民"，不论在什么岗位，都把人民利益放在行使权力的最高位置、把人民满意作为行使权力的根本标准，真正做到今日权在手、倾心为人民，而且权力越大越要为群众办多办实事好事，"在位"一天、"赶考"一天。

22. **一念贪心起，百万障门开**。一念之差，人生打叉。贪心是人性一大弱点。贪心的阀门打开片刻，千千万万个妨碍修行的罪恶就会疯狂滋长，如同决堤的洪水，一发而不可收。欲念人人都有，干部也不例外。领导干部身处特殊岗位，面对的诱惑比常人多、可能导致人心神不宁的因素也更多，如果控制不好内心的贪念，从政之路必定障碍重重。**万恶皆因贪心起**。"贪似火，无制则燎原；欲如水，不遏必滔天。"[1] 据《左传》载，宋国有个人向子罕献玉，子罕拒之并说，我以"不贪"为宝，你以此玉为宝，玉给了我，那我们都失去自己的宝物了。这启示我们，心不贪，才是宝。一时贪心，一生悔恨。贪心足以使人泯灭良知，人的内心一旦为"贪"

---

① 《习近平关于党风廉政建设和反腐败斗争论述摘编》，中央文献出版社、中国方正出版社 2015 年版，第 98 页。

字所占据，就会逐渐丧失是非善恶的判断力、挣脱道德法纪的约束力，诱惑就会像毒草一样侵占人的心、遮住人的眼睛、让人迷失方向，使人什么样的恶行都干得出来。领导干部只有始终警惕"贪心"危害之严重，学习子罕这种以"不贪"为宝的品质，在诱惑面前保持自制力、管住内心的贪念，才能始终走正道、干正事、成大器。**人至官位要缚心。**贪廉一念间，荣辱两世界。越是担任领导职务，越要管住内心的贪念，莫让贪心"遮望眼"。要常思贪欲之害，牢记"贪欲是祸，清廉是福"，认识到贪欲造成的后果必定为社会公德所谴责、为党纪国法所不容、为百姓所唾弃，时刻以贪污腐败分子为镜鉴，对照反思、吸取教训，多想想"为谁掌权、为谁服务"的问题，用内心的"灿烂"去杀灭贪欲的"病毒"。要常戒非分之想，牢记"千贪万贪，都是思想先贪"，经常给自己醒醒脑、提提神、敲敲钟，多为群众想、少为自己谋，自觉祛除私心杂念，不该想的不想、不该图的不图，面对诱惑心不动、手不伸、嘴不馋，坚决遏制欲望升腾。

23. 贪婪是走向腐败的"通行证"。古书云，爱财为贪，爱食为婪。贪婪，是需求多而不知满足，是人类生存本能的膨胀和异化，是一种贪得无厌的病态心理。贪腐贪腐，贪带来腐，腐连着贪。习近平总书记痛斥："那些大贪巨贪，最后不就当了一个财物保管员吗？就是过了个手，最后还要还财于民、还财于公。"① 领导干部必须戒"贪婪"。**贪婪尽头是毁灭。**贪婪是恶魔，可使美好化为丑恶；贪婪是炸弹，可将辉煌夷为废墟。贪婪过度，利令智昏，几乎是所有贪心者的死穴。鱼和熊掌不可兼得，世上没有既能"戴官帽"又能"鼓腰包"好事，当官就不能贪婪、贪婪就不配当官，否则只会在腐败这条路上一路"畅行"，把自己送进"牢笼"。现实中绝大多数腐败分子都有个贪婪成性的共同点。一名被查处的干部在反思自己最初受贿时的心情说："当时收了钱之后，感到有点害怕、有点紧张，

---

① 《习近平关于全面从严治党论述摘编》，中央文献出版社 2016 年版，第 182 页。

但也有一种莫名的兴奋。"这种"莫名的兴奋",正是人性贪婪的映射。口贪香饵,终为钓者所获。领导干部贪婪成性,以权谋私,终将自我毁灭。**戒贪守廉方致远**。"祸莫大于不知足,咎莫大于欲得。"领导干部不给贪婪戴上"手铐",就会被贪婪戴上"脚镣"。多少人都是栽在了一个"贪"字上,唯有戒贪守廉才能长久。要内心淡泊,淡泊对待权力、淡泊对待金钱、淡泊对待名利,明白棺材没有摆放权力的空间、寿衣没有装钱的口袋、灵堂没有供奉名利的位置,权、钱、利都是身外之物,"生不带来,死不带去",少欲寡求,淡然处之。要手脚规矩,牢记"吃人嘴软,拿人手短",在任何时候、任何情况下都做到手不"乱伸"、脚不"乱跑",不吃拿卡要,不收受贿赂,不去不该去的地方,永远不抱有侥幸心理、尝试心理、"仅此一次"心理。

24.**不要贪图无所不有,否则将一无所有**。贪欲是葬送一个人前途命运最致命的毒药。"猴子掰苞谷"告诉我们,面对诱惑,这也想拿那也想要,最后只会一场空,什么都没得到。正如同时追两只兔子的人一只也逮不着,一个领导干部如果什么都想要,就只会什么都得不到,必须适可而止、学会取舍。**人心不足蛇吞象,贪心必被贪心误**。欲而不知止,失其所以欲;有而不知足,失其所以有。多欲则多求,多求必遭祸。柳宗元在《蝜蝂传》中讲了一个故事,一种叫蝜蝂的"善负小虫",爬行时凡是遇到东西就抓取过来,结果越背越重,它还不知疲惫地往高处爬,最后掉下来摔死了。这个故事启示我们,追求过度、不知节制,是不得善终的内在机理。当一个人该知足而不知足时,就会成为贪欲的奴隶。只有克制过强的欲念,前方的路才能走得稳健踏实;如果放纵自己的欲望,迟早要葬送自己。事能知足心常惬,人到无求品自高。领导干部面对种种诱惑只有心不为其所动,不为贪欲所俘,才能真正守住一方清廉的圣堂。**苟非吾之所有,虽一毫而莫取**。"知足常足,终身不辱;知止常止,终身不耻。"当领导干部,知道满足、知道适可而止,才不会受到耻辱。要懂得"知足",

正确对待名与利、得与失、进与退，对权力知足、对名利知足、对待遇知足，不计得失、知足常乐，始终保持一颗平常心，"清风两袖朝天去，不带江南一寸棉"。要学会"知止"，明白什么该取、何物该舍，懂得适可而止的放弃，见好就收、有所不为，常给贪欲之火"泼点冷水"，不该碰的不碰、不该拿的不拿、不该干的不干，"任凭地动山摇，我自岿然不动"，使自己的心理获得平衡、活得快乐，最终也会"失之东隅，收之桑榆"。

25."油水"越"厚"的地方越容易滑倒。曾国藩曾说："有油水的地方往往最滑，站稳都难。"滑是油的特性，有"油水"就可能滑倒，"油水"越"厚"越容易滑倒。世路无如贪欲险，几人到此误平生。古往今来，权力越集中、资源越聚集的位置往往"油水"越"厚"，在这些位置上滑倒的官员也往往越多。领导干部贪恋"油水"，免不了要"栽跟头"。**谨能防祸，"油水"越"厚"越小心。**习近平总书记告诫："所有自己认为是当官能享受的、产生快感的事情，背后都可能隐藏着罪恶，都可能是陷阱。"①"油水厚"，就意味着权力集中、资金密集、资源富集，就意味着诱惑多、池塘深。领导干部身处其中，一不留神、稍有放纵，就会奔向贪腐的不归途。馅饼下面常常是陷阱，领导干部如果经不住"油水"诱惑，认为这是个"肥差"，必将一步滑、步步滑、滑到底。在明代，面对前腐后继、杀之不尽的贪官，朱元璋曾说：利害，利害，"利"后面就是"害"，为什么你们只见其利，而不见其害?! 这句话值得我们深思，天下没有不透风的墙，贪恋"油水"、不警惕路滑，终归要摔跤。**坚定如磐石，自己不倒"滑"不倒。**自己才是自己的"定盘星"。不管"油水"多厚，防止滑倒的关键取都决于领导干部自己，只要自己定力坚、站得稳，再"厚"的"油水"也无法令自己滑到。要始终如履薄冰、如临深渊，小心做人、小心做事、小心做官，"战战兢兢"，时时处处事事把"小心谨慎"作为一

---

① 《习近平关于全面从严治党论述摘编》，中央文献出版社 2016 年版，第 182 页。

种理念去坚持、作为一种行动去践行，怀着干净的目的和动机去干事，确保行得正、走得稳。要始终心怀戒备、手握戒尺，对"地上的陷阱"、"糖衣炮弹"、"带刺的玫瑰"加强防备，把握住自己，面对再小的利益也不能"伸手"，"时时勤拂拭，莫让尘埃染"，绝不能揩"公家油"，绝不能为了一时的侥幸而让"油水"弄脏了自己。

26. **勇于自我革命，敢于刀刃向内**。习近平总书记指出，"中国共产党的伟大不在于不犯错误，而在于从不讳疾忌医，敢于直面问题，勇于自我革命"①，"不忘初心、牢记使命，关键是要有正视问题的自觉和刀刃向内的勇气"②。勇于刀刃向内自我革命是我们党最鲜明的品格，也是我们党最大的优势。领导干部必须发扬自我革命的精神，敢于刀刃向内解决自身存在的问题，不断自我净化、自我完善、自我革新、自我提高，始终跟上时代、实践、人民的要求。**勇于自我革命，发扬斗争精神**。自我革命精神是我们党战胜一切艰难险阻的动力源泉，是中国共产党人在长期革命、建设和改革实践中形成的以自我反思、自我超越、自我完善等变革意识为基本内核的精神样态，体现了中国共产党人的信仰信念、精神品格、优良传统。周恩来同志长期担任党和国家的重要领导职务，他说，"要与自己的他人的一切不正确的思想意识作原则上坚决的斗争"③，他坚持"改造到老"，体现出老一辈革命家直面矛盾、刀刃向内的政治勇气，坚持真理、修正错误的崇高追求，勇于探索、开拓进取的责任担当。"知人者智，自知者明；胜人者有力，自胜者强。"新时代领导干部必须保持自我革命的鲜明品格，不断检视自身问题、革除自身病症，强化自我锻造、实现自我重生。**敢于刀刃向内，增强斗争本领**。鲁迅先生曾说："革命者决不怕批判自己，他知道得很清楚，他们敢于明言。"任何一个政党都不可能不犯

① 《十八大以来重要文献选编》下，中央文献出版社 2018 年版，第 589 页。
② 《习近平谈治国理政》第 3 卷，外文出版社 2020 年版，第 532 页。
③ 《周恩来选集》上卷，人民出版社 1980 年版，第 125 页。

错误，马克思主义政党的先进性和纯洁性也不是一劳永逸、一成不变的。无论什么时候，问题都是客观存在的，怕就怕对问题熟视无睹、视而不见，结果小问题变成大问题、小管涌沦为大塌方。因此，领导干部要认真检视反思，以"君子检身，常若有过"的态度来发现自身的不足和短板，广泛听取意见建议，自觉对标对表，深刻总结反思，把问题找实、把根源挖深，明确努力方向和改进措施。要抓好整改落实，动真碰硬、对症下药，着力解决自身存在的突出问题，在革故鼎新、守正创新中实现自我跨越，不断给党和人民事业注入生机活力。

27. **家廉连政风，家风系国运。**中国人历来重视家教门风，从诸葛亮诫子格言、颜氏家训、朱子家训倡导的家风，到毛泽东、周恩来、朱德同志等老一辈革命家的红色家风，无不为后人树立了典范，提供了遵循。习近平总书记强调，"领导干部的家风，不仅关系自己的家庭，而且关系党风政风"①。领导干部必须把家风建设摆在重要位置。**家是最小国，国是千万家，天下之本在家。**习近平总书记指出："家风好，就能家道兴盛、和顺美满；家风差，难免殃及子孙、贻害社会。"② 家风是一个家庭的精神内核，也是一个社会的价值缩影。一个社会的良好民风是以千千万万家庭的良好家风为基础的，一个执政党的良好党风政风也与广大领导干部的良好家风密切相关。领导干部家风不仅关系到个人之进退，一家之荣辱，而且关系到党风、政风、民风的好坏。从近年来查处的很多腐败案件看，家风败坏往往是领导干部走向严重违纪违法的重要原因。"将教天下，必定其家，必正其身"。领导干部必须带头抓好家风，廉洁修身、廉洁齐家，在营造崇德向善的社会氛围、清明和畅的政治生态中发挥出自己应有的作用。**积善之家，必有余庆，以家风好促党风好政风好民风好。**习近平总书

① 《习近平谈治国理政》第2卷，外文出版社2017年版，第356页。
② 《习近平谈治国理政》第2卷，外文出版社2017年版，第355页。

记指出，"不论时代发生多大变化，不论生活格局发生多大变化，我们都要重视家庭建设，注重家庭、注重家教、注重家风"①。家庭作为领导干部生活的主要场所，家风既反映着他们的家庭治理理念，也能对他们的廉洁自律意识的养成产生影响。领导干部要管好"枕边人"，时刻注意纠正配偶之失，教育引导配偶当好"贤内助"和"廉内助"，不当"储钱罐"和官帽"批发部"，杜绝"枕边风"、"小要求"，守住底线不开口子，严防"后院起火"。要教好"膝下人"，重言传、重身教，教知识、育品德，教育子女树立遵纪守法、艰苦朴素、自食其力、不搞特殊的良好观念，不徇私情、不护犊子，帮助他们系好"人生第一粒扣子"，做到"言行要留好样与儿孙"。要带好"身边人"，主动交流沟通，及时、准确掌握思想动态，对苗头性问题，要及时制止、严肃批评，大事管得住、小事不马虎，绝不能允许他们"拉大旗作虎皮"，绝不纵容他们以权谋私，进一步营造清明和畅的党风、政风、民风。

28. **不要人夸颜色好，只留清气满乾坤。**该诗句出自元代诗人王冕的《墨梅》，吟咏的是墨梅不慕虚名、绽放清芬的品格。习近平总书记以诗言志，对新时代领导干部严以修身提出了一个更高的要求和标准。党的领导干部必须把永葆清正廉洁作为永恒追求。**清正廉洁是共产党人应有的政治本色。**"廉者，政之本也。"从我们党诞生之日起，清正廉洁作为共产党人的政治本色，就始终与为中国人民谋幸福、为中华民族谋复兴的初心和使命连接在一起，使我们党赢得人民信赖、爱戴和拥护。清正廉洁，是融入中国共产党人血脉之中的不变本色，也是中国共产党人代代传承的红色基因。历史和现实都表明，始终保持清正廉洁的政治本色既是我们党战无不胜、攻无不克的制胜法宝，也是共产党人在不忘初心、牢记使命的生动实践中不能动摇的基本遵循。清正廉洁是为政的基石，也是为官从政必须涵

---

① 《习近平关于全面建成小康社会论述摘编》，中央文献出版社 2016 年版，第 121 页。

养的品格。领导干部走上各自的岗位，大多是想干一番事业、实现自身价值。但如果在廉洁问题上翻了船，最终只会一失万无，谈何"为官一任，造福一方"？当官发财两条道，当官就不要发财，发财就不要当官。领导干部只有在清正廉洁上作出表率，才能永远做人民公仆、时代先锋、民族脊梁。**不忘初心，牢记使命，永不变色。**清正廉洁是为政的底线，任何时候都不能有丝毫松懈。"战斗英雄"、"人民功臣"张富清，对自己甘守清贫，对家人不谋私利，对党和人民绝对忠诚。60多年刻意尘封自己的功绩，用自己的朴实纯粹、淡泊名利彰显了共产党人的政治本色。领导干部必须在守初心中永不变色，以坚定的理想信念坚守初心，以真挚的人民情怀滋养初心，以牢固的公仆意识践行初心，把"人民对美好生活的向往，就是我们的奋斗目标"作为价值导向，自觉同人民想在一起，干在一起。领导干部必须在担使命中永不变色，勇于担当负责，积极主动作为，保持斗争精神，敢于直面风险挑战，在实践历练中增长经验智慧，在坚守初心、勇担使命中涵养清正之气。

29. 让自律成为一种习惯。美国著名演说家安东尼·罗宾曾说："塑造你生活的不是偶尔做的一两件事，而是你一贯坚持做的事。"这种坚持就是将自律养成了习惯。自律成为好习惯是人生的助推器，能使人终身受益。领导干部必须努力让自律成为一种习惯。**自律成习惯，习惯成自然。**刀不磨会生锈，人不自律就会落后。英国著名作家查·艾霍尔曾经说："有什么样的思想，就有什么样的行为；有什么样的行为，就有什么样的习惯；有什么样的习惯，就有什么样的性格；有什么样的性格，就有什么样的命运。""自律"的成效不会立竿见影、立见分晓，一两天的自我监督、自我约束并不能改变一个人，也不会对工作有多大影响。但当自律成了一种无须提醒的习惯行为，就可以使人不受外界影响，自然划出对与错、公与私、利与害的边界，形成长期稳定的价值判断。长此以往、日积月累，终将修炼出他人所不能及的优秀品格和干事能力。正如古语有云：

"习惯之始，如蛛丝；习惯之后，如绳索。"因此，领导干部要养成自律这种好习惯，时时处处事事都要从严要求自己。**持之以恒，习惯成自觉。**教育学家叶圣陶曾说："积千累万，不如养个好习惯。"自律不会凭空产生，也不是靠书本学来的，更不会自然增强，必须终身努力，不断修炼，逐步养成。做到短暂的自律并不难，难的是如何将"自律"二字融入骨血里，让它成为一种习惯。自律的养成并非一日之功。领导干部要充分认识到自律的重要性，在任何时候、任何场合、面对任何事情，都保持一颗从严自律、坚持自律的恒心，让自律成为一种思想自觉。要把加强自律作为一种严肃的政治责任，始终站在旗帜鲜明讲政治的高度来提升自律能力，让自律成为一种政治自觉。要让自律成为一种日常习惯和生活常态，努力克服自身和外界不良因素的干扰，增强明辨是非的鉴别力和自我约束的控制力，坚持不懈，让自律成为一种行动自觉。

30. **自律没有完成时**。自律，看似老生常谈，实则常谈常新。共产党人心中的"律"，是其为人处世、干事创业必须坚守的理想信念和道德法律底线。这个"律"，不是一时之律、一事之律，而是在心中扎根的坚强定力。一个人的素质体现在他的自律与自觉上。领导干部必须时刻绷紧"自律"之弦，持之以恒，让自律伴随做人处事、为官从政的全过程各方面。**一次充电，不会永远满格。**一个人能否自律，最大的诱惑是自己，最难战胜的敌人也是自己。自律是最高境界的修身。共产党人的自律，无捷径可走，需要的是一辈子的拂拭、打磨、精进，思深悟远、常修常新。对于领导干部而言，自律这根"弦"永远不能松，修身慎行、怀德自重、廉洁自律没有暂停键，否则"一次做让步，次次守不住"。一个领导干部本事再大，能力再强，若遇"惑"便心猿意马，逢"猎"便丢盔弃甲，迟早都要出事的。领导干部只有多一分"不畏人知畏己知"的自觉，将修身自律的功夫放在平常，徐徐用力、日积月累，让自律的"蓄电池"源源不断地充满电，方能练就大格局，锤炼好作风，才能在为政清廉取信于民、秉公用权赢得人心的征程中行稳致远。**自律一辈子，不是一阵子**。管住自己一天不难，管住自己一辈子不简单。自律一时不等于自律一世。自律之道，贵在有恒。领导干部必须将修身自律的功夫放在平常，持续用力、久久为功。自律要有恒心，始终坚定自己的理想信念，始终保持如履薄冰、如临深渊的警觉意识，常修为政之德、常思贪欲之害、常怀律己之心，增强政治定力、纪律定力、道德定力、拒腐定力，坚决摒弃"过大关"、"松口气"的心理。自律要下恒功，时常修葺自己的思想园地，时常"修剪"欲望枝丫，从小节、小事、"小意思"严起，始终做到严以修身、严以用权、严以律己，不放纵、不越轨、不逾矩，以绳锯木断、水滴石穿的毅力把自律贯穿到自己学习、工作和生活的全过程。

四、好干部是教出来的

1.**育才造士，为国之本**。致天下之治者在人才，成天下之才者在教化。人才是经济社会发展的第一资源，一个真正的大国，一定是人才大国。人才成长有其客观规律，教育培训是其最直接最管用的途径；同样，好干部不会自然而然产生，少不了严格的教育。中国特色社会主义进入新时代，必须继续坚持和发扬好教育培训这个"传家宝"，为党的事业发展提供强大的干部人才支撑和智力支持。**功以才成，业由才广**。我们正处于发展关键期、改革攻坚期、社会矛盾凸显期。越在爬坡过坎、吃劲用力的时候，越需猛将良才，越需要大批忠实可靠、德才兼备的实践者、开拓者、奋斗者。要广开进贤之路，把党内和党外、国内和国外等各方面优秀人才吸引过来、凝聚起来。要加强教育培训，培养数以万计的各类人才，打造一支符合实现中华民族伟大复兴中国梦需要的高素质干部队伍。**国之基石，教育为本**。干部教育是我们党的"传家宝"，从某种角度上来讲，一部建党兴党史就是一部干部教育培训史。站在实现中华民族伟大复兴中国梦新的历史起点，必须紧紧围绕实现"两个一百年"奋斗目标，推进新时代干部教育培训工作，通过政治和业务相结合、理论和实践相结合、专题教育和分类教育相结合、全员培训与重点培训相结合、精准化和专业化相结合，持续加强干部教育培训，提升领导干部的能力水平。**要有爱才之**

心，**更要有育才之能**。国以才立，政以才治，业以才兴。要深怀爱才之心、多谋兴才之举、多办成才之事，努力创造良好的人才发展环境；要始终坚持社会主义办学方向，紧紧围绕党和国家事业发展需要设定培训思路、计划、目标、任务、内容，以实实在在的教育培训成果，促进党的事业大发展。

2. **人无天习，教则移风**。明末清初学者黄宗羲在《宋元学案》中说道："学所以治己，教所以治人。不勤学则无以为智，不勤教则无以为仁。"良好的风气和习惯的养成并不是自然形成的，需要靠持续教育来实现。从《论语》的世代传学到《三字经》的启蒙教育，从《朱子家训》的经久不衰到《增广贤文》的广泛流布，都说明人的品质的养成都离不开有效的教育。**教育的首要任务是人格的塑造**。"师者，教之以事而喻诸德也。"千教万教教人求真，千学万学学做真人。人格是领导干部最为宝贵的资本，拥有健全完善的人格，才能形成一呼百应的号召力、万众响应的凝聚力、润物细无声的感染力、磁石一般的吸引力。要教育领导干部立志做大事，不要立志做大官，在为党和人民的事业奋斗中实现人生的价值。要引导领导干部讲道德、重品行，以德修身、以德立威、以德服众。要培养领导干部以舍我其谁的责任感、时不我待的紧迫感，无惧牺牲、不懈奋斗，锻造昂扬向上的精气神，不断激荡新气象、成就新作为。**思想松一寸，行动散一尺**。思想教育是教育培训的前端环节，具有引领方向、统一思想、凝聚共识、形成共为的重要作用，须臾不可放松。要教育干部树立共产主义远大理想和中国特色社会主义共同理想，学习马克思主义的世界观和方法论，深刻把握马克思主义立场、观点、方法，不断提高马克思主义水平和政治理论素养，牢记党的宗旨，挺起共产党人的精神脊梁，解决好世界观、人生观、价值观这个"总开关"问题。**风成于上，俗化于下**。党风政风对整个社会风气具有引领和示范作用，领导干部的政德是社会价值体系的风向标。毛泽东同志在《整顿党的作风》中指出，只要我们党的作风完全正派了，全国人民就会跟我们学。要教育领导干部为民用权、秉公用权、依法用权、阳光用权、廉洁用权，讲纪律、守规矩，真正做到拒腐蚀、永不沾。要教育领导干部带头弘扬社会主义核心价值观，明大德、守公德、严私德，聚集清风正气，引领社会风尚。

3.**十年树木，百年树人**。教育决定着人类的今天，也决定着人类的未来。人类社会需要通过教育来传授已知、更新旧知、开掘新知、探索未知，从而更好认识世界和改造世界。进入新时代，干部教育只有进行时没有完成时。只有着眼党和人民的事业薪火相传、中华民族伟大复兴后继有人，持续加强干部教育培训，才能切实打造一支忠诚干净担当的高素质干部队伍。**万丈高楼平地起**。习近平总书记指出："干部成长规律决定了干部培养要有足够时间，不仅着眼未来 5 年、10 年，更要着眼未来 15 年、20 年乃至更长时间。"① 组织培养一个干部不容易，培养一个高素质的干部更不容易，能行稳致远、持续发展就更难上加难。这就需要切实把握干部成长阶段性特征，注重抓基础、抓源头，发扬钉钉子精神，拉长教育链条，以"咬定青山不放松"的韧劲，教育引导领导干部不断适应党和人民事业发展需要。**绵绵用力，久久为功**。干部健康成长涉及方方面面，建设高素质专业化干部队伍是党和国家事业发展的百年大计。要善于打好"组合拳"，教育引导干部加强党性修养、筑牢信仰之基，加强政德修养、打牢从政之基，把理想信念教育、知识结构改善、能力素质提升贯穿干部培养全过程，既加强长远规划，又健全工作责任制；既关注干部取得的成绩，也关心干部的能力短板、知识瓶颈，有针对性地予以解决。**创新是教育培训的活力之源**。教育培训要解放思想、实事求是、与时俱进，不断推进理论、制度和管理创新。以改革促进动力释放、以创新促进活力增强，着力破除体制机制障碍，形成规范有序、健全高效的

---

① 习近平：《在全国组织工作会议上的讲话》，人民出版社 2018 年版，第 31 页。

运行机制。紧跟时代步伐，牢固树立开门办学、开放办学的科学理念，转变理念、创新内容、改进方式、优化队伍，实现教育培训结构和规模、质量和效益的统一。

4. 培养一个干部的付出比培养一个飞行员多得多。一个干部从起步到成熟，凝结了组织、社会、人民的殷切期望和大量投入。干部成长有其特定规律和必经路径，是一个长期而系统的过程，不是权宜之计，解一时之急，不能热一阵冷一阵。当前，干部培养选拔仍然存在重使用轻培养、用时急拿现用、平常不管不问等不良倾向。这些问题影响了干部的成长成才，制约了干部队伍的健康发展，影响了党的事业发展，必须予以重视并加以解决。**一靠自身努力，二靠组织培养**。习近平总书记指出，好干部不会自然而然产生，成长为一个好干部，一靠自身努力，二靠组织培养。干部能力的增强、水平的提高、经验的积累，很大程度上是以各种社会成本的消耗为代价的。如果干部因为决策失误甚至胡作非为造成损失，社会还要付出更大的成本来买单。领导干部要"知恩图报"，珍惜组织培养，立志建功立业，克己奉公、忠于职守，以实实在在的业绩回报组织、社会和人民对自己的培养。**扣好人生第一粒扣子**。干部的党性修养、思想觉悟、道德水平不会随着党龄的积累而自然提高，干部的能力也不会随着职务的提升而自然提高。习近平总书记强调："要教育引导干部一开始就想明白当干部为什么、在岗位干什么，走好从政第一步。"[1] 干部教育要以问题为导向，抓住干部成长的起步阶段和基础要素，教育引导干部加强党性修养、筑牢信仰之基，加强政德修养、打牢从政之基。**常修剪的树木长得好**。组织对干部不能"放养"，干部培养并非一朝一夕之事，不会一蹴而就，必须持之以恒、常抓不懈。要及时了解掌握干部的思想、工作和生活中反映出的问题，及时找准症结，做到有的放矢。要突出问题导向和目标

---

① 习近平：《在全国组织工作会议上的讲话》，人民出版社 2018 年版，第 16 页。

导向，根据不同地区、行业、部门，不同年龄、层级、岗位的干部特点，动态准确掌握干部的知识空白、经验盲区、能力短板，坚持缺什么补什么，增强干部教育培训的针对性和实效性。

5. **领导者就是培训者**。群雁高飞头雁领。领导工作，既要交任务、压担子，也要教方法、找路径。好的领导者既要明确方向，找准定位，分解目标，细化任务，又要关注进度，了解遇到的困难问题，积极帮助解决；既要掌握下属的特长优势，又要了解短板不足，适时予以培训提高。如果忽视培训，只是一味提要求，安排任务，就会忽略下属能力本领，导致其力不从心，胜任不了工作。**言传不如身教，示范最有力**。习近平总书记指出，群众看领导，党员看干部。领导带头、层层示范，是做好各项工作的重要方法。带头示范体现的是一种态度，树立的是一面旗帜，展现的是一种作风，凝聚的是一种力量，引领的是一种风尚。领导干部不管干什么事情都必须以身作则、率先垂范，真正放下架子、做出样子，干在实处、走在前列，把率先垂范作为干事创业的准则，才能以实际行动提升个人威信和人格魅力。**不厌其烦，不畏其难**。安排部署工作，面对下属的不理解、不明白，要认真指导，站在能有效解决问题的角度上去出主意、想办法、作决策，切不可轻易动怒发火，要能够容言容人容事，以冷静和韧性从容应对一切。要注重在实践中学习和揣摩，善于总结和积累经验，尽心、尽力、尽职、尽责地做好工作。面对突发事件，要面对面交流沟通，安抚他们的情绪，耐心细致地做思想工作，对下级提出的要求要认真听取，对合理的部分要给予明确答复，对于不合理的部分要做好解释。**晓之以理，动之以情**。要懂得尊重和欣赏别人的个性，允许差异存在，允许有不同意见。面对认识模糊、分歧较大的问题，要引导干部明是非、辨真伪，学会换位思考，解开思想疙瘩，做到心平气和、心齐气顺。区分不同情况、采取不同方式，坦诚相见、开诚布公、推心置腹、以理服人。

6. **强将手下无弱兵**。拿破仑曾说："狮子统率的绵羊军队要胜于绵羊统率的狮子军队。"列宁也说过："要研究人，要寻找能干的干部。"① 用好一个将领，树立一面旗帜。一支训练有素的队伍，从将领到士兵都身怀绝技，英勇无比。**兵熊熊一个，将熊熊一窝。**"将不精微，则三军失其机；将不常戒，则三军失其备；将不强力，则三军失其职。"一将无能，累死千军。只有不能打仗的将领，没有不能打仗的士兵。一般干部是领导干部带出来的，有什么样的领导干部，就会有什么样的干部队伍。为将者唯有抖擞精神、血性昂扬，智勇双全、能征善战，才能带出一支嗷嗷叫的队伍，从而所向披靡、战无不胜。**只有落后的领导，没有落后的下属。**领导干部要把抓好班子带好队伍作为重要职责，看好自己的门，管好自己的人；既要干事，还不能出事；不仅自己不出事，下属也不能出事。要经常对下属"咬耳"、"扯袖"，及时指出下属的错误，防止小病拖成大病。要注重培养干部，让优秀干部脱颖而出，推动形成风清气正的政治生态和干事创业的从政环境。**靠真理力量、人格力量、实践力量赢得尊重。**习近平总书记指出，我们党作为马克思主义政党，不但要有强大的真理力量，而且要有强大的人格力量。领导干部只有依靠真理、思想、人格的力量，才能真正赢得广大干部群众的认可、服从和追随。要坚持以品德立身、用能力服人、让业绩说话、靠廉洁树威，以身先士卒的勇气、向我看齐的锐气、走在前列的正气、以上率下的底气，树立起有形的价值观、释放出鲜活的正能量。

7. 培养部下就等于"提拔"自己。"江山代有人才出，各领风骚数百年。"习近平总书记指出，实现中华民族伟大复兴，坚持和发展中国特色社会主义，关键在党、关键在人，归根结底在培养造就一代又一代可靠接班人。培养人才是领导干部的一项重要职责。新时代的领导干部，要把关心关注下属健康成长作为义不容辞的政治责任，以甘为人梯的胸襟、功成不必在

---

① 《列宁全集》第 35 卷，人民出版社 1959 年版，第 542 页。

我的情怀，全方位加强对优秀年轻干部的培养，确保党和人民的事业薪火相传。**一花独放不是春，百花齐放春满园**。"无私"是第一领导力。每个集体都是荣辱与共的整体，成员的整体能力素质和业务水平是衡量团队战斗力强弱的重要指标。一个人能力再强，单打独斗也是不可能干成事的。领导干部处于集体之中，如果只想着自己的进步，不懂得积极培养他人，是无法得到下属和群众的信赖尊重的。只有出于公心，积极帮助他人、培养他人、为他人的成长进步着想，才能赢得尊重、做出业绩。**只有人才辈出，才能继往开来**。事业没有接班人，就好比接力赛没有接棒人，就交不出去棒。培养党和人民需要的好干部，是治国理政的头等大事。中国特色社会主义进入新时代，面临的环境更为复杂、任务更加艰巨。全面建设社会主义现代化国家，既要有见多识广的"通才"，更要有精通业务的"专才"。必须认真贯彻落实新时代党的组织路线，大力加强广大干部特别是年轻干部的教育培养，帮助干部筑牢信仰之基、从政之基、廉政之基、能力之基，培养造就一代又一代可靠接班人。**干好工作是政绩，带好队伍也是政绩**。"为政之要，惟在得人"。事业是成才的摇篮，人才是发展的支撑；事业有了永续的人才，发展才有坚实的保证。领导干部，抓工作的关键是抓好干部，管事情的要害在于带好队伍，能为本地本部门留下一支永远带不走的嗷嗷叫的队伍，这是最根本的政绩。因此，不仅要统筹推进各项工作，还应坚持在实践中发现人才、培养人才、锤炼人才，实现抓工作与带队伍"两促进、双丰收"。

8.**身教者从，言教者讼**。"教者，效也。上为之，下效之。"以自己的模范行动教导，别人就会听从；只说不做，别人就不会接受你的教导，反而会生出是非。领导干部要担负起带好队伍、凝聚人心、引领发展的职责，发挥表率示范作用尤为关键，必须时时处处严格要求自己，"立人先立己"，身体力行地作出表率，才能形成"头雁效应"，以模范行为影响人、感召人、教育人、团结人、带动人，产生"不待扬鞭自奋蹄"的效果。

学高为师，身正为范。要想帮助人，必须自己是能人；以身作则，方能以己及人。新时代的领导干部，面对风云变幻的复杂形势，唯有不断解放思想，带头学习提高，带头提素质强本领，才能眼界宽、思路宽、胸襟宽，与时俱进，始终跟得上时代的步伐。要敢于直面问题、勇于刮骨疗毒，以刀刃向内的自我革命精神，自觉去污排毒、吐故纳新，不断克服不足、弥补缺陷，发挥表率和带动作用。**人不率则不从，身不先则不信**。身行一例，胜过千言，带头是最有力的教育。以身作则、率先垂范胜过无数空洞的说教。口惠而行不至，说得再动听别人也不会相信。领导干部不管做什么工作，不能只当语言上的巨人、行动上的矮子，要变指派命令为行为感召、变声音指挥为行动引领，一级做给一级看，一级带着一级干，放下架子、做出样子，其效果就如影之随形、响之应声一样显著，自然会起到立竿见影的效果。**打铁必须自身硬**。明代政治家钱琦在《钱公良测语》中云："治人者必先自治，责人者必先自责，成人者必先自成。"习近平总书记指出，领导带头、层层示范，是做好各项工作的重要方法。领导干部的一言一行都是导向，做得好，就树起一根标杆，带动一片干事创业正能量；做得不好，就会"上梁不正下梁歪"，使工作大打折扣。必须苦练内功、提升能力，做到政治过硬、本领高强，当好奋进新时代的排头兵和引路人。

9. **培养要赶前不赶后**。"蘑菇"管理学定律指出，初生的蘑菇只有长到一定的高度才会被人关注，启示管理者要及早关注组织里的新生力量，有效帮助他们成长，才能尽快为我所用。干部成长成才是一个内外因相统一的长期过程，培养造就大批优秀年轻干部，是党和人民事业继往开来、薪火相传的大计。要遵循干部成长规律，及早打算、系统谋划，建立源头培养、跟踪培养、全程培养的素质培养体系，增强培养的系统性、持续性、针对性。**人事有代谢，往来成古今**。习近平总书记指出，培养造就一代又一代可靠接班人，事关党的事业薪火相传，事关国家长治久安。当前，我国已经进入改革开放的深水区和发展转型的关键时期，需要靠高素质的执政骨干队伍来推进。建设一支宏大的高素质干部队伍，离不开年轻干部的新鲜血液。年轻干部不断成长起来，大批政治上靠得住、工作上有本事、作风上过得硬的优秀干部涌现出来，我们的干部队伍才能始终保持蓬勃生机与活力。**及时当勉励，岁月不待人**。习近平总书记指出，刚参加工作的干部就像小树苗一样，需要精心浇灌、修剪枝叶，基础扎实了才能茁壮成长。年轻干部有自身的独特属性，冲劲足、热情高、接受新事物快，这些都是不可比拟的优势。但如果长期放任其自生自灭，其知识就会"过时"，其才华就会"贬值"，这不仅是对干部的不负责，也是党和人民事业的一大损失。对那些成熟早、潜力大、敢创新的年轻干部，要及早发现、大胆培养，看准一个培养一个、成熟一个使用一个，让少年英才脱颖而出。**求木之长者，必固其根本**。习近平总书记指出，年轻干部根子扎得深不深、实不实，决定了今后能不能成为栋梁之材。培养干部的力度与干部成长的速度成正比。要不断健全年轻干部选拔、培育、管理、使用环环相扣，又统筹推进的全链条机制，严把政治标准这个关口，筑牢发现储备这个基础，坚持"墩苗"成长这个路径，抓好从严管理这个保障，完善适时使用这个机制，打造一支当下有活力、发展有潜力、未来有竞争力的优秀年轻干部队伍。

10.**教人须从短处补**。清代思想家魏源说过："不知人之短，不知人之长，不知人长中之短，不知人短中之长，则不可以用人，不可以教人。"教育的目的是培养一个有理想牵引、有信念支撑、有行动力保障的人。要始终把全面发展作为教育培训的出发点和落脚点，充分满足多个层次、差异化的发展需求，有针对性地补短板、强弱项，帮助干部一步步成长起来。**正视短板，弥补差距**。木桶原理告诉我们，一只木桶能盛多少水，取决于最短的那一块木板。既然有短板，就说明还有改进的余地，还有成长的机会。当前，一些干部的理想信念、政治责任、干事本领、工作作风都还存在不小差距，过去那种传统化、一般化、粗放型的领导方式和领导方法已不能适应新时代需要。要坚持以习近平新时代中国特色社会主义思想为指导，以坚定理想信念宗旨为根本，以全面增强执政本领为重点，着力提高培训的针对性实效性。**因材施教，对症下药。**"善治病者，必医其受病之处；善救弊者，必塞其起弊之原。"干部成长有其自身规律，教育培训不能脱离个人成长，要具体问题具体分析，根据形势的发展变化和干部需求来不断调整、充实教学内容，使之更贴近经济社会发展实际和干部的思想、工作实际。要注重把握干部在成长过程中的变化，找准影响干部成长的内外因素，准确掌握干部因层级、职位、行业乃至年龄变化而导致的需求差异，多措并举，充分激发干部学习的内生动力。**教无定式，贵在得法。**习近平总书记强调："领导干部加强学习，根本目的是增强工作本领、提高解决实际问题的水平。"①要坚持问题导向，把解决问题作为干部教育培训的出发点和落脚点，积极研究干部、找准问题，注重实践、改进方法，联系实际、学以致用，做到"缺什么补什么"、"怎么有效怎么训"，让教育培训更加符合干部的"胃口"，更加符合新时代好干部的要求。

11.**培训是最好的福利。**讲到福利，很多人总是想到物质上的利益或是生活上的关心照顾，总想着发点补贴、给点奖金才实惠，对各种培训却积极性不高，或参加了培训也心不在焉、与预期的效果相差甚远。殊不知，为政之道，修身为本。对领导干部来说，干部教育培训是组织培养最直接最管用的途径，给物质、给"位子"都只是一时，教本事才是受用终身。因此，培训是最大的福利，学习是最好的待遇。**工欲善其事，必先利其器。**进行伟大斗争、建设伟大工程、推进伟大事业、实现伟大梦想，不是喊空口号、纸上谈兵，更不是玩虚招、做样子，没有真本领、硬功夫，就不可能取胜。要坚持以需求为导向，紧扣干部实际需求，有的放矢地加强教育培训，强弱项、补短板，使干部能够科学预见形势发展的未来趋

———————
① 《习近平谈治国理政》第1卷，外文出版社2018年版，第406页。

势、蕴藏其中的机遇挑战、有利因素和不利因素，透过现象看本质，抓好战略谋划，牢牢掌握工作主动权。**"成长"比"成功"更重要**。进入知识经济时代，只有让自己具备了生存、发展的能力和本领，才能适应时代的发展变化。而提升综合素质的一个重要渠道，就是能够持续不断地参加学习培训，给自己"加油"、"充电"，增长知识、提升能力，进而具备成功者的素质，为自己的长远发展增值，这才是自己最大的无形资产。**教育培训是干部成长成才的不二法门**。人的全面发展，获取知识是基础，增强本领是关键。习近平总书记把"素质培养体系"摆在新时代干部队伍建设的"五大体系"之首，充分说明干部教育培训既是党的事业发展的基础，又是干部队伍建设的基础。只有通过教育培训，才能使干部强化理论武装，促进能力提升，做到政治过硬、本领高强。

12.**教育者先受教育，教育者多受教育**。古人说："师者，人之模范也。"蔡元培先生曾在《中国人的修养》一书中提出，"要有良好的社会，必先有良好的个人，要有良好的个人，就要先有良好的教育"。正确的教育来自对自身的改造。干部教育培训工作者培训能力的强弱，直接影响干部素质培养体系建设，影响干部队伍建设成效。进入新时代，知识获取方式和传授方式、教和学关系都发生了革命性变化，必须不断提高干部教育培训工作者的能力。**先当学生，后当先生**。"三人行，必有我师"。万事没有生来知之，只有学而知之，任何先生，即使学富五车、知识渊博，无一不是学来的。曾经先进，不等于永远先进。教育者之所以能从事教育活动，是有一定先进基础的，但这种基础不能"止步"。要有不耻下问的胸襟和境界，放下身段、摆正心态、端正学风，虚心向基层学习、拜人民为师，因材施教、有的放矢，作出最优质的培训。**给别人一瓢水，自己先有一桶水**。"师者，所以传道授业解惑也。"能者方能为师。古人有言："不患位之不尊，而患己之不能。"干部教育培训工作者不论是修养、学识、能力、作风，都要让人信服，做到"技"高一筹，成为干部教育培训的行家里手。"人一能之，己百之；人十能之，己千之"。习近平总书记对思政课教师提出了"政治要强、情怀要深、思维要新、视野要广、自律要严、人格要正"的要求。这些要求，同样是新时代广大教育者应有的品格和素养。要加强对干部教育培训管理者的教育培训，不断提高其能力，让教育者首先做到政治过硬、本领高强，才能胜任教育工作神圣职责。

13. **干部教育必须姓"马"姓"党"**。干部教育培训承担着为领导干部补钙壮骨、立根固本的重要任务。进入新时代，干部教育培训工作只能加强、不能削弱，必须一以贯之服从和服务党的政治路线，必须坚持以习近平新时代中国特色社会主义思想为指导。**干部教育是我们党的独特优势**。从中央到地方建立党校体系，专门教育培训干部，是我们党的优良传统和政治优势。当今世界正经历百年未有之大变局，面对十分复杂的国内外环境，肩负繁重的执政使命，如果党的干部缺乏理论思维，是难以战胜各种风险和困难的。要把我们党的这个独特优势保持好、发挥好，就要教育引导各级领导干部深入认识共产党执政规律、社会主义建设规律、人类社会发展规律，牢牢掌握和运用辩证唯物主义和历史唯物主义，牢牢掌握和运用中国特色社会主义理论体系。**干部教育姓"马"姓"党"是天经地义的要求**。姓"马"姓"党"是干部教育与生俱来的基因，是贯穿整个干部教育发展史的一条红线，也是做好干部教育工作的根本原则和根本遵循。要坚持把政治性作为干部教育培训工作的第一属性，坚持正确的政治方向，坚持以党的旗帜为旗帜、以党的意志为意志、以党的使命为使命，旗帜鲜明反映党的主张、体现党的意志、落实党的要求，做到教学方向要注重政治引领、教学内容要突出政治训练、教学纪律要强化政治约束。**坚决守护好马克思主义的阵地**。对马克思主义的信仰，对社会主义和共产主义的信念，是共产党人的政治灵魂，是共产党人经受住任何考验的精神支柱。干部教育要旗帜鲜明、大张旗鼓讲马克思主义、讲中国特色社会主义、讲共产主义，敢于发声亮剑，善于解疑释惑，教育引导广大党员干部坚持在党爱党、在党言党、在党忧党、在党为党，对党虔诚而执着、至信而深厚，守护好马克思主义、中国特色社会主义的坚强阵地。

14. 理论教育和党性教育是干部教育的根本。我们党历来高度重视理论建设和理论教育，运用马克思主义基本原理指导中国的事情是我们的看家本领。理想信念和党性修养是一个干部的"灵魂"，是管根本、管长远的。干部教育工作要把理论教育和党性教育作为最紧要的政治任务，要把党性锻炼贯穿于干部教育培训的全过程，要把讲政治贯穿于党性锻炼全过程，必须深入学习贯彻习近平新时代中国特色社会主义思想，增强"四个意识"、坚定"四个自信"、做到"两个维护"。**理论是行动的先导，思想是前进的旗帜**。旗帜问题至关重要，理论上坚定是政治上坚定的基础和标志。回望百年革命、建设和改革历程，我们党始终贯穿着一条鲜明红线，就是以马克思主义中国化为主题，以解决中国实际问题为主线，不断推进理论创新，创造性地丰富和发展了马克思主义，深刻回答了中国的革命之问、发展之问、党建之问、复兴之问。进入新时代、迈向新征程，要教育引导领导干部修好马克思主义这一必修课，在学思践悟中牢记初心使命，与时代同步伐，与人民共命运，不断开辟马克思主义中国化新境界。**达必识其途，至必由其道**。马克思主义是中国共产党人认识世界、把握规律、追求真理、改造世界的强大思想武器，是共产党人的"真经"。习近平新时代中国特色社会主义思想是当代中国马克思主义、21 世纪马克思主义。理论创新每前进一步，理论武装就跟进一步。要引导各级干部原原本本学习和研读经典著作，努力掌握贯穿其中的马克思主义立场、观点、方法，感悟马克思主义的真理力量，学而信、学而用、学而行，提高运用马克思主义基本原理解决当代中国实际问题的能力和水平。**人无信仰不立，国无信仰不强**。革命理想高于天。党性教育是共产党人修身养性的必修课，也是共产党人的"心学"。干部教育要把培育党员干部坚定的政治信仰、纯洁的政治灵魂、忠诚的政治品格作为重要内容、首要任务，教育引导领导干部牢固树立正确的世界观、人生观、价值观，坚定理想信念、传承红色基因、永葆政治本色、激发担当作为，做到政治信仰不变、政治立场不移、政治方向不偏。

15.**种树培其根，种德培其心**。是树就会生长，是人就会成长。"种树者必培其根，种德者必养其心"，语出明代王守仁《传习录》，比喻修养品德必须培养好心性。唯物辩证法告诉我们，内因是事物发展的根本，外因是事物发展的条件。"志之难也，不在胜人，在自胜也。"境由心生，境随心变，心有多大，心中的世界就有多大。心中有信仰、信念、信心，就会愈挫愈奋、愈战愈勇，否则就会不战自败、不打自垮。**人无精神不立**。习近平总书记指出，理想信念就是共产党人精神上的"钙"，没有理想信念，理想信念不坚定，精神上就会"缺钙"，就会得"软骨病"。任何一个国家、一个民族、一个个人，要想自立自强，都必须要靠理想和信念支撑起个人的精神，才能有勇往直前、百折不挠的意志和勇气。领导干部必须始终牢记党的宗旨，挺起共产党人的精神脊梁，自觉做共产主义远大理想和中国特色社会主义共同理想的坚定信仰者和忠实实践者。**小胜靠智，大胜靠德**。《世说新语·笺疏》讲："德成智出，业广惟勤，小胜靠智，大胜靠德。"自古以来，欲明明德于天下者，皆以修身为本，修身则以正心为要。作为党员干部，要修好共产党人的"官德"，应该按照"为民、务实、清廉"的要求，坚持正心正己，常以"君子检身，常若有过"的态度，自省自责、慎微慎独，不断提高道德修养。**修身以正心为要**。古人云："木心不正，则脉理皆邪。"心正则身正，身正则行端，行端则身清，才能行稳致远。社会主义核心价值观是当代中国精神的集中体现，凝结着全体人民共同的价值追求，是中国特色社会主义的价值表达。对领导干部来说，要持续修正世界观、人生观、价值观，努力提升人生的格局境界。

16.**既要教世界观，又要教方法论**。世界观、方法论是"总开关"，管根本、管长远，决定人们的思维、态度和价值、行为。辩证唯物主义是中国共产党人的世界观和方法论。面对新时代新征程，领导干部面临的考验越来越多，必须不断筑牢马克思主义世界观，增强政治敏锐性和政治鉴别力，在大是大非面前旗帜鲜明、毫不含糊，才能正确观察事物、判断形势、分析问题，从纷繁复杂的现象中看到事物的本质和主流，抓住事物的主要矛盾和矛盾的主要方面，自觉按客观规律办事。**有正确的世界观才能改造好世界**。党的十八大以来，我们党办成了许多过去想办而没有办成的大事，解决了许多过去想解决而没有解决的难题，根本就在于坚持了正确的世界观，坚持了马克思主义这个科学理论。当前，世情国情党情正在发生深刻变化，更要通过干部教育培训，教育引导干部用马克思主义武装头脑，用科学的世界观和方法论分析判断形势，在错综复杂的环境中始终保持清醒头脑和坚定信心，从容应对各种风险和挑战，始终走在时代前列。**方向确定以后，方法便为王**。方法问题，说到底是由观点来决定的。科学的世界观会产生科学的方法论，世界观是错误的，方法论也不会对。没有辩证唯物主义、历史唯物主义的世界观，就不可能以正确的立场和科学的态度来认识纷繁复杂的客观事物，把握事物发展的规律。工作中有人喜欢拍脑袋决策，出台政策、制定指标不切实际，结果劳民伤财、得不偿失，这种错误的工作方法，从思想根源上看，就是世界观出了问题。**学马列要精，要管用**。领导干部要自觉坚持和运用辩证唯物主义世界观和方法论，学会从唯物辩证法中汲取智慧和力量，不断提高运用科学方法观察和分析问题的能力。要深入学习贯彻习近平新时代中国特色社会主义思想，深思细悟、融会贯通，切实领会贯穿其中的立场观点方法，增强战略思维、创新思维、辩证思维、法治思维、底线思维，使各项工作更好体现时代性、把握规律性、富于创造性。

17.**授人以鱼，不如授人以渔**。授人以鱼，三餐之需；授人以渔，终身受用。师傅并非徒弟的"拐棍"，早晚有一天徒弟需要独自面对工作中的种种困难。与其帮助徒弟克服所有困难，倒不如教授他们解决问题的理念、思路和方法，让他们自己在解决问题的过程中得到锻炼，最终磨成璀璨的"钻石"。这启示我们：传授给人既有知识，不如传授给人学习知识的方法。**教育的意义在于唤醒智慧**。要弘扬理论联系实际的学风，加大案例教学分量，用好用足在改革发展稳定中攻坚克难的典型案例，用鲜活案例展示习近平新时代中国特色社会主义思想强大的真理力量、人格力量、实践力量，帮助干部切实理解掌握贯穿其中的马克思主义立场观点方法，深刻领会习近平总书记治党治国方略和科学治理理念，自觉指导实践、补齐能力短板、勇于担当作为，不断推动干部教育培训走深走实。**经验的价值远比成果高**。人们做任何事情，如果没有人告诉你经验，那么就需要自己长时间摸索总结，会走很多弯路，甚至出现致命错误。而如果在起步阶段，成功者将他们的成功经验毫无保留地传授，就会大大避免失误，提高成功的概率。干部教育培训工作要变"输血式"为"造血式"，变"灌输式"为"启发式"，既讲清楚"是什么"，又讲清楚"为什么"和"怎么办"。**坚持一把钥匙开一把锁**。现代治理日益科学化、专业化、精细化，迫切需要增强差异化、精准化的实践教学和专业训练。要综合考虑组织需要、岗位需要和个人需求，加强现代管理、现代科技、现代金融等知识和能力的培训。要坚持问题导向，坚持分类分级，对接实际需求，积极创造条件、搭建平台，有针对性地补短板、强弱项，着力培育干部的制度思维、法治思维、专业能力、专业精神，确保干部队伍充满活力。

18.**基层是最好的学校**。实践出真知，锻炼长才干，我们的智慧来源于实践。习近平总书记指出："青年时期多经历一点摔打、挫折、考验，有利于走好一生的路。"[①] 当前，一些干部特别是有的年轻干部有学历没经历、有文凭没水平，基本功不扎实，真本事不多。只有脚踏实地多接"地气"，干事创业才能有"底气"，开拓创新才能长"灵气"。**沉得下去，才**

---

① 《十八大以来重要文献选编》上，中央文献出版社 2014 年版，第 280 页。

浮得上来。"宰相必起于州郡，猛将必发于卒伍。"干部如果不接地气，干事创业就缺乏底气，就像墙头上的芦苇——头重脚轻根底浅。"涉浅水者见鱼虾，涉深水者见蛟龙。"只有接几次"烫手的山芋"，当几回"热锅上的蚂蚁"，了解上情、吃透下情，才能扛得了重活、打得了硬仗、担得起重任。领导干部特别是年轻干部要学会沉淀自己，不做浮在水面上的浮萍，要做向下扎根、向上生长的树苗。**实践是最好的课堂，群众是最好的老师**。来自人民、根植人民、服务人民，是我们各项事业立于不败之地的根本。知政失者在草野。领导干部只有把人民放在心中最高位置，与群众交朋友，把群众当亲人，拜人民为师，把政治智慧的增长、执政本领的增强，深深扎根于人民的创造性实践之中，在实践中经风雨、见世面、壮筋骨、长才干。**人在事上练，刀在石上磨**。邓小平同志曾指出，经过实践，真正能干的人就会冒出来。"宝剑锋从磨砺出，梅花香自苦寒来。"只有多经事、善总结，才能不断成长进步。领导干部要把工作中那些复杂、棘手、艰难和具有风险的事当作"磨刀石"，勇于砥砺，下力砥砺，真正在实践中磨炼出坚强的意志品格，磨出锋利的刀刃，披荆斩棘、奋勇前行。

19. **在战争中教打仗，在游泳中教游泳**。荀子在《劝学》里写道："故不登高山，不知天之高也；不临深溪，不知地之厚也。"当前干部教育培训中还存在灌输式、填鸭式的教学问题，台上泛泛而谈，台下心不在焉，没入脑没入心。要让年轻干部没有上过战场，却深谙兵法，没有进过泳池，却熟悉潜水方法，关键在于从实践中获取知识和能力，既要学会用理性指导感性，更要学会从理性回归感性。**一切真知来源于实践**。没有实践的教育是没有生命力的。习近平总书记强调，实践是干部教育培训最好的课堂。要通过改革开放和社会主义现代化建设这个实践大课堂，把实践中好的经验、好的做法作为干部教育培训的鲜活教材，组织学员到实践的第一线去学习，到实践主力军的广大群众中去学习。充分运用推广研讨式教学、案例分析教学、体验式教学、模拟式教学等互动式、参与式的教学方式，提高理论联系实际的能力，增强推动科学发展的本领。**与其讲大道理，不如让其总结道理**。古人说："临渊羡鱼，不如退而结网。"干部教育培训中说一通大道理，不如让其亲身经历一次。打两场"败仗"，呛两口水，才能学会"打硬仗"、"潜深水"。既要让老师讲，更要让学员悟，每个实践完成后，及时带着问题复盘、反思、总结，自觉地汲取经验教训，最终把实践中学到的知识、经验转换为个人能力。**实干苦干增才干**。空谈误国、实干兴邦。习近平总书记曾用战国赵括"纸上谈兵"、两晋学士"虚谈废务"的历史教训，警示领导干部要引为鉴戒、真抓实干。岸上培养不出游泳健儿，远离战场产生不了战斗英雄。新时代的干部教育就是要让年轻干部在"新战场"上砥砺品质，在新征程中锤炼才干，在实干苦干中蜕变、成长。

20.**干部教，教干部**。干部教干部的过程是一个"双赢"的过程，强化了教员主导地位和学员主体地位，通过调动教师和学员两个方面的积极性，互教互学，互帮互助，最终实现教学相长、学学相长。**干部的问题干部最有发言权**。俗话说："解铃还须系铃人。"干部教育培训中，多让干部转变角色当"教员"，只有说"掏心窝子"的"体己话"，引起思想上的共鸣，才能钻进"学员心窝里"，才能更好地分享自己的亲身经历，和年轻干部交流为人、为官之道，让学员少走弯路。学员也更能敞开心扉，主动和"教员"交流学习，不断激发干部学习的内生动力。**学会用身边事教育身边人**。教师是干部教育培训最宝贵的财富，优秀教师是干部教育培训最急需的资源。干部教育培训要学会"就地取材"、"就地用材"，拓宽师资来源，落实领导干部上讲台制度，注重请优秀的领导干部来讲课。通过干部现身说法，用自己的经验提点学员，用自己的教训警醒学员，统筹用好各部门、各领域、各层级的优质领导干部师资。既解决了"教材"的问题，又解决了"教员"的问题。**老兵传帮带，新兵成长快**。古语有云："国将兴，必贵师而重傅。"新时代的干部教育培训工作，应当借鉴和发扬古代师徒文化中的传帮带精神，挑选那些工作能力强、实践经验丰富的领导干部，通过面对面传、手把手帮、心贴心带，把自己日积月累的经验方法、看家本领，倾囊相授，为年轻干部指点迷津，让年轻干部跟着学、照着做、比着干，助力其茁壮成长。

21. 解决问题的干部教育才是最好的干部教育。习近平总书记指出，领导干部加强学习，根本目的是增强工作本领、提高解决实际问题的水平。医生看病抓药得先把脉问诊，干部教育培训亦是如此。直接奔着问题去，有什么问题就教什么问题，什么问题突出就重点教什么问题，以解决问题为落脚点，以问题导向为基本遵循，才不会"隔靴搔痒"、"无的放矢"，才能贴近时代、贴近实际、贴近干部，教会干部具体的方法，给出现实的答案。**干什么教什么，因岗施教。**邓小平同志曾经指出，无论在什么岗位上，都要有一定的专业知识和专业能力，没有的要学，有的要继续学。干部教育培训首先要解决的是干部同岗位的相适应问题，因此一定要实施精准、科学地培训，注意分类分级，对不同培训对象，厘清岗位要求和职责要求等方面的问题，在培训内容、方式等方面有所区别，紧扣岗位要求，解决时代问题。**需什么讲什么，因需施教。**干部教育切忌"大锅炖"，实施"打捆"培训，训非其人、训非其需。表面上看，似乎什么都教了，但实际上，什么都没教到位。要坚持需求导向，把事业需要、组织需要、岗位需要和个人需要统一起来，做到党和人民事业发展需要什么就培训什么、干部履职尽责和健康成长需要什么就培训什么，提升培训精准度，既上好"基础课"，又上好"必修课"，解决知识恐慌、本领恐慌。**缺什么补什么，因材施教。**干部教育培训最忌讳"一个方子"管到底，不管来的什么"客"都是这道"菜"。要以补齐学员短板为目标，做到"一班一策"，以理论教育为根本，以党性教育为核心，突出新时代主业主课，针对不同干部特点、短板施训，引导和帮助干部丰富专业知识、提升专业能力、锤炼专业作风、培育专业精神。

22. **教不严，师之惰**。《诗经》有云："有匪君子，如切如磋，如琢如磨。"一个年轻干部的成长，需要以严格的标准、严格的程序、严格的训练、严格的培养，一点一点打磨和雕琢。**严师才能出高徒**。俗话常说："严是爱，松是害，不管不教成祸害。"干部教育培训要把准一个"严"字，要做到从严教育、从严管理、从严监督、从严考核。一方面要严肃讲坛纪律，严格教师管理，对教学活动严把关、严监督，严防干部教育培训讲坛成为不良思想传播的平台；另一方面要严肃课堂纪律，加强学员管理，依法依规、从紧安排，严格执行学习、考勤、请销假等制度，保持良好的教学秩序和学习风气，增强干部教育培训的计划性、严肃性、实效性。**教风正则学风正**。班固说："教者，效也，上为之，下效之。"干部教育培训中的教风和学风息息相关，直接反映着党风、政风和作风。必须坚持从严治校、从严治教、从严治学，引导教师理论联系实际教，帮助学员理论联系实际学，推动马克思主义学风形成，弘扬学习之风、朴素之风、清朗之风，保证严肃严格严谨的校风教风学风。

23. **用好容错纠错，为干部撑腰鼓劲**。邓小平同志在改革开放起步时就曾提醒："我们现在做的事都是一个试验。对我们来说，都是新事物，所以要摸索前进。"[①] 习近平总书记也指出，干事业总是有风险的，不能期望每一项工作只成功不失败。近年来，干部乱作为现象得到有效遏制，但也有少数干部失去了改革创新的锐气，担心"枪打出头鸟"，不作为、慢作为，一些庸政、懒政、怠政现象有所抬头。**只有允许试错，才能减少出错**。工作做得多了，就像茶杯里满满一杯水，难免会有洒漏的时候。《汉书》有云："论大功者不录小过，举大善者不疵细瑕。"成功时送上鲜花，失败了也不"一棍子打死"。要坚持为担当者担当，为负责者负责，切实做到"三个区分开来"，不能让"卖力"的干部"寒心"。旗帜鲜明地支持、

---

① 《邓小平文选》第3卷，人民出版社1993年版，第174页。

保护、鼓励担当者，严格区分失误错误和违纪违法行为，给他们吃下"定心丸"、系上"保险绳"。**只有明确范围，才能该容尽容。**容错不是"筐"，什么错误都往里面装，要分清哪些错能容，哪些错不能容，就必须明确容错的范围。一容改革无心之失，特别是推进改革、探索试验、推动发展过程中的探索性失误、无心的过失；二容为公之失，只要行为动机一心为公、为国为民，就当可容；三容干事之误，严格执行了民主集中制、"三重一大"等规定，遵守党纪条规国法，结果仍出现失误，也当可容；四容知错即改，出现失误能积极补救，最大限度挽回损失和消除不良影响，也应可容。**只有善于纠错，才能不怕犯错。**容错纠错的关键在于"治病救人"。容错不是"保护伞"、"免罪牌"，而是为了让好干部放下思想包袱、轻装上阵干工作；纠错也不是"使绊子"、"扣帽子"、"打棍子"，而是把探索者的"坑"填好，把后继者的"路"铺平。要通过正向激励与反向鞭策的相互配合，全面从严与科学容错的有机统一，真正让广大干部跳出"管严不作为、管松乱作为"的怪圈，形成甩开膀子干事创业的良好局面。

五、好干部是夸出来的

1. **赞美是人内心的渴望**。希望得到尊重和赞美，是人类本性最深的渴望之一，就如同食物和空气一样不可或缺。马斯洛需求层次理论也指出，人在解决温饱问题后，最希望得到的就是爱和尊重，以达到"自我实现"。赞美对任何人来说都是必不可少的，它是和煦的春风，会吹开冰封的心灵；它是及时的小雨，会润泽棵棵幼苗；它是润滑剂，会让人际关系变得更加融洽。很多时候，我们只是站在自己的立场，希望得到别人的赞美，却常常忽视了别人的感受，很吝啬对他人的赞美。**赞美是让人心动的激励**。人在被赞美时，心理上会产生一种"行为塑造"，这种心理会试图把自己塑造成具有某种优点的人，同时，这种塑造还具有强化作用，会不断鼓励自己向着某个好的方向发展，直到真正具备人们所称赞的这些优点。正是在这种自我塑造的过程中，人们获得了一种不断前行的力量，让自己变得更加优秀。**赞美别人就是成就自己**。心理学上有一个"赞美效应"，意思是说赞美他人会使其感到愉快，当对方在你的赞美声中得到需求满足时，他也会用同样的方式来肯定你的工作，这样你们之间的沟通就更易于开展，而你也能真正地从内心感觉到赞美的成效，这不仅有利于个人身心健康，而且被赞美者的良性回报也会使我们更为自信、更有魅力。**学会为他人喝彩**。为他人喝彩，是一种胸怀、一种境界、一种风范，更是一种完善自我的智慧。要始终以一种健康的心态来看待别人、看待竞争，摒弃阴暗潮湿心理和"红眼病"，既对别人的成功表示真诚的祝贺叫好，也对别人的失败给予足够的理解包容，以自己的真诚付出，赢得别人的信任、理解和支持，绝不能视而不见、充耳不闻，更不能挖苦、嫉妒、冷嘲热讽，这是一种自私的表现。

2. **水激石则鸣，人激志则宏**。流水遇到岩石的阻碍，就会发出很响的声音；人如果受到激励就会树立远大志向，奋发图强，从而干出一番事业。人的一生不可避免会遇到许多困难和挫折，常常会让人感到迷茫与无助。这时，适当的鼓励与信任往往能重新点燃希望、激发斗志、坚定信心，义无反顾向前进。当然，这种激励不仅是他人给予的、自己也要经常进行自我鼓励，这是更为持久深沉的内在动力。著名影星史泰龙最初面试过上百个电影，都被剧组拒绝，但这没有动摇他要成为电影明星的决心，他不断激励自己，最终成为闻名世界的影星。**经常被人激励，人生充满动力**。水不激不扬，人不激不奋。人的成功是内因和外因共同作用的结果。持续不断的内外部激励，可以充分激发人的潜能，为持续奋斗提供足够强大的动力支撑。特别是来自外部的激励，能够让人在对比中正确认识自己，发现自己的局限性，激发证明自己、战胜对方的动力，从而在竞争中谋生存、在逆境中求发展，迸发出超出想象的能力，这就是著名的"鲇鱼效应"。**成功需要正向鼓励，也需要反向刺激**。朋友亲人的信任鼓励，以及无条件的支持帮助，固然可以让一个人坚定信心，持续不断向前进。但有时候，别人的嘲笑、讽刺甚至是污辱也能激发人的斗志，韩信不受胯下之辱，便可能没有日后的成就；曹雪芹如果没有家道中落，就不一定能写出《红楼梦》这部旷世之作。从这个角度来说，人的成功既需要正面的激励，这是我们都渴望得到的，但有时候反面的刺激也不见得就没有效果，关键看你如何看待。

3. **称赞他人的每个进步，即使十分微小**。称赞他人是一种良好的习惯。习近平总书记在每年的新年献词中，都会点赞各行各业的劳动者。人人都有值得欣赏和赞美的闪光点，无论大小。如果干出成绩的下属想要得到领导的肯定，而领导却忽视这种需求时，往往会挫伤士气。作为领导干部，对下属不仅要真心赏识，更要养成赞美的习惯。**不因事小而不夸**。有种观点认为，太小的事情不值得夸赞，会让人骄傲自满；还有人觉得，赞美小的进步有小题大做、笼络人心之嫌。其实，回望我们每个人、每个干部的成长，都是一小步一小步的成长积累起来的，一飞冲天、一步登天的天才毕竟是稀缺品，大家都是在实干苦干中慢慢进步。因此，每一次微小的称赞，或者仅是朋友圈中的一次点赞，都是最大的肯定。如果总是想要在别人取得惊天动地的大进步时才给予称赞，那恐怕为时已晚。**小小的称赞传递大大的温暖**。对于个体来讲，常常非常看重自己的每一次进步，珍惜自己的每次成绩，新学了一首诗、迈出了锻炼身体的第一步、完成了一个有难度的任务等等，这个时候他人的每次称赞，都是给对方成倍的加油鼓劲。作为领导干部，关注微小的改变、感知队伍的进步，是必备的领导能力。对每一个在积极改变自己、不断进步的干部来说，你的每一句鼓励的话语、无私的赞美，就是对他最大的肯定和回报，让人感到无限的温暖。**积小赞为大赞，积小进为大进**。对干部欣赏、赞美的过程，实际上就是调动干部积极性的过程。只有善于欣赏别人的长处，才能做到"各美其美，美人之美，美美与共"。要对别人每一次的进步给予由衷的称赞，不断激发干部潜能，调动干部工作积极性，朝着目标努力，向着理想奋进，最终由小树苗成长为参天大树。

4. **做事的信心源于有效的夸奖**。有研究发现，一个没有受过夸奖的人，做事就会畏首畏尾，仅能发挥其能力的20%—30%；当他受到夸奖时，会更加自信，其能力可发挥至80%—90%，这说明夸奖对自信心的提升作用巨大。特别是有效的夸奖最能提升做事的信心。在别人成长进步之时，及时指出他们具体的进步，就特别能让人产生共鸣，进而促使人对自己的进步更加地自我肯定，长此以往，获得的有效夸奖多了，他也就会更加积极向上，拥有强大的气场。**夸奖无效，信心动摇**。夸奖是一门艺术，运用得当，可以提振精气神；运用不当，不仅起不到应有效果，还有可能适得其反，挫伤同志的积极性。总的来说，夸奖也要讲究时度效，既不能该夸奖的时候没表示、不该表扬的时候使劲夸，也不能不顾事实、无限拔高，更不能张冠李戴，把张三的功劳夸到李四头上，这样的夸奖不仅无法让被表扬者得到肯定，还有可能因此产生逆反，增加心理负担，特别是一些生性敏感的人，还会因此动摇信心。**多为信心注入夸奖的催化剂**。美好的东西总是让人回味无穷。夸奖可以让被夸者产生美好的心情、留下美好的回忆，不断地自我暗示自我激励，进一步强化自尊自爱自信，以此取得不断进步。好要随时夸，在别人取得任何成绩之时，不要吝啬赞美之词，适时的赞美、适度的夸奖、适宜的表扬，是激励信心、强化自信最有效的强化剂。

5.**一句恰当的赞美，能影响人的一生**。美国纽约州第一位黑人州长罗杰·罗尔斯在谈到如何成为州长的时候，只谈到了他上小学时的校长皮尔·保罗。当时保罗对罗尔斯说了一句话："我一看你修长的小拇指就知道，将来你是纽约州的州长。"罗尔斯记下并且相信了这句话，从此他没有一天不按州长的标准要求自己，在51岁那年终于成为州长。这就是赞美的力量。一句恰当的赞美蕴藏着超乎寻常的能量，可以让一个人的灵感复苏，可以将一个人的灵魂从鬼门关拉回来，也可以点燃强者心中的火焰，释放出无限潜力，从而让人生因此变得不同。**赞对一句，胜过百语**。话不在多，在精、在管用。而赞美、恰当的赞美往往能起到化腐朽为神奇的作用。一句恰当的赞美，犹如久旱的甘露，能够滋润萎黄的草木、焦渴的心灵；一句恰当的赞美，犹如初春的暖阳，能够消融漫长寒冬的冰雪，温暖我们的身心；一句恰当的赞美，犹如茫茫黑夜中的一座灯塔，能够在你最迷茫的时刻点亮你前进的方向。特别是人在迷茫徘徊的时候，这句话就如同"救命稻草"，足可以点醒梦中人，具有重要而非凡的意义，远胜于喋喋不休的空话、废话。**赞美就是赋能。**手机没电，需要充电；人无精神，需要赋能，而赞美就是为人赋能最重要的渠道之一。赞美别人的过程，就是向别人传递正能量的过程。领导干部不吝啬对下属的赞美，善于通过恰当的赞美把正能量传递给下属，就能激发起下属干事创业的热情和干劲，使其不断改变、奋发向上；反之，若是不肯赞美、不会赞美，一味地批评教育，只会挫伤下属积极性，导致团队越发涣散，毫无凝聚力、战斗力。

6. **赏识导致成功，抱怨导致失败。**作家林清玄在评价一个犯案数十起的小偷时，情不自禁发出感叹："像思维如此细密，手法那么灵巧，风格这样独特的小偷，做任何一行都会有成就的！"小偷听说后，金盆洗手，最终成为一个小有名气的企业家。如果当年林清玄没有表达出对小偷的欣赏和期盼，而是和大多数人一样只是痛恨抱怨，恐怕这个小偷一辈子也就只能是个小偷。领导工作归根结底也是做人的工作，善于赏识是最高明的领导艺术，若是不愿赏识、不会赏识，总是抱怨、吹毛求疵，就很难"改造"下属、形成合力，最终影响事业发展。**赏识成就强者。**赏识是一种理解和肯定，也是一种激励和引导。当一个人经常获得别人的赏识时，他便感觉得到了信任与支持，从而变得更加自信、自尊，及时驱散积聚在心底的自卑阴影，唤醒尘封已久的潜质、潜能，从而冲破阴霾、获得新生、走向成功。领导干部赏识下属的过程，实际上也是成就下属的过程，这种欣赏让他们增强了信心和勇气，在认清问题的根源后奋起直追，最终成为工作和生活中的强者。**不苛求人，不抱怨事。**苛求换来的往往是冷漠敌视，抱怨得到的可能也是抱怨。用神的标准测量凡人，用完美的标准去审度他人，赏识便无从谈起。而强大者从不抱怨，抱怨多了，心理就会失衡，影响判断力和工作效率。遇事要多从自己身上找问题，把心态放低放平，驾驭好自己的情绪，多看人长处、多帮人难处、多想人好处，宽以待人、严于律己，才能让自己进步得更快。**数人十过，不如奖人一长**。世间万物各有其长，远近高低各呈其姿。批评人不如表扬人，与其花很长时间去历数别人的过错，不如花一点精力去观察发现他的优点，及时给予肯定，其效果可能会更好。要尊重个性、容纳棱角，尤其对那些敢担当敢负责的干部，要"观大节、略小过"，不求全责备，不随意"揪辫子"、"扣帽子"，这样才能团结带领更多的人向前走。

7.**鼓励加赞美，白痴变天才**。鼓励加赞美，给人传递的是一种良性暗示，会使其变得更加出色，即便是资质平庸，也有可能成为"天才"；反之，如果一个人总是受到批评与谩骂，接受的都是不良暗示，那他即便再优秀，也有可能变得消极自卑，乃至一事无成。从事领导工作，要始终把赞美作为激励下属最有效的方式和上下沟通最有效的手段，对下属多些肯定、理解与赞美，少些怀疑与批评，更不能一味地打击，这样他们才会更加尽心尽责，最大限度地发挥聪明才智，从而带来意想不到的成功和惊喜。**鼓励赞美可以激发人的潜能**。没有笨的下属，只有笨的领导方法。卡耐基曾说，当我们想改变别人的时候，为什么不用赞美代替责备呢？下属固然有一些缺点和不足，但要想打磨出优秀的下属，赞美就不可缺少，要真诚欣赏他们的每一次进步，强化"鼓励、赞美的力量"，克服"管"得多"教"得少、"训"得多"夸"得少的问题，在真诚的鼓励和赞美中扬长避短，在潜移默化中让他们感知正确的做法，激发他们以更加正确的方式、更加积极的心态面对工作。**提升鼓励赞美的领导艺术**。真正高明的领导者，不仅仅在于他本身才能的高低，也在于他的领导艺术。赞美和激励是领导艺术的重要体现。只有运用好赞美和激励，才能充分调动被领导者的积极性、创造性、主动性，群策群力，和衷共济，也才能展现出高超的领导艺术。要学会欣赏人与人之间的差异性，掌握赞美的方式方法、节奏力度，经常性地对下属进行激励，发掘、鼓励、赞美其长处，激发其潜能。当然，这种激励不是一下子就能发挥出作用的，也不能一味地只赞美不批评，如何运用，全靠领导干部在实践中把握。

8.得到的欣赏太稀缺，天才也会枯萎。每个人都希望得到欣赏，这是一个人不断进步进取的重要动力。受传统文化提倡内敛的影响，大多数中国人不太善于表达欣赏，表现在家庭生活中，就是实施"棍棒式"教育，认为"不打不成才"；反映到领导工作中，就是多批评、少表扬，甚至认为"不批评就是表扬"。不可否认，这种方式在一定时间一定条件下有它的作用，但随着时代的发展，人们的心理状态也发生了很大的变化，如果还是一味地用老的认知来对待下属，就容易让人情绪低落，变得没有自信，甚至一蹶不振直至自我放弃。**欣赏是干部成长的营养液**。植物生长需要阳光雨露，干部成长需要欣赏鼓励。从这个角度来说，欣赏就是照在人心灵上的阳光，不可或缺。适时恰当的欣赏，可以让人在取得进步时感受到尊重、关注，从而更好地投入到工作中去；能够让人在面临挫折时，走出阴霾，提振精气神。这种欣赏，就如同营养液一样，让干部能够及时得到补充，为成长夯实基础，经过时间的积累，长成参天大树。**多一些欣赏，少一些苛责**。干事创业，错误在所难免，犯错也是人之常情。一些领导干部由于个人思想素质、工作能力乃至作风状态的差异，在具体工作中不可避免会出现一些不一致的情形，对此要正确认识和看待，多一些宽容和鼓励，而不是一味苛责，否则就没有干部敢出头、敢干事，那干部队伍就会一潭死水，缺乏生机与活力。一位履新不久的干部说："凡事随大流，啥毛病都没有；主动干点事，反倒被说成爱显摆、想作秀。"对此，要及时给他们澄清，为他们解除思想包袱，让他们轻装上阵，更好地造福人民。

9.赞美是零成本的激励。管理学上讲，成本控制是获取利益最大化的重要手段。通常人们认为，高薪是诸多激励因素中第一位的，但有调查显示，认可、肯定工作成就排在第一位。激励并非一定需要花大价钱，零成本激励也是一种重要方式。赞美别人是一种零成本的付出，它不需要冒什么风险，也不需要什么本钱或代价，是一种一本万利的行为模式，往往可以换来无可估量的价值。无论是从经济学还是社会学的角度看，都驱使着我们要多用赞美这种零成本的方式，激励调动各方面的积极性。**赞美无成本，价值抵万金**。一般来说，做任何事都是有成本的。你可以花钱雇人为你工作，可以用好的待遇换取一个人的技术、经验和知识，但是人的热情、创造性、全身心的投入、忠诚度等这些东西并不是单纯的金钱能够买到的。有调查表明，92% 的人希望得到领导、同事的认可赞美，当被问及为什么想要得到领导赞美时，他们都选择了"可以激励自己更有信心和动力工作"。赞美这种零成本的激励是最高明的方法。它秉承激励从"心"开始的理念，体现了更多的人文关怀，激发干部背后更深层次、更深刻、更持久的动力源泉。**发挥赞美最大的功效**。赞美是春风，可以吹开彼此的笑脸；赞美是桥梁，可以架起双方沟通的通道。赞美的效果，就是能激发人的自豪感和成就感，营造彼此轻松愉悦的环境，让大家信心满满、全身心投入工作。领导干部在日常工作和生活中，应该充分发挥赞美的作用，大胆地运用正能量激励和点赞他人，积极给予肯定性评价，充分激发大家的主观能动性，能促进彼此情感和谐，让先进者得到持续的动力，更加神勇，不断创造新纪录；让后进者重新振作，拾取信心，保持旺盛的进取心，不断创造奇迹，让人刮目相看。

10.**善于赞美是一种睿智**。会赞美，是一个领导干部智慧的体现。古今中外，适时、适当、真诚地赞美别人，既能体现出对别人的肯定与尊重，也能在赞美中提升自己的修养和胸怀。赞美让人感到温暖、使人受到鼓舞，甚至会让紧张的关系得到改善，也让自己收获快乐。在工作和生活中掌握好真心赞美、乐于赞美、善用赞美这一智慧，时常以欣赏的目光去看待他人、以悦耳动听的言语去夸奖他人，会让我们张开心胸、放宽眼光，收获更美丽、更和谐、催人奋进的人生。**真诚赞美比自己优秀的人是一种境界**。承认别人比自己优秀，本身就是一种优秀。优秀的人往往具有很多自己不具备的长处和优点，用不卑不亢、不嫉不妒的真诚去欣赏和赞美这些长处和优点，就证明你达到了那个高度，能够真正看到别人的优点和长处，进而对标学习，补齐自身短板，向优秀看齐。**客观赞美与自己比肩的人是一种胸怀**。工作和生活中，无论同事、朋友还是相互竞争的对手，总会有很多与我们旗鼓相当的人，赞美他们，是有包容胸怀的体现。海纳百川，有容乃大。包容与自己相当的人，才能摒弃狭隘无知，静下心来取长补短，合作共赢，携手共进，在相互包容、相互鼓励中不断成长成熟，风雨同行，顺利到达成功的彼岸。**用心赞美不及自己的人是一种美德**。所有人在人格上都是平等的，不是说你能力强就高高在上，不及你就该被踩在脚下。任何人都不可能尽善尽美，要善于观察，用心去发现别人的优点，尤其对那些不及我们的人，更要对他们的闪光点、个性魅力，从内心深处、言行举止上给予真心的赞美，激发他们的内生动力，保护他们的自尊自信，平等交流，互促互进，决不能对弱者极尽嘲讽、挖苦打压，丢弃了基本的道德品质。

11. **学会欣赏人，才能用好人**。欣赏人是用好人的前提。没有相互的欣赏，就没有彼此信任的基础，也就没有使用的前置条件。领导工作中，学会欣赏他人不仅是一门领导艺术，也是一种基本的工作要求。欣赏人的过程，其实就是对干部考察识别的日常化常态化。**欣赏人有助于辨别有争议的干部**。使用有争议的干部一直也是干部选拔任用的争议点之一，有人觉得要搁置看看，有人觉得要大胆使用。这时候就需要客观公正地评价。如果"一刀切"，一有争议就高高挂起，就很有可能错失优秀干部；如果"和稀泥"，用谁都一样，那就有可能选出违法乱纪的干部。只有长期观察、学会欣赏，练就入木三分的识人慧眼，掌握知事识人、知人善任的本领，才能在有争议的干部中大浪淘沙，把党和人民需要的好干部及时发现出来、使用起来。**用人也要看潜质潜能**。干部的潜在能力如同深海的冰山，大多是埋在海平面之下的，需要仔细的、长期的接触才能发现。看干部要看他当下干得如何，也要看他的发展潜力。如果只盯当下，就会错过有潜质潜能的干部。要善于透过干部当下的工作情况，挖掘干部身上隐含着的潜在特质和能力，并加以引导和培养，帮助他把潜能转化为实力。**多角度欣赏，更全面识别**。识别干部，不能仅凭一面之词。要坚持经常性近距离有原则地接触干部，全方位、多角度、立体式的考察干部，走进干部的工作圈、生活圈、社交圈，既听其言，又观其行，多方印证、全面掌握真实表现。在此基础之上，有针对性地使用干部，把好干部用到最需要的岗位上，发挥最大的作用，最大限度地避免用人失察、"带病提拔"。

12. 不吝嘉勉部属的功劳。抓班子带队伍是领导干部很重要的一项职责。新时代，我们提倡严管和厚爱相结合、激励与约束并重，既要常管常严，也要及时对下属的功劳进行嘉奖勉励。正如皮球只有充满了气、鼓足了劲儿，才能拍得起、拍得高。人也需要不断地鼓劲打气，才能持续进步。如果下属取得了成绩、有了进步，就要及时表彰奖励，这样，他的潜力就会被激发出来，他的干劲也会发挥出来，才会作出更大贡献。**论功行赏，天经地义**。人其实就是活在希望被认可、被肯定中的。每个人都希望自己的努力与付出能被人们所认可，特别是被领导认可。如果做出了成绩又得不到奖励，那立功的人有可能就会失去动力，其他想做好的人也会受到负面暗示，降低工作积极性，影响事业发展。该表扬的要表扬，该奖励的要奖励，这不只是对立功者个人的褒奖，更是在树立一种良好导向，只有这样，才能营造出人人奋发有为干事创业的良好氛围。**赏罚分明，推功揽过**。行为科学理论认为，奖励和惩罚一般具有强化作用，通过奖励或惩罚对某种行为进行肯定或者否定，在一定程度上会决定这种行为在今后是否会重复发生。赏罚分明，就是在利用这种强化作用，明确提倡和赞同什么、禁止和杜绝什么，从而让团队中的每一个人知道什么该做、什么不该做，从而形成示范效应。作为领导者，仅仅做到赏罚分明是远远不够的，有时候还要推功揽过，善于把成绩让给下属，当下属出现失误、捅了娄子时，能敢于担当，主动承担领导责任，这样才能真正赢得下属的信赖与支持，这样的团队也才会更富有凝聚力与战斗力。

13. 用欣赏的眼光寻找下属的"闪光点"。 每个人都有自己的长处和优点，它会随着言语和行动在不经意间迸发出来。领导方法很重要的一点，就是发现这些"闪光点"，及时给予点赞肯定。这就需要练就一双懂得欣赏的眼睛，时时当个有心人，主动去寻找挖掘。领导源源不断的欣赏能让下属增强自信心、提高积极性，决不能对下属求全责备，始终带着挑剔、苛刻的眼光去"挑刺"，优点摆着不看、缺点揪着不放，在把同事间关系搞得僵硬的同时，还磨灭了干事创业的激情。**不缺少闪光，只缺少眼光。** 生活中不是缺少美，而是缺少发现美的眼睛。会不会欣赏人、能不能团结人，既反映了一个人的品德格局，也反映了一个人的能力水平。千里马常有而伯乐不常有。纵观古今，多少领导与人才失之交臂，就是因为缺少发现闪光的眼光。领导干部作为事业的组织者、管理者，要容纳下属，吸纳各方面人才，就要学会欣赏人，善于发现下属优点、亮点，并适时给予肯定表扬。**要用显微镜看优点，不能用放大镜看缺点。** 金无足赤，人无完人。一名成功的领导者应该欣赏"闪光点"，也要包容小缺点，多看别人的长处优点，不能抓住别人的短处喋喋不休、横加指责，要知道手指头指出去，四个弯曲的手指是指向自己的。要用显微镜看他人优点，这样才能随时发现别人微小的"闪光点"，并根据这些"闪光点"，更加深入地了解下属的性格特点、能力表现，知人善任、任用其才。要能包容他人的缺点和过失，有针对性地加以培养教育，帮助其改正缺点，使其快速成长成才。当然，对某些重大错误也不能无原则包容，必须旗帜鲜明地指出来，督促认真剖析、立行立改，否则就是对同事不负责、对事业不负责。

14. 选好人用好人，是最有效最直接的激励。 干部选拔任用的本意，就是把最好的干部用到最合适的位置上去。选好人用好人，代表着这个干部得到了组织的认可、人民的满意、干部的服气。对干部来说，任用是最大的信任，也是最有效最直接的激励，唯有夙夜在公、勤政为民，兢兢业业干事来回报党和人民的信任。如果用人导向出了问题，勤劳肯干的人得不到重用，投机钻营的人大有市场，就会出现"劣币驱逐良币"的逆淘汰，那么其他再好的激励方式也没有作用了。**给票子给面子不如给位子**。票子和面子只管一时，激励效果是短暂的。而位子却是一个大的平台，是干部自我实现、赢得尊重的载体，是尽情展示自己才能的舞台。干部的成长既要压担子，也要给位子，既要让他们到广袤基层去成长成才，又要在时机成熟时提拔使用，始终让干部在状态，保持昂扬的斗志，始终锐意进取。**正确的用人导向会放大"磁石效应"**。用一贤人则群贤毕至。对干部最大的激励是正确的用人导向，用好一个能激励一片。春秋时期齐桓公选贤任能，齐国人才聚集、国力强盛，成为霸主；而晚年奸臣当道，人才离心离德、国力式微，最终人亡政息。选好人用好人，就是要选拔符合好干部"20字标准"，组织放心、群众满意、干部服气的优秀干部，树立起一面旗帜，激发见贤思齐、人心思进的正能量，形成用好一人、带动一片的示范效应，形成干事创业、担当作为的浓厚氛围。**好钢要用在刀刃上**。用人要用当其时、用其所长。选好人、用对人，就是把优秀干部在合适的时候提拔到合适的位置上，就是在对的时间把对的人放在对的岗位上，最大限度调动和发挥干部的积极性。要坚持用其所长、扬长避短，放大优势效应，对培养成熟的干部要及时使用，努力做到选贤任能、用当其时，知人善任、人尽其才，人岗相适、人事相宜。

15. **夸要夸在点子上**。夸奖是最美的语言，本应该能给人一种愉悦的感受，但有时候我们的本意是想夸奖人，可说完并没有起到应有的效果，甚至弄巧成拙，让人觉得不舒服、惹人反感。究其根本，就是没有夸在点子上，或是泛泛而论、人云亦云，或是浮夸过度、天花乱坠，或是词不达意、让人误解。别人明明没有的优点，你说得再好也必然不能打动人，其结果往往是适得其反，好心办坏事。作为领导干部，不仅要真心赏识"能"

夸人，更要抓住细节"会"夸人。**夸奖要抓住重点挠到痒处。**我们夸奖别人，总是喜欢从对方身上最突出的优点入手，但实际上，几乎所有人都夸奖过他的这个优点，时间一长，被赞美的人都听腻了，这样的赞美就很难让对方兴奋起来。要对干部的优缺点有个全面的了解，对其成绩有全面的认识，善于从小事着手，抓住对方的心理，精准找出夸奖的重点，赞美对方比较不易为人所知的优点，这样往往可以使对方感到意外惊喜。**夸奖越具体，越能打动人。**夸奖可以抽象，也可以具体，但抽象的东西往往很难给人留下深刻的印象。有的领导干部喜欢夸奖别人，但多是含糊其词、用词空洞，让人听起来毫无诚意，打动不了别人。夸奖的内容一定要具体，善于用具体的事务、真实的事例说出对方值得称道的地方，既能让对方直接感受到你的真诚，也能让你的赞美之词直抵人心，赢得他人的尊重与理解，绝不能蜻蜓点水泛泛而论，那是没有任何效果的。**敷衍式、程序化的夸奖宁愿不说。**"你很漂亮，你很聪明，你真棒"这类缺乏热忱的、笼统的、空洞的刻意赞美，过于程式化，给人以敷衍、应付的感觉。若一时还没有发现对方值得特别称道的地方，或是没有找到合适的夸赞词语，宁可不说，也不能为了夸赞而去夸赞。

16. **摆脱偏见，使称赞公平公正。**偏见是人们脱离客观事实而建立起来对人和事物的消极认识。偏见源于无知，是对他人或者事物的一种不公平、不合理的消极否定。"鉴别力衰弱时，偏见就会占上风。"偏见往往会影响领导干部正确的认识，会有意识地找各种存在的和不存在的理由去否定别人，或者放大别人的缺陷和不足而达到排斥别人的目的。特别是在对一个人形成了"刻板印象"之后，不管他做出什么改变都视而不见，这是违背辩证法唯物论的错误，某种程度上也是一种权力的傲慢。**慎用第一印象，不戴有色眼镜看人。**不被肤浅的表面印象所迷惑，尤其要避免以貌取人，不能凭第一印象就断定一个人，不能以个人喜好对他人进行分类、贴标签，不能根据心中的"条条框框"识人待人，而要做到听其言观其行，否则极易"失真"、"失实"。要坚持因人而异、因事而异，精准、公正地评价他人，这样才能公平公正地称赞他人。**学会辩证法，让称赞摆脱偏见**。辩证法基本的观点就是一切从实际出发，坚持实事求是，这是摆脱偏见的根本之法。"事实"只是个别现象、表面现象，还不是对事物的完整认识，只有拨云见日，通过"求"这个过程才能把握"是"这个规律和本质。要自觉地坚持和运用唯物辩证的世界观和方法论，客观地而不是主观地、发展地而不是静止地、全面地而不是片面地、系统地而不是零散地、普遍联系地而不是孤立地观察事物、分析问题、解决问题，克服极端化、片面化，如此，干好工作、称赞别人自然能公平公正。

17. **赞美不是奉承，表扬还需适度**。赞美和奉承有着本质区别，赞美是真诚的，是对别人优点和长处的充分肯定。奉承是功利的，为了得到好处而出卖自己的尊严。习近平总书记指出，决不能把商品交换那一套搬到党内政治生活和工作中来。赞美和奉承，只隔了一层窗户纸，如果不把握度，戳破了这层薄薄的纸，那就搞变了味、失去了本真。赞美犹如煲汤，掌握好火候是关键要素，必须适度和恰到好处，多些实事求是、有理有据的赞美，杜绝溜须拍马、投其所好的吹捧。**要把握好频度**。赞美虽好，但用得过多过滥也会如吃多了肥肉一样让人腻。该赞美时，要毫不吝啬地赞美；不该赞美时，要适可而止。赞美的话无须多，精妙的赞美只一句就够；赞美的次数不能多，适当的次数才会取得理想的效果。**要把握好高度**。盲目地使用远远超出实际情况的赞美之词，过度的恭维、空洞的奉承、无节操的抬高，会令对方难堪，也降低了自己的人格，结果会适得其反。轻描淡写、不疼不痒，或者有意屏蔽他人的亮点，无视他人的优点，有意"降格"赞美也不可取。要因人、因时、因事、因地而异，不拔高不贬低，对其所取得的成绩有全面的认识，进而精准找出夸奖的重点，让其心悦诚服、受用无穷。**要把握好热度**。受传统文化影响，当别人取得成绩时，我们不习惯及时当面赞美别人，而把对别人的赞美埋在心底，通过批评别人来"帮助成长",或是在其他人面前表扬这个人。夸奖的时机非常重要，一旦干出成绩、取得进步，就应该表示夸奖，这样最有效，要是等了太久，过了激动兴奋的时期，那时候的夸奖也就意义不大了。

18. 表扬要公开。曾国藩给弟弟曾国华传授行军打仗秘诀时说："扬善于公庭，规过于私室。"也就是说在公开场所要多表扬一个人的优点，至于他的缺点过失，则要私下里去纠正规劝。实际上，这个道理不只适用于行军打仗，也适用于各方面的管理工作，是领导者情商的充分体现。表扬一个人，其本质就在于树立一个典型、倡导一种精神、宣扬一种价值，并通过这种赞美形成示范效应，让大家一起向上向善，共同把工作做好，这就必须要在公众场合进行。**公开可以释放表扬的正效应。**公开表扬是最好的肯定，一方面公开表扬会强化正面的行为、积极的态度，更重要的是公开表扬为大家提供了一个学习的机会，大家看到榜样、看到标杆，就会见贤思齐，比学赶超，从而凝聚团队力量，激发团队活力，形成最大正效应。只有这样，做好事的人才能得到激励，而其他人也才能受到鼓舞。如果只是私下表扬一个人，受表扬者固然也能感受到激励，但就起不到应有的效果了。**公开表扬，对事不对人。**我们通常认为只要公开表扬就能让所有人更加努力，其实情况不总是这样的。有的时候，公开表扬一个人不仅不会让被表扬者成为榜样，反倒会因此导致他被孤立、受敌视，其效果适得其反，甚至还会打击一大片。因此，公开表扬也要讲究方式方法，更多关注好的做法或者显著的成效，对事件、对做法提出表扬，以表扬事来表扬人，以表扬团队来表扬个人，而不是一味地、过高地评价某个人。

19. 表扬要及时，过时的表扬是无效的。表扬的本意是强化激励，让人做得更好，而这就需要一定的时效性，要在完成工作任务或是取得成绩之后及时进行，这样才能给人带来满意和愉快的情绪体验，让人觉得你把他的任何事情都放在心上，他以后无论干什么事情都会更用心、更努力。如果表扬不及时，人的热情和情绪已经冷却，这时的表扬的作用就大打折扣了。古人讲"盖棺定论"，只有当一个人逝世了，才能对他作出客观全面的评价，这固然可以防止受表扬者发生变异，但也一定程度上影响了表扬的成效。**有时效，才有实效。**有研究表明，值得表扬的行为、事情发生的时间和受到表扬的时间间隔越短，所起到的激励效果就越为明显。一个人在获得某种成功、克服某种困难或表现良好时，总是迫切希望得到别人的认可与表扬。从事领导工作，要了解掌握各方面的情况，一旦发现下属的行为出色、表现突出，就对其及时作出表扬，这样下属的荣誉感和成就感就会得到很大的满足，就能产生更多的积极情绪和愉快心情，就能把后面的事情做得更好，达到再接再厉的效果。**不能水过三秋田。**秋天都过去了才来给田浇水，已经来不及了；事情过了很久，才来表扬人，激励的作用也没有了。事实上，及时的表扬和过时的表扬产生的效果是完全不同的，表扬太晚，人们就会认为得不到足够的重视，甚至感觉被泼了一盆冷水。如果一个人积极性减弱甚至没有了，这时再对其进行表扬，不仅削弱了表扬本身的功效，还容易使被表扬的人对表扬产生淡漠心理。要增强表扬的及时性、敏锐性，一旦发现别人有值得表扬的地方，就及时给予表扬，不要拖拉，更不要积攒，因为积攒的表扬不仅不会升值，还有可能失效。

  20. 金奖银奖不如老百姓的夸奖。时代是出卷人，我们是答卷人，人民是阅卷人。人民是永远的上级，是一切工作的最终评判者。人民群众满意不满意、高兴不高兴、答应不答应是我们衡量干部素质能力的根本标准。当领导干部，要是拿着俸禄不干事、高高在上不管事、欺压百姓干坏事，是会"被老百姓用扁担打的"。不信仰人民，不依靠人民，反而去依附权贵，搞政治攀附，结党营私获取"政治资源"，最终走向了人民的对立面，必须时刻高度警惕并坚决反对。**群众的夸奖是最大的褒奖。**"群之所为、事无不成，众之所举，业无不胜。"人民群众的肯定和夸奖、拥护和支持是我们干事创业最可靠的力量源泉。我们党自诞生那天起，就代表着最广大人民群众的根本利益，始终为人民工作、为人民服务，才能赢得人民群众的肯定夸奖与大力支持，也才能取得革命、建设和改革事业的不断胜利。历史是人民书写的，人民群众是历史活动的主体，只有多照一照群众这面镜子，比一比群众这把尺子，才能检验出自己的功过得失，真正回答好"我是谁"、"为了谁"。**谁把人民扛在肩上，人民就把谁装进心里。**世界上很少有哪个政党能像中国共产党这样，把"为人民服务"庄严地写进党章，把以人民为中心的发展思想贯穿于治国理政的各个环节。领导干部必须把人民对美好生活的向往作为我们奋斗的第一目标，树立真挚的人民情怀，把人民放在心中最高位置，充分尊重人民群众首创精神，自觉拜人民为师，向能者求教、向智者问策，不断从人民群众中汲取智慧和力量，赢得最广泛的支持和拥护。**政声人去后，功过群众评。**一枝一叶总关情。领导干部要保持我将无我、不负人民的崇高境界，坚持官职高一步，责任便大一步，忧勤便增一步，始终不忘初心，牢记使命，集全部心思于工作，倾一切才智于事业，勤勤恳恳、夙夜在公、任劳任怨，放下"架子"，做出"样子"，把为人民服务的宗旨落实到每项工作中、每项政策里，落细落小落实，带着感情、真情、深情，多为群众办实事，多让群众得实惠，以实实在在的政绩"赢得生前身后名"，切不可向群众自求夸奖、博取"官声"。

21. 学会表扬自己，但不能自矜自夸。如果说赞美他人是一种胸襟，那表扬自己则是一种自信。内心充满正能量，内心才会真正强大起来，才能不畏艰难、勇往直前。很多时候，我们做出了一点成绩、取得了一点进步，就渴望得到别人的肯定与赞美，但别人不一定能够及时发现并作出回应，这时候就需要进行自我表扬、自我肯定了。这种表扬肯定，一定程度上满足了自我的精神需要，提供了不断努力、继续前进的正能量。这种自我表扬，不是不谦虚，更不是自恋，而是对自己给予充分的信任与激励，是每个人都应该掌握的处事方式。**自我表扬的人往往都自带光芒。**自信与自卑是两种不同的心理状态，自卑的人认为自己干什么都不行、什么都做不好，总是给予自己负面的评价，时间一长，就真的什么都不能、什么都不行了；而自信的人时常给予自己的是正面的肯定，是自我认可、自我表扬，浑身上下都散发着笃定从容的光彩，既让自己干劲十足，也能给别人传导信心，从而得到别人的信任与支持，为赢得胜利创造良好的条件。**时常为自己鼓鼓掌**。别人不为我们鼓掌，我们可以自己给自己鼓掌，不一定非要刻意地去追求外界的赞扬。取得成功时，给自己鼓鼓掌，这是一枚不可多得的金牌，它会让你多一份荣耀，激励你永远去奋斗、去拼搏；失意沮丧时，给自己鼓鼓掌，这是一种精神的复活，它能让你从逆境中走出来，远离挫折困顿，重新燃起希望的火种；遇到不公正待遇时，给自己鼓鼓掌，这是一种信念的坚定，它能让你鼓足勇气、树立信心，不被别人的冷言冷语所击垮，这样你就能始终高扬自信的风帆，到达成功的彼岸。**骄傲自满必翻车**。自我表扬和自矜自夸只是一步之遥，如果自我表扬没有限度，就很容易走向自矜自夸，并由此招致自满自大自负、走向失败。老子在《道德经》中提出"自伐者无功，自矜者不长"，意思是自我炫耀的人不能见功，自高自大的人不会有长进；孔子在带着学生参观鲁桓公的祠庙时，也借用奇支器装满水就倾覆翻倒的现象来说明自矜自满的害处。这样的反面例子在历史上不胜枚举，警醒我们要始终把自我表扬建立在实事求是的基础之上，切不可跨线越度，否则就很容易招致人们的厌恶，既影响了同事关系，也不利于自己和事业的发展。

六、好干部是监督出来的

1. **要自律，也要他律**。习近平总书记指出，"法是他律，德是自律，自律和他律结合才能达到最佳效果"①。领导干部无论是个人成长成才，还是为官从政，自律与他律都不可偏废，一样都不能少。**自律尤重要，他律不可少**。自律，就是一个人时刻自警自励、自我约束、自我完善的根据，是内因；他律，是来自外部的教育、批评、监督等约束，是引起个人变化的外部条件，是外因。马克思主义认为，内因是事物发展变化的根本原因，外因是第二位原因，外因通过内因而起作用。但是，任何事物内部的变化必须依赖一定的外部条件，并在这些外部条件的制约和作用下，才能使事物呈现出特定的运动形式。面对无处不在的风险、诱惑、陷阱，领导干部如果没有严格的自律，欲望的闸门一旦打开，就会像洪水一样一泻千里；同样，如果失去外界有效的监督和制约，自律就很难保障长期抵挡诱惑和贪欲侵蚀，久而久之"金刚不坏之身"也会遭到腐蚀。因此，自律固然重要，他律也同样重要，两者都不可或缺。领导干部一定要时刻怀自律之心，遵他律之规。**习惯自律，乐于他律**。领导干部只有自觉接受他

---

① 《习近平关于党风廉政建设和反腐败斗争论述摘编》，中央文献出版社、中国方正出版社2015年版，第140页。

律，不断促进他律向自律转化，才能真正做到知所畏、知所拒、知所守、知所信，走稳走好从政之路、人生之路。一日为官，就当一日谨慎。领导干部一定要严格自律、坚持自律，不断坚定理想信念宗旨，切实拧紧思想的"螺丝"，上紧行动的"发条"，始终保持头脑的清醒，始终坚持党性原则和道德规范，自觉按党章党规党纪办事，自觉自律做好每一件事。要习惯他律、乐于他律，自觉把在严格的监督下工作和生活作为一种应有的认知、态度、责任和习惯，始终做到言必合法，行必守法，真正把他律持之为明镜、内化为意识、升华为信条，转化为更加严格的自律。

2. **治国必先治吏，治吏务必从严**。治国安民、经纬天下，关键在党、关键在人。遍观古今中外，治国理政先从治吏开始，吏治清、国运兴，是一条亘古不变的铁律。**事业兴衰关键在人，治国之要吏治为先**。"政治路线确定之后，干部就是决定的因素。"我们党是执政党，执掌国家政权，履行执政职能。党的干部是党的事业的骨干，党的领导和执政最终要通过一个个干部个体来体现，党的路线方针政策最终要靠一个个干部去推动落实。干部队伍的状况，直接关系党的事业兴衰成败和人民的幸福生活。如果管不住、管不好干部，就会危害党和人民事业，甚至危及党的长期执政地位。也正因如此，邓小平同志指出："党要管党，一管党员，二管干部。对执政党来说，最关键的是干部问题。"习近平总书记也反复强调："党要管党，首先是管好干部；从严治党，关键是从严治吏。"①党的十九届四中全会明确提出，要"健全党管干部、选贤任能制度"。领导干部必须深刻认识从严治吏的极端重要性。**治不严则无获，治吏之要严字当头**。习近平总书记指出，"我们共产党人最讲认真，讲认真就是要严字当头"，"从严是我们做好一切工作的重要保障"。②做事情如果抓而不严，抓完了，问

---

① 《习近平关于全面从严治党论述摘编》，中央文献出版社2016年版，第131页。
② 《十八大以来重要文献选编》中，中央文献出版社2016年版，第93页。

题仍然"涛声依旧",那就是形式主义,不可能有成效。全面从严治党关键在严,从严治吏关键也在严,培养造就好干部必须真管真严、敢管敢严、长管长严。要坚持真管真严,把"严"的要求落实到干部队伍建设全过程,坚持从严教育、从严管理、从严监督,使干部的选拔、培训、教育、管理、监督等各个环节都全面严起来。要敢管敢严,增强斗争精神,提高斗争本领,勇于自我革命,敢于较真碰硬,在歪风邪气面前敢于坚决斗争。要长管长严,把行为管理和思想管理统一起来,把工作圈管理和社交圈管理衔接起来,把八小时之内的管理和八小时之外的管理贯通起来,经常敲响思想警钟。当然,严管不是把干部管死,不是把干部队伍搞成一潭死水、搞得暮气沉沉,而是要激励干部增强干事创业的精气神。

3. **加强纪律性,革命无不胜**。"欲知平直,则必准绳;欲知方圆,则必规矩。"习近平总书记强调,"党面临的形势越复杂、肩负的任务越艰巨,就越要加强纪律建设,越要维护党的团结统一,确保全党统一意志、统一行动、步调一致前进"①。领导干部必须时刻绷紧纪律这根弦,自觉加强纪律建设。**党的纪律是党的生命线**。严明的纪律是马克思主义政党区别于其他政党的重要标志。我们党是靠革命理想和铁的纪律组织起来的马克思主义政党,纪律严明是党的光荣传统和独特优势,也是我们党的力量所在。习近平总书记指出,"党要管党、从严治党,靠什么管,凭什么治?就要靠严明纪律"②。回顾我们党从小到大、从弱到强,从革命、建设到改革的奋斗史,就是一部统一全党意志和行动、步调一致向前进、不断从胜利走向胜利的纪律建设史。事实证明,党的纪律越严明,党就越团结统一,越能攻坚克难、无往不胜;反之,党就会一盘散沙,失去凝聚力和战斗力。党要纪律严明,离不开每一名领导干部严守党的纪律规矩。领导干

① 《习近平谈治国理政》第 1 卷,外文出版社 2018 年版,第 386 页。
② 《十八大以来重要文献选编》上,中央文献出版社 2014 年版,第 764 页。

部作为党的执政骨干，就更要带头讲纪律守规矩，始终与党保持政治上高度统一、行动上步调一致，决不能成为不受纪律约束的"特殊党员"。**纪律是事业有成的保证**。任何事都不是单打独斗就能做成的，特别作为领导干部，抓班子带队伍，团结带领群众干事创业，更加需要用严明的纪律来促进形成强大的团队凝聚力和执行力。只有用严明的纪律作保证，通过纪律规矩的规范和要求，一个地方、一个单位、一个组织才能有效实现上下思想统一、意志统一、步调统一、行动统一，从而心往一处想、劲往一处使，真正拧成一股绳，产生强大凝聚力；也只有纪律规矩得到严格执行，用纪律的刚性约束坚决纠正上有政策下有对策、打折扣搞变通、各自为政、各行其是、推诿扯皮、敷衍塞责等行为，才能有效确保政令畅通、令行禁止，从而形成强大的执行力。可以说，只有纪律严明，领导干部才能带领干部群众干成事、出成绩，如果纪律松弛，就会人心涣散、离心离德，必将一事无成。领导干部要想成为一名好干部，就一定要自觉加强纪律性。

4.**权力是最大的腐蚀剂**。权力，本是党和人民赋予干部，用来造福社会、造福人民的一种力量，但是却有一些干部被手中的权力腐蚀、扭曲，最终陷入腐败的泥潭。权力的这种腐蚀性，必须引起每一名领导干部的高度重视。**绝对的权力导致绝对的腐败**。这是英国近代思想家阿克顿的一句名言。孟德斯鸠在《论法的精神》中说："一切有权力的人都容易滥用权力，这是万古不变的一条经验。有权力的人使用权力一直到遇有界限的地方才停止。"都是说，权力如果不受到严格的监督约束，就会成为肆意妄为的工具，使人腐化堕落。权力具有支配性。掌握了权力，就掌握了支配力量，就会有各种笑脸恭维对着你，各种诱惑算计冲着你，投你所好、送你所要、拉你下水。人非圣贤，人性有光明，也难免有幽暗，哪怕是天使，也难保不被绝对的权力冲昏头脑。金钱、利益不断扩张的冲动和权力不断膨胀的欲望相结合，使法律的边界溃坝、道德的天平失守，滋生出贪得无厌、无法无天，腐蚀人心、扭曲人性，甚至让人变得伤天害理，罪大恶极。领导干部一定要深刻认识滥用权力的危害，自觉接受监督约束。**必须把权力关进"笼子"里**。习近平总书记反复告诫领导干部，"权力不论大小，只要不受制约和监督，都可能被滥用"，而且"权力越大，越容易出现'灯下黑'"。① 领导干部只有自觉加强对权力运行的监督约束，才能规范用权、依法用权，确保权力不被滥用。要强化不敢腐的震慑，自觉加强警示教育，以腐败分子为反面教材，以案为鉴、以案释法，从违法违纪的腐败案例中吸取深刻教训，强化敬畏、增强戒惧、警钟长鸣。要用好不能腐的"笼子"，切实增强法纪意识、制度意识、"公器"意识，充分认清权力的界限，主动接受党章党规党纪监督约束，自觉把权力关进制度的笼子、遵纪守法、恪守原则。要筑牢不想腐的"堤坝"，加强理想信念教育和党性教育，树立起正确的世界观、人生观、价值观，自觉追求高尚情操、坚守道德底线、远离低级趣味，真正挺起共产党人的精神脊梁。

5. **有权不能任性**。邓小平同志曾语重心长地告诫全党："我们拿到这个权以后，更要谨慎。不要以为有了权就好办事，有了权就可以为所欲为，那样就非弄坏事情不可。"② 手握权力是领导干部的标志，正确行使权力是领导干部的职责所在，身为领导干部决不能有权就任性。**权力是把双刃剑，用权莫随性**。习近平总书记指出，领导干部"正确行使权力，掌权为公、用权为民，则群众喜、个人荣、事业兴；错误行使权力，甚至滥用权力，掌权为己、用权于私，则群众怨、声名败、事业损"③。现实中，有的干部走上领导岗位，奉行"有权不用，过期作废"，一朝权在手，便把钱来赚；有的觉得"我有权，我说了算"，说话办事专横跋扈、盛气凌人；有的觉得"有权就是敢拍板"，什么板都敢拍，蛮干胡干乱干；有的自认为"有了权，谁也奈何我不得"，想干就干，不想干就不干，当一天和尚

① 《习近平关于全面从严治党论述摘编》，中央文献出版社 2016 年版，第 201、206 页。

② 《建国以来重要文献选编》第 15 册，中央文献出版社 1997 年版，第 155 页。

③ 习近平：《之江新语》，浙江人民出版社 2007 年版，第 260 页。

撞一天钟；等等。这些有权任性、肆意妄为的现象，背离了党对领导干部的要求，不仅害人害己，而且搞一次任性就失去一片人心，给党带来的危害难以估量。领导干部一定要时刻牢记有权莫任性，用权须谨慎。**法定授权必须为，法无授权不可为**。领导干部任何时候任何情况下，都要把执政为民、为民用权作为正确使用权力的基本要求，真正做到立身不忘做人之本、为政不移公仆之心、用权不谋一己之私。一定要充分用权，有权就要担责尽责、认真履职，始终依法用权、秉公用权、廉洁用权，真正以公仆之心为党和人民掌好权、用好权，做到守土有责、守土负责、守土尽责，决不能只想当官不想干事、只想揽权不想负责、只想出彩不想出力。一定要谨慎用权，自觉抵制特权思想，时刻保持战战兢兢、如临深渊、如履薄冰的谨慎，不断强化心有所畏、言有所戒、行有所止的约束，无论是决策、管理，还是指挥、协调，都要慎之又慎、三思而行，自觉恪守权力边界。当然，身为领导，不仅要自己带头做到，也要要求下属严格做到。

6.**始终把政治纪律和政治规矩挺在前面**。党的政治建设是党的根本性建设，决定党的建设方向和效果。政治建设抓好了，党的建设就铸了魂、扎了根，对党的其他方面建设起到纲举目张的作用。政治纪律和政治规矩是全党在政治方向、政治立场、政治言论、政治行动方面必须遵守的刚性约束，是党最根本、最重要、最关键的纪律。守不住政治纪律和政治规矩，就会导致有令不行、有禁不止，"低级红"、"高级黑"、"伪忠诚"等现象频现。**严明政治纪律和政治规矩是共产党人的政治生命线**。习近平总书记强调："现代政党都是有政治纪律要求的，没有政治上的规矩不能成其为政党。"[①] 一个政党，如果没有严明的政治纪律和政治规矩，党员队伍就会各行其是、一盘散沙，最终导致政党分崩离析。我们党作为马克思主义政党，讲政治是突出的特点和优势。严明政治纪律、严守政治规矩，是

---

① 《十八大以来重要文献选编》上，中央文献出版社 2014 年版，第 133 页。

我们党不断取得胜利，实现从小到大、由弱到强的重要法宝和优良传统。共产党人旗帜鲜明讲政治，就必须把党的政治纪律和政治规矩挺在前面，不折不扣地执行。**始终把政治纪律和政治规矩摆在首位。**在党的全部纪律和规矩中，政治纪律和政治规矩是第一位的。遵守党的政治纪律和政治规矩是遵守党的全部纪律规矩的重要基础。领导干部必须维护党中央权威，增强"四个意识"、坚定"四个自信"、做到"两个维护"，在思想上政治上行动上始终同以习近平同志为核心的党中央保持高度一致；必须维护党的团结，坚持五湖四海，团结一切忠实于党的同志；必须遵循组织程序，重大问题该请示的请示，该汇报的汇报，不超越权限办事；必须服从组织决定，决不搞非组织活动，不违背组织决定；必须管好亲属和身边工作人员，不默许他们利用特殊身份谋取非法利益。

7. **纪严于法，纪在法前。**习近平总书记指出："无数案例证明，党员'破法'，无不始于'破纪'。只有把纪律挺在前面，坚持纪严于法、纪在法前，才能克服'违纪只是小节、违法才去处理'的不正常状况，用纪律管住全体党员。"①党的性质、宗旨都决定了纪严于法、纪在法前，把党纪挺在国法的前面，对党员、干部提出更高的要求，进而实现纪法协同、相得益彰，管住管好全体党员、干部。**纪在法前，才能管住大多数。**国有国法，党有党纪。国法是对全体公民的基本要求，人人都要遵守法律。党纪是共产党员必须遵守的规则，共产党员既要遵守法律法规，又要遵守党章党规党纪。纪在法前，就是把党纪挺在国法的前面，纪法"无缝衔接"，用纪律和规矩衡量党员干部的行为，管住大多数。如果退守法律防线，"违纪只是小节、违法才去处理"，其结果必然是"要么是好同志，要么是阶下囚"；如果只有严重违纪违法的少数党员干部受到惩处，多数党员干部都"脱管"，就没有人把纪律规矩当回事，国法就很难保障。领导

---

① 《习近平关于全面从严治党论述摘编》，中央文献出版社 2016 年版，第 114 页。

干部要把党纪挺在国法的前面，在守纪律、讲规矩上作表率，任何时候不能破规破纪。**纪严于法，才能管好大多数**。法律是治国的重器，国因法而治；纪律是治党的戒尺，党因规而强。党的先锋队性质决定了，必须以更高的标准、更严的要求来约束党员干部，才能永葆其先进性。纪严于法，就是党章党规党纪对党员的要求比法律要求更高，党员干部的任何违法犯罪行为都将受到党章党规党纪追究。只有坚持纪严于法，才能突出强调党员干部区别于普通公民的政治责任，唤起党员干部的党章党规党纪意识，把"病毒"和"虫害"消灭在萌芽状态，防止小错酿成大祸、违纪走向违法。领导干部要自觉接受更加严格的纪律约束，对苗头性倾向性问题抓早抓小、防微杜渐。

8. **面子再大，大不过党性原则；感情再铁，铁不过规章制度；门子再硬，硬不过纪律规矩**。国事无私，政道去邪，法不容情。党要管党、从严治党，必须严明党的纪律规矩。谁把纪律规矩当儿戏，谁就必然受到纪律规矩的严惩。党章党规党纪是管党治党的戒尺，是"严"的"实"的，不是"软"的"虚"的。领导干部原则性不强，不把规矩当回事，讲面子、顾感情、看门子，搞例外、搞特殊、搞特权，就会破规破纪、犯错误甚至犯罪，既害自己又害同志，最终伤害党的事业。铁的纪律必须执行。领导干部理当以身作则，发挥表率作用，懂规矩、守规矩，严格按照党章党规党纪办事，不为人情所困、不为利益所惑，坚决纠正和刹住歪风邪气。**要做熟知党章党规党纪的"明白人"**，主动学习党章党规党纪，树牢纪律规矩意识，把党章党规党纪刻印在心上，严格按党章标准要求自己，知边界、明底线，形成尊崇党章、遵守党纪的思想自觉。**要做执行党章党规党纪的"带头人"**，坚持按党性原则办事，按纪律规矩办事，按制度程序办事，秉公用权、廉洁用权，安分守己为党工作。**要做维护党章党规党纪的"铁面人"**，坚持原则、敢抓敢管，以党章党规党纪为尺子衡量党员、干部的行为，敢于发声亮剑，敢于较真碰硬，以"零容忍"的态度查处违纪行为，提高纪律执行力，维护纪律严肃性。

9. 政治监督是最根本的监督。习近平总书记强调，党内存在的思想不纯、政治不纯、组织不纯、作风不纯等问题，说到底都是政治问题。政治上的问题必须从政治上解决，尤其要依靠政治监督正本清源。党内监督，摆在首位的是政治监督，解决好政治监督的问题，其他党内监督才会真正发挥作用。对领导干部来说，如果政治监督不到位，政治上出现"蜕化"、"变质"，其他所有监督都等于零。**必须始终把"两个维护"作为政治监督的首要任务。**"两个维护"是党的十八大以来我们党的重大政治成果和宝贵经验，是我们党最重要的政治纪律和政治规矩。加强党的政治建设，旗帜鲜明讲政治，首要任务是做到"两个维护"。加强政治监督，就是要对领导干部树牢"四个意识"、坚定"四个自信"、做到"两个维护"等情况进行"政治体检"，聚焦"七个有之"、"五个必须"，把对党不忠诚不老实的两面派、两面人甄别出来、清除出去。**必须始终把坚持和加强党的全面领导作为政治监督的根本目的。**加强党的政治建设根本要求是坚持和加强党的全面领导，首要任务是保证全党服从中央，坚持党中央权威和集中统一领导，推动各级党组织和党员干部在政治立场、政治方向、政治原则、政治道路上同党中央保持高度一致。加强政治监督，就是要对领导干部贯彻落实党总揽全局、协调各方的情况进行监督，确保党领导一切。**必须始终把"关键少数"作为政治监督的重点对象。**《中国共产党党内监督条例》明确，"党内监督的重点对象是党的领导机关和领导干部特别是主要领导干部"。领导干部是党的事业的组织者、推动者和落实者，是"关键少数"，担负关键责任，应起关键作用。领导干部岗位越重要，责任越重大，政治上出问题的危害就越大，越是要自觉接受政治监督、扛起政治监督的政治责任。

10. 理想信念是"总开关"，纪律规矩是"安全阀"。理想信念是共产党人的精神之钙，是世界观、人生观、价值观的"总开关"。有了坚定的理想信念，就能坚持正确政治方向，做到"风雨不动安如山"。纪律规矩是对党员干部的要求和最好的保护，是"紧箍咒"、"护身符"、"安全阀"。守住了纪律规矩，就守住了"生命线"。理想信念不坚定，就会得"软骨病"；纪律规矩意识淡薄，就会成"阶下囚"。**坚定理想信念，拧紧"总开关"**。坚定理想信念，坚守共产党人精神追求，始终是共产党人安身立命的根本。信念不牢，地动山摇。理想信念动摇是最危险的动摇，理想信念滑坡是最危险的滑坡。一些领导干部出这样那样的问题，说到底是信仰迷失、精神迷失。坚定理想信念需要一辈子去磨炼和洗礼。领导干部必须用科学的理论武装头脑，牢记党的宗旨，树立正确的世界观、人生观、价值观，把远大理想和脚踏实地的工作结合起来，自觉做共产主义远大理想和中国特色社会主义共同理想的坚定信仰者和忠实实践者。**严守纪律规矩，拧紧"安全阀"**。纪律规矩是党员干部做人做事的安全阀、不可触碰的高压线。守纪律讲规矩，才不会犯错误。不把纪律规矩当回事，早晚要出事。领导干部必须把纪律规矩内化于心，外化于行，深入学习党章党规党纪，增强纪律规矩意识，自觉用党规党纪约束自己的行为，时时、处处按党规党纪办事。

11. **只有无能的管理，没有无用的人才**。管理的核心在人，管理者最重要的职责就是用好人。毛泽东同志曾指出："领导者的责任，归结起来，主要地是出主意、用干部两件事。"[①] 抓住了这两条，也就抓住了做领导的根本。可见"用干部"是领导干部的重要职能和职责。俗话说"垃圾是被放错地方的资源"。用干部的关键是要做到人事相宜，人岗相配，尽人之才。**为政之要，莫先于用人**。毛泽东同志说过："指导伟大的革命，要有伟大的党，要有许多最好的干部。"[②] 同样，中国特色社会主义进入新时

---

① 《毛泽东选集》第 2 卷，人民出版社 1991 年版，第 527 页。
② 《毛泽东选集》第 1 卷，人民出版社 1991 年版，第 277 页。

代，我们党团结带领广大人民奋力推进"四个伟大"事业，能否实现各项目标任务，关键在党，关键在人，关键在干部。党的干部是党和国家事业的中坚力量，是推动伟大事业不断前进的动力源泉，精准选用忠诚干净担当、岗位匹配度高的好干部是新时代干部工作的重中之重，是关系党和国家事业成败的关键性、根本性问题。"任忠贤，则享天下之福；用不肖，则受天下之祸。"育才造士，为国之本。习近平总书记指出："我们党历来高度重视选贤任能，始终把选人用人作为关系党和人民事业的关键性、根本性问题来抓。"① 领导干部一定要不断提高"用干部"的意识和能力，真正把党和人民需要的好干部选出来、用起来。**用人得当，尽显其才**。领导，首先是对人的领导，这就要求领导干部必须始终将人用好、用得当，做到用其长、尽其才。习近平总书记指出："用人得当，就要科学合理使用干部，也就是说要用当其时、用其所长。"② 领导干部要坚持正确的选人用人导向，公道正派，以德为先，任人唯贤，把好干部标准落到实处。要坚持从党的事业需要出发，寻觅人才求贤若渴，发现人才如获至宝，举荐人才不拘一格，使用人才各尽其能，把各方面的优秀人才及时发现出来、合理使用起来。要遵循干部成长规律，以人为本，尊重差异，用当其时，人岗相适，尽显其才。要推进干部能上能下，通过激励、奖惩、问责等一整套制度安排，保证能者上、庸者下、劣者汰，形成良好的用人导向和制度环境。

12. **领导的本质是管理自己，影响别人**。现代管理学认为，领导力就是能够对他人施加影响，赢得追随者的能力。而要实施有效领导、给人以正确影响的前提和关键是管好自己。所谓上行下效，领导干部的自我管理就是无声的引领、最好的示范，自身正，就能不令而从，自身不正，必定

---

① 《十八大以来重要文献选编》上，中央文献出版社 2014 年版，第 336 页。
② 《习近平关于全面从严治党论述摘编》，中央文献出版社 2016 年版，第 128 页。

上梁不正下梁歪。**管理好自己才能领导好别人**。"治人者必先自治，责人者必先自责，成人者必须自成"。习近平总书记强调："上行下效，上率下行，上有所好、下必甚焉，上有所恶、下必不为，上面松一寸、下面松一尺。"① 领导干部是一个地方、一个单位的领导者、组织者、管理者，也是先行者、示范者、践行者，其一言一行、一举一动都会成为干部群众的风向标。示范就是最好的领导。我们党一贯要求领导干部以身作则、率先垂范，就要求领导干部要首先管好自己，要求别人做到的自己首先做到，要求别人不做的自己首先不做，通过领导干部带头，用良好形象影响人，把党的主张和要求潜移默化地转化为全体干部群众的共同思想和统一行动。如果领导干部管理不好自己，不仅做人做事没有底气、硬气，还会带坏干部习气、单位风气，甚至影响社风党风。**领导力就是影响力**。有的人经常把领导力等同于权力，认为有权力就有领导力。领导力与权力确实有密切关系，但权力仅仅是领导力的一种重要资源，要实施有效的领导，必须具备强大影响力。美国著名的领导力专家约翰·麦克斯韦尔指出，"领导力就是影响力"。从事领导工作一定要在自我管理中提升自己的影响力，从而更好地用真理的力量、人格的力量、行动的力量影响人。要用真理的力量影响人，始终坚持实事求是、求真务实的思想作风，执着追求真理，熟练掌握马克思主义的原理、立场、观点和方法，带领党员、干部用真理之光点亮思想明灯、照亮前行之路。要用人格的力量影响人，努力做一个高尚的人、一个有道德的人、一个纯粹的人、一个脱离低级趣味的人、一个有益于人民的人，涵养大境界、大格局、大情怀，做时代先锋、道德楷模。要用行动的力量影响人，努力增强工作本领，干在实处、走在前列，以上率下、身先士卒，勇于担当、尽职尽责，团结带领干部群众用实干之

---

① 《习近平关于党的群众路线教育实践活动论述摘编》，党建读物出版社、中央文献出版社 2014 年版，第 53—54 页。

力开创美好未来。

13. **决策一经作出，纪律就当随行**。毛泽东同志曾指出："纪律是执行路线的保证，没有纪律，党就无法率领群众与军队进行胜利的斗争。"① 作出满意的决策，贵在有效的执行。推动决策执行，必须以严明的纪律作为保证。**决策执行必须靠纪律保驾护航**。决策是领导工作的核心，决策的优劣决定领导工作的成败。然而，作出决策，如果得不到坚决地、有效地执行，再好的决策也只能喊在嘴上、记在本上、留在纸上，不仅降低领导威信，还会贻误党和人民事业。在决策执行中，纪律作为一种规范各个个体和机构行动上绝对服从的规则，是推动决策执行的命令工具，具有强制性、规范性、权威性、速效性等特点。纪律是刚性约束、硬性要求，纪律面前没有价钱可讲。纪律跟进迅速、执行到位，就能够有效地监督和推动各项任务、措施、责任迅速得以落实。而如果没有纪律的规范和约束，或者纪律要求不严格，往往就容易出现拖沓、敷衍、推卸甚至不执行、乱执行等问题。因此，任何一项决策出台，纪律就必须如影随形。**纪律必须贯穿决策执行全过程各方面**。纪律作为对各级组织和领导干部的刚性约束、硬性规范，是决策有效执行的重要保证。领导干部无论是贯彻落实上级决策，还是推动本级决策执行，都必须增强纪律意识，大力推动纪律执行，在严格遵守党的各项纪律规矩的基础上，认真研究决策的工作特点、工作对象、工作阶段以及可能面临的情况等，进一步细化纪律要求、执纪责任、监督责任，明确执行纪律的正面清单、负面清单，使遵纪和执纪的标准要求深入人心，确保每一项任务、每一个环节、每一个阶段都在纪律的约束和规范下进行。特别要始终把政治纪律政治规矩挺在前面，强化令行禁止意识，确保政令畅通，坚决杜绝合意的执行、不合意的不执行、先

---

① 《建党以来重要文献选编（1921—1949）》第 15 册，中央文献出版社 2011 年版，第645 页。

斩后奏、口是心非、阳奉阴违等言行，坚决抵制自行其是、各自为政、有令不行、有禁不止、上有政策、下有对策，确保各项决策更好转化为实绩实效。

14. 信任离不开监督，监督增进信任。信任是基于对被信任者思想觉悟、政治品质、道德素养基础上的一种认可，相信被信任者能够自我规范和约束，而监督则是基于对被监督者的思想、言语、行动的怀疑，从外部对被监督者进行规范和约束。对于领导干部来说，信任与监督犹如一枚硬币的两面，有机统一、不可分割，缺一不可。**信任是激励，监督是爱护，信任监督都重要。**领导干部干事创业，既需要组织的信任激励，也离不开组织的严格监督。组织的信任，能激励领导干部干事创业的积极性、主动性和创造性；组织的监督，能使领导干部慎独慎微、勤政廉政，始终保持先进性和纯洁性。信任和监督、自律与他律是辩证统一的。对那些自律不严、行为不端的领导干部，监督的必要性自不必说；即便对那些严于律己、品行端正的党员干部，监督也绝不多余。如果对领导干部信任有余、监督不足，就会导致领导干部在错误的道路上越滑越远；如果监督过度，信任不够，就会导致领导干部麻木不仁、不思进取，这都是对党和人民、对干部的极大不负责任。**不辜负信任，不排斥监督，信任不能代替监督。**领导干部从掌握权力那一刻起，就肩负着党和人民的重托和责任。领导干部的道德修养、党性锤炼不可能一劳永逸，组织的严格监督，促使干部做到忠诚、干净、担当，才能赢得党组织更大信任，从而挑起更重担子。没有监督的信任等于放任，就有可能使一些干部如断线的风筝、脱轨的火车、脱缰的野马，做出违法乱纪之事，结果往往害了干部。领导干部应倍加珍惜组织的信任，兢兢业业、积极作为，以实际成绩回报组织和领导的信任。另外，主动接受全方位的监督，不断警醒自己用权不偏离正道、不走上歪路，保证权力始终沿着正确的轨道运行，不辜负领导和人民的信任。每一名领导干部都应把不辜负组织信任、不排斥组织监督当成自觉。

15. **监督就是保护，严管就是厚爱**。严管与厚爱、监督与保护，是辩证统一的。严格的监督管理，既是一种对干部的约束，也是一种防止干部"生病"的保护。监督管理的初衷与关心爱护干部一样，都是为了把干部培养成为党和人民满意的好干部。**严是爱、松是害，不管不问要变坏**。古人说，"十年树木，百年树人"。栽种树木，既要勤浇水、勤施肥，也要防病害、防虫害。同样，组织培养一名领导干部既要教育培养、关心关爱，也必须严格监督、从严管理，这样才能让干部更好地成长成才。俗话说，"严师出高徒，棍棒出孝子"。有了严格的监督，干部出现苗头性、倾向性问题，就能早提醒、早治疗、早纠正，而不会小管涌造成大塌方；有了严格的管理，加强对干部思想、工作、作风、纪律进行约束和规范，才能让领导干部少犯错、少后悔。无数被查处的干部，究其违法乱纪的原因，虽然主观因素是主要的，但是也都与监督管理失之于宽、失之于软、失之于松有着很大关系。领导干部必须深刻认识组织监督和严管的初衷和重要作用。**习惯被监督、自觉被严管，稳中有进行得远**。坚持严管和厚爱结合、激励和约束并重，是党的十九大提出的一条重要原则，也是我们党干部管理的一贯方针。领导干部既要能敬畏组织监督管理的硬度、力度，也要能感受组织关爱的温度、深度，从而切实增强接受监督管理的主动性、自觉性。要增强接受监督管理的主动性，时刻牢记严格监督是对自己最大的保护，严格管理是组织对自己的爱护，主动接受监督和管理，主动做好工作生活情况报告，主动拿起批评和自我批评锐利武器，主动开门接受监督批评，主动发现问题、主动修正错误。要增强接受监督管理的自觉性，加强党性修养，提高思想境界，真正把接受监督管理内化为自己的一种品格和修养，自觉在严格监督管理下工作生活，使自己的从政之路、人生之路走得更正、更稳、更实、更远。

16. **放权不等于放任，放手不等于撒手**。善政者，不专权也。领导干部善不善于放权，敢不敢放手让下属大胆自主干事，体现的是管理水平和领导艺术。但任何时候，都要收放自如。放权不等于放任自流，放手不等于撒手不管，只有处理好"授权"与"监督"关系，才能实现科学有效的管理。**权力就是责任，有责必担责**。为官避事平生耻。在其位，就要谋其政、履其职、担其责、成其事。领导干部时间精力有限，如果给予下级充分信任，善于合理地授权，支持其规范使用权力，自己就能集中精力抓好大事、难事、要事，把好方向、做好决策、抓好监督管理，这不仅有利于提高工作效率，还有利于提高团队的凝聚力和战斗力。但是，借"授权"之名，打着"放权"幌子，把所有工作、权力都甩出去，把工作责任全部转移，自己什么事也不干、什么责也不担，事不关己高高挂起，让下属放任自流、为所欲为，是对干部极不负责任的表现，对事业也百害无一利。领导干部必须知责担责，"放权"不"放任"、"放手"不"撒手"。**不当"甩手掌柜"，不做"二传手"**。领导干部当"甩手掌柜"、做"二传手"，既是形式主义、官僚主义的典型表现，也是不履职、不担责的表现。要知责明责担责，牢记职责、回归本位，强化主动意识、主业意识、主责意识、主角意识，对待本职工作不推不让、不躲不避，做到守土有责、守土负责、守土尽责。要抓大放小，学会"弹钢琴"，总揽不包揽、领唱不独唱，管纲"不管"目、管精"不管"细、管大"不管"小、管将"不管"兵。要管严管实，做到放得开、收得拢，放权不放任，放手不撒手，该盯的要盯住，该管的要管好，保证工作有质又有效。

17. **阳光是最好的防腐剂**。坚持权责透明，推动用权公开，完善权力配置和运行制约机制，是推进国家治理体系和治理能力现代化的重要内容。习近平总书记强调，"要加强对权力运行的制约和监督，让人民监督权力，让权力在阳光下运行"[①]。领导干部只有将权力"晒在阳光"下，才能防止权力被滥用，避免腐败发生。**阳光所照之处，黑暗无所遁形**。万物

---

① 《习近平谈治国理政》第 3 卷，外文出版社 2020 年版，第 52 页。

生长离不开阳光，也只有"光明"才能驱散"黑暗"。领导干部把权力置于"阳光"之下，公开使用，透明运行，是确保权力正确规范运行的有效方式，也是防止权力腐败的根本之策。一些领导干部违规用权、滥用权力，就是因为不落实民主集中制、违反议事决策程序、遮挡干部群众"视线"，使权力不见"光"、不见"人"所致。权力不受约束，必将腐败。只有增强权力运行的公开性和透明度，推动权力运行全过程、全方位处于阳光之下，有效保障干部群众知情权、参与权、表达权和监督权，示之以人、告之以众，才能经常给用权行为"消毒杀菌"，防止腐败"细菌"滋生。**阳光用权，让权力在监督下运行。**任何用权上的歪风邪气、不良行为，都是见不得"光"的。把权力晒在"阳光"下，就是对权力最大的监督制约、对干部最大的保护。领导干部要积极规范议事决策程序，严格落实民主集中制，执行"三重一大"，充分发扬民主，最大限度集聚智慧；积极推动党务政务公开，坚持公开为常态、不公开为例外，公开权力清单、责任清单、负面清单，以公开促落实、促规范、促服务；积极接受监督，自觉接受党纪国法约束、社会舆论监督，时时接受群众的检验，不断增强依法依规用权的政治自觉。

18.**监督的紫丁香凋谢，作恶的罂粟花盛开。**世间事事监督不可少。古今中外，一个没有监督的政党最容易垮台，一个没有监督的政权最容易变质，一个没有监督的干部最容易腐败。领导干部只有增强接受监督的思想行动自觉，任何时间、任何地点、任何事情，都习惯接受监督、重视开展监督，才不会违法乱纪，营造良好政治生态。**没有监督，就没有廉政。**《史记》有云："天下熙熙皆为利来，天下攘攘皆为利往。"增强领导干部在各种利益和诱惑面前的"免疫力"，最有效的办法就是织密"监督网"，使监督成为常态。管党治党必须把加强监督作为重要手段。领导干部如果不上紧监督的"紧箍咒"，用不了多久，就会开始思想懈怠、工作懒散、作风漂浮、生活腐化，各种歪风邪气、不良现象泛滥横行，不仅影响一个干部、一支队伍，还会影响一个地方的政治生态。没有监督的干部不会"长大"，也太可怕。任何领导干部都不能游离于被监督之外。**多一层监督，就多一层平安。**严是爱，宽是害。缺少监督的环境，看似轻松自在，实则"温水煮青蛙"，不知不觉中出事、坏事。领导干部必须增强监督意识，落实监督责任，自觉把监督作为一种自我保护方式，欣然接受上下级监督、党内外监督、组织和群众监督、社会和媒体监督，切实把自身置于监督之下，使自己在监督下平安成长；自觉扛起监督责任，增强斗争精神，提高斗争本领，不断优化监督方式方法，增强监督的针对性、有效性，常咬"耳朵"，常扯"衣袖"，发现问题及时提醒、批评、纠正，做到常抓不懈、警钟长鸣。

19. **要有"婆婆嘴"，常念"监督经"。**"婆婆嘴"意味着非常啰唆、爱絮叨，发现有什么不对劲的就得说上两句。常言道："没有母亲的絮叨，就没有孩子的健康成长。"人都有七情六欲，如果没有监督制约，就有可能随时放纵、随地放任。领导干部既要练好"婆婆嘴"，也要常念"监督经"。**"常管常严"是对干部最好的保护。**"木受绳则直，金就砺则利。"把对干部的监督管理抓在日常、抓在经常，是对干部最大的关心爱护，也是干部健康成长不可缺少的条件。冰冻三尺，非一日之寒。违法乱纪的腐败分子并非生来就有腐败基因，天生就是坏蛋，问题往往出在组织和干部群众的日常监督少了。如果平时有组织和同志的经常提醒，他们就不会在错误的道路上越走越远。世间事，慎一分得一分，忽一分失一分。领导干部只有不厌烦"婆婆嘴"的念叨，常听、常警、常新，及早把问题发现、把小毛病找到，经常给自己"咬耳扯袖"，把"脸"红在平时，把"汗"出在日常，经常"洗澡治病"，才能防止小病拖成大病，使自己清清爽爽、健健康康。**切忌"临时抱佛脚"，监督执纪贵在日常。**管理监督重在日常、贵在有恒。领导干部必须把自觉接受监督作为一种品格、一种责任、一种境界、一种工作生活方式。要善于倾听接受，面对组织的提醒、函询、诫勉和上级领导的提醒警示，不能只过"耳边风"、不当一回事，必须重视、必须接受、必须警醒，从点滴抓起、从具体问题抓起，切实把"小问题"、"小毛病"解决在平时，防止把"小问题"拖大、"小毛病"拖炸。要把"监督经"念在平常，增强抓下级监督的责任感，有时间就"念"，有事没事也"念念"，让下级随时受到提醒、经常受到警醒，切实把队伍管好、带好。

20. 动员百遍，不如问责一次。《中国共产党问责条例》明确，加强和规范问责工作，有利于坚持党的领导，加强党的建设，全面从严治党，有利于保证党的路线方针政策和党中央重大决策部署贯彻落实。动员只能解决思想认识层面的问题，不是硬约束。没有问责就没有压力，也没有动力，执行落实就难以保证。**问责是激励干部担当作为的有效方式。**有效的管理离不开问责。一项任务布置下去，如果不把责任压实，对出现的过失失误不追，对推进不实、落实不力的情况听之任之，奉行好人主义，"栽花不栽刺"，用不了多长时间，必然造成有责不担、虚假落实，甚至推诿扯皮的现象，形成不担当不作为的不良风气。责任和权力，是一个事物的两个方面，没有无责任的权力，也没有无权力的责任。井无压力不出油，人无压力轻飘飘。只有在"问责"上敢于较真碰硬，才能推动干部转变作风，想尽办法把责任落实下去。当领导干部既要正确看待"问责"利器的作用，也要善于利用"问责"这一手段。**有责必担，失责必问。**坐而论道，不如强化问责。问责一个，才能警醒一片。习近平总书记指出，"有权必有责、有责要担当、失责必追究"。领导干部不管是被问责，还是进行问责，都不能感情用事，不能有怜悯之心，必须使"问责"的震慑效应发挥出来。要在"被问责"中整改提升，当自己因为工作失误被"问责"，必须正确认识、客观看待，认真总结反思问题原因，梳理查找过失失误之处，分析研究整改思路办法，找准问题症结，抓住重点关键，有什么问题就整改什么问题，能补救的尽力补救，应汲取教训的及时汲取，切实达到"吃一堑长一智"、不贰过的效果，不能推责、卸责、失责。要从严从实"追责问责"，当下属工作出现了失误，必须坚持原则，下得了"狠心"，坚决打板子、抽鞭子，让干部感受问责的压力，认识问责的威力，激发干事创业的激情。不能搞"情有可原"、"下不为例"，防止"破窗效应"，否则会一发不可收拾。

21. **管思想，管工作，管作风，管纪律。**"为政者，莫善于清其吏也。"习近平总书记强调，要"建立管思想、管工作、管作风、管纪律的从严管理体系"①。就是要求对干部的管理监督必须是全方位的。一个干部的成长，离不开全方位的管理监督，思想、工作、作风、纪律哪一个方面出岔子都可能会使自己误入歧途。领导干部只有始终自觉把自己置于组织全方位的管理监督之下，才能真正成长成才。**干部管理监督"无盲区"。**树不"修"不成材，人不"修"不成才。管理监督，其实就是对干部进行"修枝剪叶"。思想、工作、作风、纪律，四个方面既相对独立、各有侧重，又彼此关联、环环紧扣，共同构成了干部管理监督的完整链条。干部在成长过程中，常见的问题就是在某个或某些方面接受管理监督的自觉性比较强，而其他方面就不那么自觉了。其实，恰恰是在自己不自觉接受管理监督的那个方面，为自己"出格"留了空间、开了"后门"。一个干部如果不能做到全方位地接受管理监督，自己身上的问题就会"按下葫芦浮起瓢"，最终使自己长歪、长斜。只有在思想、工作、作风、纪律上都自觉接受管理监督，不管哪个方面都不松懈，才能使自己始终在组织的安全网保护之下茁壮成长。**自觉接受"全方位"管理监督。**只有全方位的管理监督，才有干部全方位的成长。要在思想上自觉接受管理监督，坚持用党的创新理论武装头脑，拧紧世界观、人生观、价值观"总开关"，筑牢信仰之基、补足精神之"钙"、把稳思想之"舵"，常给自己敲思想警钟，铸牢

---

① 习近平：《在全国组织工作会议上的讲话》，人民出版社 2018 年版，第 21 页。

拒腐防变的思想防线。要在工作上自觉接受管理监督，严格执行工作中各项规章制度，按规矩办事、按程序办事、按原则办事，敢于担当责任、勇于直面矛盾、善于解决问题。要在作风上自觉接受管理监督，严格遵守中央八项规定精神，坚决反对"四风"特别是形式主义、官僚主义，坚持群众观点，践行群众路线，加强调查研究，努力锤炼过硬作风。要在纪律上自觉接受管理监督，增强守纪意识，严格执行和维护党章党规党纪，始终严守政治纪律、组织纪律、廉洁纪律、群众纪律、工作纪律和生活纪律。

22. 管好关键人，管到关键处，管住关键事，管在关键时。习近平总书记强调，要"管好关键人、管到关键处、管住关键事、管在关键时，特别是要把一把手管住管好"①。对领导干部，不仅要进行全方位管理监督，还必须加强关键人、关键处、关键事、关键时的管理监督，这样才能有的放矢、以重点带动一般，增强管理监督实效，从而促进干部自身更好地成长。**纲举才能目张，管理监督重在抓关键。**善抓关键，是做好工作的重要方法和手段。领导干部的成长环境是复杂的，人人、事事、处处、时时都必须接受管理监督，但也不意味着就是要"撒胡椒面"、平均用力。管理监督抓住了关键，往往能够牵一发而动全身。身处重要岗位、处于关键之处、推进重大事项、处在关键时间节点的领导干部，更应该带头接受管理监督，这样才能形成示范带动效应，起到"举一纲而万目张，解一卷而众篇明"的效果，实现"一子落下，满盘皆活"。领导干部接受管理监督，既要不论何时何地何事何种情况，也要在重点和关键上更加注意，这样才能既不在阴沟里翻船，也能在大风大浪里远航。**打鼓打在中心处，管要管在点子上。**越是关键人、关键处、关键事、关键时，领导干部越要带头自觉接受管理监督。这是领导干部的职责本分。身处关键岗位，更要带头执行干部管理监督各项制度，对自己提出更严要求，恪守职责权限，自觉规

① 习近平：《在全国组织工作会议上的讲话》，人民出版社 2018 年版，第 22 页。

范自身用权行为，让手中的权力始终透明运行。处在关键之处，更要带头接受对重大事项决策、重要干部任免、重大项目安排、大额资金使用等的监督，切实做到想问题办事情作决策合法合规合纪。推进重大事项，更要带头在防范化解重大风险、污染防治等大事要事中接受监督，自觉认领问题、正确对待问题、努力解决问题。处在人事调整、进退流转等关键时间节点，更要带头接受党内监督、群众监督、舆论监督等各方面监督，保持定力，确保自己在关键时候不出错、不犯错。

23. **宽严相济，恩威并施。**"以严为本，而以宽济之。"宽严相济就是宽厚和严苛互相补充、恰到好处。恩不施无以立威，威不施无以治事。恩威并施，就是安抚和强制同时施行、软硬结合。一个干部的成长，既需要严管、也需要宽容，既需要"恩"的激励、也需要"威"的鞭策。**管人之道，一张一弛。**一根绳子总是处于紧绷状态就容易断裂，而总是闲置处于松弛状态也会慢慢腐朽。管理监督干部也是这样，一个干部如果长期面临高压的、严苛刚猛的、缺乏人性关怀的管理，容易产生反感情绪，承受巨大心理压力，变得暮气沉沉，"流汗又流泪"、"伤神又伤心"，难以健康成长；而如果一直处于宽厚仁慈的管理环境中，时间长了不仅会产生懈怠情绪，还会渐渐丧失敬畏之心，变得松松垮垮、为所欲为，成为"脱缰野马"。干部管理监督是一门艺术，该严格的时候从严要求、该施威的时候施威，不留情面、不搞下不为例；该温情的时候和蔼可亲、春风化雨，关心关爱、宽厚待人，让人如沐春风。领导干部只有处在这种张弛有度的管理监督中，才能真正得到成长。**严管厚爱，相得益彰。**从严管理出战斗力，正常关爱出凝聚力。领导干部要正确对待"严管"，认识到严格管理实际上也是一种关心关爱，自觉遵守各项纪律管理规定，自觉以严明的纪律规矩鞭策自己、规范自己、塑造自己，面对"惩罚"要心悦诚服、反思教训，以此为警醒努力改进提升自己，不心灰意冷、不自暴自弃，真正化压力为奋发向上的动力。要正确对待"厚爱"，自觉以组织的关心关爱激发自己、鼓舞自己，感恩组织在政治上的激励、工作上的支持、待遇上的保障、心理上的关怀，面对"嘉奖"要谦虚、不自满、不骄傲，再接再厉，满怀激情地去闯去试、去流汗去吃苦，真正化奔头为干事创业的劲头。

24. 禁微则易，救末者难。任何事物都有一个从量变到质变的过程，从量变刚开始就入手矫正，才不会酿成不可救药的后果。习近平总书记指出，"如果讳疾忌医，就可能小病拖成大病，由病在表皮发展到病入膏肓"①。一个领导干部在成长过程中，不可能永远不出小毛病，关键是有错要纠、无错要防，否则等到"病危"时再"抢救"就来不及了。**善治者治于未病，干部管理监督要抓早。**"药王"孙思邈提出："上工治未病之病，中工治欲病之病，下工治已病之病。"在疾病的三个阶段中，"治未病"最容易，"治欲病"次之，"治已病"最难。干部管理监督其实就是"治病救人"，在干部"发病"之前主动"把脉问诊"，抓住时机、及早治疗，才能用最低的成本换来最好的"疗效"，这也才是对干部"健康"最大的负责。领导干部要加强"源头防范"，在自己从政之路一开始就想明白当干部为什么、在岗位干什么，走好从政第一步，在自身还没有"生病时"就要经常"寻医问药"、经常"体检"，对存在的问题早发现、早治疗、早纠治，悬崖勒马、立即止步，防止自己滑向犯大错甚至违法犯罪的境地。**祸患常积于忽微，干部管理监督要抓小。**"人莫不忽于微细，以至其大。"问题总是客观存在的，怕就怕对问题熟视无睹、视而不见，结果小问题变成大问题、小管涌变成大塌方。小节易制，大错难救。很多干部出问题就是因为细节小处没有管住自己，造成了不可挽回的"大灾难"。其实，在干部身上看似平常的小问题，往往更容易让人麻痹大意，往往更具危险性、破坏性和渗透性，如果不加以制止，就很可能演变为违纪违法行为。临崖勒马收缰晚，船到江心补漏迟。领导干部要善于见微知著，深挖细剖自己身上

① 《十八大以来重要文献选编》上，中央文献出版社2014年版，第316页。

的"小问题",对自身苗头性、倾向性问题紧盯不放,缺点再小也不掩饰、症状再轻也不大意,从点滴小事改起,不因事微而不为、不因小节而不顾,坚决防止小毛病演变成大问题。

25. 没有量化就没有管理。 量化,就是指目标或任务具体明确,可以清晰衡量。管理学大师德鲁克说过:"如果不能衡量,就无法管理。"没有量化,管理就会目标不清、标准不明,执行者就会"摸不着头脑"。干部的成长离不开量化的管理监督,只有这样干部才会清楚明了自己要干什么、干到什么程度;否则,面对一般化、过得去、大呼隆式的管理监督,干部自身的问题就不可避免会被掩盖,就难以健康成长。**干部管理监督是具体的实在的。** 习近平总书记在谈到干部管理监督时指出,"这些年来,从中央到地方搞了不少制度性规范,但有的过于原则、缺乏具体的量化标准,形同摆设"①。一语道出了"量化"对于干部管理监督的重要性。如果我们不对干部管理监督的目标、任务、环节、措施等进行量化,也许看起来不过是"失之毫厘",但最终往往会"谬以千里",甚至会耽误干部成长、把"好苗"养成"烂树"。量化代表着精准,量化就是为了精准。只有进行科学量化,才能把对干部的管理监督由一般化变为标准化、具体化、项目化,从而破解大而化之、笼而统之的问题。**干部管理监督要精准施策。** 习近平总书记强调,工作"贵在精准,重在精准,成败之举在于精准"。干部管理监督要真正为干部成长"保驾护航",必须在"精准"上狠下功夫。要"项目化"管理,把对干部的管理监督有机拆解为一个个有载体、有抓手的"工程项目",通过清单式、条目化的列举、公开,让干部管理监督要"做什么"、"怎么做"、"做到什么程度"一目了然,让干部对"什么事能做"、"什么事不能做"一清二楚。要"精细化"推进,采取细化考核、

---

① 《习近平关于严明党的纪律和规矩论述摘编》,中央文献出版社、中国方正出版社2016年版,第64页。

严格结果运用等方式，充分调动管理监督主体积极性；坚持流程管理、环节控制，分线分块制定细化干部管理监督的具体操作流程，运用大数据思维，经常对干部"过过筛子"，把准把好管理监督每个程序环节。要"标准化"验收，坚持以高标准求干部管理监督高质量，不同事项要区别衡量标准，同一事项不同性质也要把标准区分开来，让干部犯错和不犯错不一样、犯大错和犯小错不一样、犯一次错和犯多次错不一样。

26. 少数人靠觉悟，多数人靠制度。同样，干部的管理监督完全依赖于个人的思想觉悟是不行的，制度才是刚性约束。只有制度才是管根本、管全局、管长远的。领导干部必须增强制度意识，严格遵守制度、执行制度，才能管住自己，管好全局。**人不以制度则废，制度是干部管理监督的根本保证。**邓小平同志曾强调，"制度是决定因素"，制度问题"关系到党和国家是否改变颜色，必须引起全党的高度重视"。① 党的十八大以来，从中央八项规定的出台到重新修订实施廉洁自律准则、纪律处分条例等党内法规，再到以制度的形式把"不忘初心、牢记使命"主题教育成果固化下来，充分体现了制度建设对干部管理监督的根本性作用。制度是刚性约束，既"禁于未然之前"，又"禁于已然之后"，是干部管理监督最稳定、最有效和最根本的手段，能够充分激励干部干事创业的积极性、主动性，长久有效地引导和规范干部的言行。领导干部只有牢固树立制度意识，才能在成长成才、干事创业的征程中行稳致远。**徒法不能自行，制度的生命力在于执行。**制度制定很重要，更重要的是抓落实。如果不抓落实，只是写在纸上、贴在墙上、锁在抽屉里，制度就会成为"稻草人"。领导干部要自觉尊崇制度，加强制度学习，熟知制度内容、掌握制度要求、领会制度精神、认识制度价值，增强按制度办事的意识。要自觉遵守制度，坚持制度面前人人平等、制度执行没有特权、

---

① 《三中全会以来重要文献选编》上，人民出版社 1982 年版，第 463、524 页。

制度约束没有例外，坚决杜绝做选择、搞变通、打折扣等现象，坚决维护制度的严肃性和权威性。要自觉捍卫制度，把监督贯穿于制度执行全过程，坚决纠正有令不行、有禁不止的行为，防止"硬约束"变成"橡皮筋"，确保各项制度真正落到实处。

27. **善除害者察其本，善理疾者绝其源**。善于消除灾祸的人，总是先查找其根由；善于调理疾病的人，总是先断绝疾病的源头。只有找到问题的症结，才能根治问题。一个人出现这样那样的问题，说到底是思想根源上的问题。领导干部只有着力从思想上正本清源、立根固本，才会有强大的免疫力和抵抗力。**执本而末自从，绝源而流自断**。万化根源总在心。理想信念的动摇是最危险的动摇，理想信念的滑坡是最危险的滑坡。习近平总书记指出："理想信念是精神上的'钙'，精神上缺了'钙'，就会得'软骨病'，就会导致政治上变质、经济上贪婪、道德上堕落、生活上腐化。"① 那些蜕变分子、腐败分子之所以走上歧途、走上不归路，最根本的是理想信念发生了动摇，信仰迷茫、精神迷失，在生死考验、利益诱惑、困难挫折面前松懈了斗志、忘却了身份、丢弃了忠诚。对领导干部来说，理想信念这个"总开关"没拧紧，不能正确处理公私关系，缺乏正确的是非观、义利观、权力观、事业观，各种出轨越界、跑冒滴漏就在所难免了。只有信仰坚定、信念如磐、信心如金，才会内心笃定、行动笃实，关键时刻才能把得住、站得稳、行得正、走得远。**标本兼治，重在固本培元**。"本固则枝荣"，坚定的理想信念是共产党人的安身立命之本。领导干部要从根本上解决各种存在的问题和病症，必须从理想信念抓起，重点就是要坚定信仰、信念、信心。要坚定对马克思主义的信仰，把系统掌握马克思主义基本原理作为看家本领，更加自觉地

---

① 《习近平关于党的群众路线教育实践活动论述摘编》，党建读物出版社、中央文献出版社2014年版，第40页。

用习近平新时代中国特色社会主义思想武装头脑、指导实践、推动工作，在学懂弄通做实上下功夫。要坚定对中国特色社会主义的信念，增强"四个意识"、坚定"四个自信"、做到"两个维护"，不为任何风险所惧，不为任何干扰所惑。要坚定对实现中华民族伟大复兴中国梦的信心，自觉把个人理想融入实现中华民族伟大复兴中国梦的壮阔征程，推动思想再解放、改革再出发、工作再落实。

28.**长管长严，警钟长鸣**。管理监督干部，既要敢管敢严、真管真严，更要长管长严，而不是严一阵松一阵、管一阵放一阵。如果时紧时松、时热时冷，不仅管不出好干部，而且好干部也可能会被"管坏"。领导干部的成长进步离不开严格的、长期的管理监督，必须严而又严，必须久久为功，让警钟在耳边长鸣。**严管才是真管，干部管理监督要一严到底**。世间事，作于细，成于严。对干部的管理监督也是这样，如果失之于宽、失之于软，坚持原则不够、好人主义盛行，只会让干部为所欲为，只会使小管涌演化为大塌方，这其实是害了干部。进入新时代，新矛盾新问题层出不穷，各种影响干部成长的不利因素不是变少了，而是变得更多了，管理监督干部比以往任何时候都更加需要严字当头。"严师出高徒"，严管才能出好干部。越是进入新时代，越是取得成绩，对干部的管理监督越要严，越要用严的理念、严的方法、严的手段，动真格、不松劲，下大气力拔"烂树"、治"病树"、正"歪树"，真正严出一方清风正气，严出一片干部成长的沃土。**长管才是真严，干部管理监督要常抓不懈**。干部管理监督是一项长期工程，不可能一蹴而就、毕其功于一役，如果缺乏长期艰苦"作战"的毅力，如果还有歇歇脚、喘口气的念头，就不是真"严"、就管不出好干部来、就会半途而废。只有以钉钉子精神坚持不懈、持之以恒地抓下去，才能管出党和人民需要的好干部。要推动严管长效化，推动建立从严管理监督干部的长效机制，以严格的执纪执法增强制度刚性，推动形成不断完备的制度体系、严格有效的监督体系。领导干部要充分认识到长管长严对自身成长之重要，自觉把自己摆进去、把思想摆进去、把工作摆进去，使自己在长期的严管之下，永不懈怠，百炼成钢。

29.**习惯在监督中工作，乐于在监督下成长。**《关于新形势下党内政治生活的若干准则》明确："领导干部要正确对待监督，主动接受监督，习惯在监督下开展工作，决不能拒绝监督、逃避监督。"习惯在监督下开展工作，乐于在监督中成长成熟，是每个领导干部干事创业、健康成长的客观需要。**习惯被监督是修养。**我们党有严密的组织性和纪律性，党的根本宗旨是全心全意为人民服务，接受组织和人民监督天经地义。领导干部能不能正确对待、自觉接受党和人民监督，是衡量党员干部党性修养水平的一个重要尺度。不想接受党和人民监督的人，觉得接受党和人民监督很不舒服、很不自在的人，不具备当干部的起码素质。近年来，接受党的教育多年的少数党员干部，最终因腐败堕落走向违法犯罪，在他们的悔过书中都有一条共同的教训，就是悔恨把组织和他人的监督提醒当作"耳旁风"，唯我独尊、自以为是、忘乎所以、私欲膨胀。领导干部必须习惯在监督下学习、工作和生活，及时回应社会关切，及时解决存在问题，身有所正、言有所规、行有所止，将监督转化为提升工作能力、提高群众满意度的不竭动力。**乐于被监督是境界。**良药苦口利于病，监督约束利于人。监督既是"紧箍咒"，更是领导干部政治生涯的"安全阀"，阻止干部越轨的"刹车器"，防止干部蜕变的"防腐剂"。领导干部主动接受监督、乐于接受监督反映的是底气，体现的是担当，传递的是自信，彰显的是胸襟。领导干部必须时时处处将自己置于监督之下，在思想上正确认识监督，把党和人民的监督看作是对自己最大的爱护、最好的保护和最真诚的呵护；在感情上真诚欢迎监督，积极配合监督，不能以任何借口而拒绝监督，也不能以任何理由逃避监督；在行动上主动接受监督，在来自各方面的监督下增强廉洁自律意识，提高廉洁自律能力，以廉洁的作风、廉洁的形象和廉洁的品质来赢得组织的信赖和群众的拥护。

30. 把不忘初心、牢记使命作为领导干部的终身课题。初心使命是激励中国共产党人不断前进的根本动力。习近平总书记强调："不忘初心、牢记使命，必须作为加强党的建设的永恒课题和全体党员、干部的终身课题常抓不懈。"① 领导干部唯有把不忘初心、牢记使命作为终身课题，让初心和使命在思想深处扎根、在工作实践中体现，方能成长为党和人民需要的好干部。**初心如磐，使命在肩**。不忘初心方能行稳致远，牢记使命才能开辟未来。党的初心和使命是党的性质宗旨、理想信念、奋斗目标的集中体现，激励着我们党永远坚守、砥砺着我们党坚毅前行。正是因为始终坚守初心使命，我们党在危难之际绝处逢生，在挫折之后毅然奋起，在失误之后拨乱反正，在磨难面前百折不挠，推动党和国家事业不断创造辉煌。习近平总书记告诫全党："忘记初心和使命，我们党就会改变性质、改变颜色，就会失去人民、失去未来。"② 医学上人的死亡以心脏停止跳动为基准，同样共产党人如果忘了初心、忘了使命，好比政治上的"心力衰竭"。不论是面对复杂严峻的矛盾和挑战，还是面临各种成就和机遇，党的领导干部都要经常回望初心、砥砺初心，激励使命、担当使命，不忘"从哪里来、到哪里去"，不忘"我是谁、为了谁、依靠谁"，永葆先进性和纯洁性。**践行初心无穷期，担当使命无止境**。不忘初心、牢记使命不是一阵子的事，而是一辈子的事。初心不会自然保质保鲜，使命更须时刻牢记。要强化思想武装，坚持不懈推动学习贯彻习近平新时代中国特色社会主义思想往深里走、往心里走、往实里走，学出信心、学出力量，在思想政治上不断进行检视、剖析、反思，不断去杂质、除病毒、防污染。要强化监督检查，检视初心、叩问初心，坚决清除一切弱化先进性、损害纯洁性的因素，坚决防范一切违背初心和使命、动摇党的根基的危险，做到自

---

① 《习近平谈治国理政》第3卷，外文出版社2020年版，第538页。
② 《习近平谈治国理政》第3卷，外文出版社2020年版，第538页。

身正、自身净、自身硬，用忠诚干净担当的实际行动诠释初心使命。要强化制度建设，既不大而全也不小而碎，把不忘初心、牢记使命的制度建立好、坚持好，强化制度意识，自觉尊崇制度，严格执行制度，坚决维护制度，严格对制度执行的监督，推动不忘初心、牢记使命常态化、长效化、制度化。

附一：切实把不忘初心、牢记使命

作为党员干部终身课题

习近平总书记指出："要把不忘初心、牢记使命作为加强党的建设的永恒课题和全体党员、干部的终身课题常抓不懈。"对此，以下谈六点学习的认识和体会。

一、革命理想高于天，坚定理想信念是践行终身课题的灵魂所在

习近平总书记指出："理想信念是共产党人的政治灵魂，是共产党人初心的本质要求。坚定对马克思主义、共产主义的理想信念，坚守共产党人的精神追求，是共产党人不忘初心的根本保证。""回顾我们党的历史，可以得出一个结论，就是共产党人的初心使命，是以理想支撑、靠信念坚守的。""要把牢理想信念'总开关'，增强'四个意识'、坚定'四个自信'、做到'两个维护'，在大是大非面前旗帜鲜明，在风浪考验面前无所畏惧，在各种诱惑面前立场坚定，在关键时刻让党信得过、靠得住、能放心。"习近平总书记这些重要论述，深刻阐明了理想信念和初心使命关系的本质，共产党人的初心使命不是凭空产生的，也不是轻轻松松就能坚守、就能实现的，而是建立在崇高理想信念基础之上的，是要通过坚如磐石的理

想信念来滋养的。有了坚定理想信念这个根本和灵魂，守初心、担使命才有底气、有毅力，才能落到实处。党员干部都不是生活在真空中，坚定理想信念时常会面临考验和挑战。只有对理想信念失守的严重危害保持高度警醒，对党员干部理想信念上存在的问题保持清醒认识，有针对性地加以解决，每一名党员、干部才能真正把不忘初心、牢记使命作为终身课题去践行。这就要求我们要把教育引导广大党员干部坚定理想信念作为固本培元的战略工作常抓不懈，抓紧抓牢抓实抓好。比如，针对党员干部理想信念教育同质化较为明显的问题，需要进一步加强需求调研，聚焦"不忘初心、牢记使命"主题开发精品课程，探索分类推进符合不同层次、不同地区、不同行业党员干部特点的理想信念教育方式，进一步推进完善理想信念教育机制，从内心深处筑牢党员、干部不忘初心、牢记使命的思想基石，切实提高理想信念教育质量。比如，针对党员干部理想信念如何转化为实际行动，需要进一步完善把理想信念是否坚定作为领导班子和领导干部政治素质考核考察重要内容的方式方法，引导党员干部自觉加强思想淬炼、政治历练、实践锻炼、专业训练，不断增强"四个意识"、坚定"四个自信"、做到"两个维护"，自觉做到内化于心、外化于行。

二、民心是最大的政治，站稳人民立场是践行终身课题的价值追求

习近平总书记指出："为中国人民谋幸福，为中华民族谋复兴，是中国共产党人的初心和使命，是激励一代代中国共产党人前赴后继、英勇奋斗的根本动力。"[①] 他强调，"不忘初心、牢记使命，说到底是为什

---

① 习近平：《在"不忘初心、牢记使命"主题教育工作会议上的讲话》，人民出版社2019年版，第1—2页。

么人、靠什么人的问题。以百姓心为心，与人民同呼吸、共命运、心连心，是党的初心，也是党的恒心"①，作为人民公仆，"想问题、作决策、办事情都要站在群众的立场上，通过各种途径了解群众的意见和要求、批评和建议，真抓实干解民忧、纾民怨、暖民心，让人民群众获得感、幸福感、安全感更加充实、更有保障、更可持续"②，要"把人民拥护不拥护、赞成不赞成、高兴不高兴、答应不答应作为衡量一切工作得失的根本标准，使我们党始终拥有不竭的力量源泉"③。习近平总书记这些重要论述，充分体现了共产党人坚守人民至上的大情怀。政之所兴在顺民心，政之所废在逆民心。人民是各级干部永远的上级，人民是我们党执政的根基。我们必须始终坚持以人民为中心的发展思想，把人民利益摆在心中最高位置，把人民立场作为根本立场，把为人民谋幸福作为根本使命，把人民对美好生活的向往作为奋斗目标，全心全意践行为人民服务的宗旨，心中常思百姓疾苦，脑中常谋富民之策，不断实现好、维护好、发展好最广大人民群众根本利益，使人民获得感、幸福感、安全感更加充实、更有保障、更可持续。这就要求我们要始终坚定人民至上的理念，把以人民为中心作为我们一切工作的出发点和落脚点，作为新时代领导班子建设和干部队伍建设的价值取向。比如，在抓党建促脱贫攻坚工作中，要进一步发挥党组织的政治功能，全面提高"三个组织化"程度。比如，在干部工作中，进一步加大力度，把那些在脱贫攻坚一线踏实肯干、默默无闻、实实在在为群众办实事、做好事、解难事的干部发现出来、使用起来。

---

① 《习近平谈治国理政》第 3 卷，外文出版社 2020 年版，第 138 页。
② 《习近平谈治国理政》第 3 卷，外文出版社 2020 年版，第 138 页。
③ 《习近平谈治国理政》第 2 卷，外文出版社 2017 年版，第 40 页。

三、有多大担当才能干多大事业，担当作为是践行终身课题的政治责任

习近平总书记强调，"'为官避事视半耻'。干部就要有担当，有多大担当才能干多大事业，尽多大责任才会有多大成就。不能只想当官不想干事，只想揽权不想担责，只想出彩不想出力"①。习近平总书记的重要论述，严肃地表明了守初心担使命必须强化责任担当，始终保持永不懈怠的精神状态和一往无前的奋斗姿态，把全部心思和精力用在干事创业上，充分发挥积极性、主动性和创造性，苦干实干、开拓进取，知重负重、攻坚克难，用担当作为的实际行动诠释对党的忠诚。党员领导干部，要守土负责、守土尽责，勇于挑重担子、啃硬骨头、接烫手山芋，以钉钉子精神狠抓工作落实，努力创造经得起历史、人民和实践检验的实绩。这就要求我们要把相关工作真正做到落细落小落实。比如，进一步鲜明树立重实干实绩实效的用人导向，坚持把敢不敢担当、能不能担当、有没有担当作为检验党员干部是否忠诚的重要指标，让有为者有位、实干者实惠。比如，进一步提升干部考核评价科学化水平，建立完善精准考核和奖惩升降的激励约束机制，持续整治干事创业精气神不够、患得患失、不担当不作为问题，推动干部主动担、自觉担、不敢不担，全面提振干事创业精气神。比如，进一步着力提升党员干部担当的能力本领，突出理论武装，强化实践锻炼，提升教育培训的科学性、精准性、实效性，加强专业知识、专业能力、专业作风、专业精神的培育，推动党员干部能担当、善担当。

---

① 《习近平谈治国理政》第 2 卷，外文出版社 2017 年版，第 145 页。

四、有本事才能干成事，提高治理能力是践行终身课题的重要支撑

初心和使命既是心中的信念，更是实际的行动。践初心、担使命要靠高素质干部队伍，要靠干部队伍治理能力的提升。党和国家各项制度和重大决策部署，都要靠广大党员干部特别是领导干部贯彻执行，才能落到实处，才能转化为国家治理效能。广大党员干部的治理能力，决定着我们党执政的整体能力和实际效果。只有提高各方面各领域各部门各单位广大党员干部的治理能力，才能确保统筹推进"五位一体"总体布局、协调推进"四个全面"战略布局的各项工作有条不紊、有序开展、善始善终。必须把提高治理能力作为新时代干部队伍建设的重大任务，既提高综合能力，抓好大事；也提高具体本领，抓好具体工作。这就需要我们要切实做好党员干部治理能力的提升工作。比如，进一步教育引导广大党员干部深刻认识中华民族伟大复兴的战略全局和世界百年未有之大变局两个大局，把"两个大局"作为谋划工作的基本出发点，观大势、谋大局、抓大事，从全局谋划一域、以一域服务全局。比如，把不折不扣贯彻落实党中央重大决策部署情况，作为考察考核干部的重要内容。比如，要通过长期历练、锻炼、训练和综合培养，逐步提高党员干部科学思维能力和八种本领，增强系统治理、依法治理、综合治理、源头治理的意识和能力。

五、为政之道修身为本，坚持自我革命是践行终身课题的不竭动力

习近平总书记强调，要"不断增强党自我净化、自我完善、自我革新、自我提高的能力，坚决同一切可能动摇党的根基、阻碍党的事业的现

象作斗争，荡涤一切附着在党肌体上的肮脏东西，把我们党建设得更加坚强有力"①。他告诫领导干部，"不忘初心、牢记使命，必须以正视问题的勇气和刀刃向内的自觉不断推进党的自我革命"，"一旦有了'心中贼'，自我革命意志就会衰退，就会违背初心、忘记使命，就会突破纪律底线甚至违法犯罪"。②牢记初心和使命，推进党的自我革命，"要坚持组织推动和个人主动相统一，既要靠各级党组织严格要求、严格教育、严格管理、严格监督，又要靠广大党员、干部自觉行动，主动检视自我，打扫身上的政治灰尘，不断增强政治免疫力"③。习近平总书记的这些重要论述，深刻指明了在长期执政条件下，各种弱化党的先进性、损害党的纯洁性的因素无时不有，各种违背初心和使命、动摇党的根基的危险无处不在，"四大考验"、"四种危险"依然复杂严峻，全面从严治党永远在路上，各级党组织必须严格落实从严治党主体责任，以刀刃向内的自我革命精神，直面党内存在的突出问题，清除一切侵蚀党的健康肌体的病毒，大力营造风清气正的政治生态，把我们党建设得更加坚强有力；党员干部特别是领导干部必须不断推进自我革命，自我净化、自我完善、自我革新、自我提高，时刻保持共产党人的政治本色。这就要求我们要把增强党员干部自我革命精神、提升党员干部自我革命能力放在新时代组织工作的重要位置。比如，在干部选拔任用上，坚持党管干部原则不动摇，严格落实好干部标准，把斗争精神和斗争能力作为政治素质考察考核重要内容、干部教育培训的重要内容。比如，在基层党组织建设上，要进一步提升政治功能和组织力，在巩固深化四个主题年建设成果基础上，加紧用力补短板强弱项，大力推进"智慧党建三年行动计划"，不断增强党的政治领导力、思想引领力、群众组织力、社会号召力。

---

① 《习近平谈治国理政》第 3 卷，外文出版社 2020 年版，第 541—542 页。
② 《习近平谈治国理政》第 3 卷，外文出版社 2020 年版，第 541 页。
③ 《习近平谈治国理政》第 3 卷，外文出版社 2020 年版，第 535 页。

六、制度是管根本管长远的，加强制度建设是践行终身课题的重要保证

习近平总书记强调："法规制度带有根本性、全局性、稳定性、长期性。"① 并就思想建党和制度治党的关系指出："坚持思想建党和制度治党紧密结合"②，"从严治党靠教育，也靠制度，二者一柔一刚，要同向发力、同时发力"③，要"不忘初心、牢记使命，必须完善和发展党内制度，形成长效机制"④。就制度执行他强调，"全党必须强化制度意识，自觉尊崇制度，严格执行制度，坚决维护制度，健全权威高效的制度执行机制，加强对制度执行的监督，推动不忘初心、牢记使命的制度落实落地"⑤。习近平总书记这些重要论述，深刻阐明了思想建党和制度治党的辩证统一关系，只有把主题教育的成果以制度的形式固化下来，形成长效机制，才能确保不忘初心、牢记使命常态化长效化，成为党员干部"不是一阵子、而是一辈子的事"。党员干部必须提升制度意识，加强制度学习，熟知制度内容，领会制度精神，认识制度价值，自觉尊崇制度，坚决维护制度。必须加强制度建设，以切实可行为原则，既坚持解决问题又坚持简便易行，采取务实管用的措施切中问题要害；既坚持目标导向又坚持立足实际，力求把落实党中央要求、满足实践需要、符合基层期盼统一起来；既坚持创新发展又坚持有机衔接，同党内法规制度融会贯通，该坚持的坚持、该完善的完善、该建立的建立、该落实的落实。必须严格制度执行，加强执行监督，

---

① 《习近平关于全面从严治党论述摘编》，中央文献出版社 2016 年版，第 188 页。
② 《习近平关于全面从严治党论述摘编》，中央文献出版社 2016 年版，第 104 页。
③ 《习近平关于全面从严治党论述摘编》，中央文献出版社 2016 年版，第 104 页。
④ 《习近平谈治国理政》第 3 卷，外文出版社 2020 年版，第 543 页。
⑤ 《习近平谈治国理政》第 3 卷，外文出版社 2020 年版，第 543 页。

强化执行责任，推动不忘初心、牢记使命的制度落实落地，坚决杜绝做选择、搞变通、打折扣的现象，防止硬约束变成"橡皮筋"、"长效"变成"无效"。这就要求我们要进一步提高党员干部的制度意识、制度执行，加强党内法规制度的"立、废、释、改"等工作，为全面从严治党提供坚强的制度保障。比如：在干部工作方面，重点围绕激励党员干部敢担当、善作为，完善健全立足岗位作贡献的机制，崇尚实干、攻坚克难的激励机制；在基层组织建设方面，重点围绕《中国共产党支部工作条例》的落实，建立健全相关配套制度；在人才工作方面，进一步加大"千人计划"、"万人计划"政策执行力度。

附二：做好新时代党建工作需要

增强六种意识

党的建设，是中国共产党的一个根本性建设问题。革命战争年代，毛泽东同志提出，我们党有"三大法宝"，党的建设就是其中之一，并处于核心地位。进入新时代，习近平总书记提出"四个全面"和"四个伟大"战略思想，党的建设同样是其中的重要组成部分，并且是核心和灵魂，起统帅作用。党的建设关系重大、牵动全局，无论是在党的革命、建设、改革时期，还是新时代，都是须臾不可忽视、必须高度重视的问题。做好党的建设工作，是我们中国共产党的各级组织、各级干部的应尽职责、本职本分、工作应有之义，要时刻放在心上，成为思想自觉和行动自觉。党和人民事业发展到什么阶段，党的建设就要推进到什么阶段。意识是行动的先导，意识正确是行动正确的前提，做好新时代的党建工作需要增强六种意识。

一、抓好党建是最大的政绩

习近平总书记强调，"办好中国的事情，关键在党"①，必须"坚持从

---

① 《习近平谈治国理政》第 2 卷，外文出版社 2017 年版，第 43 页。

巩固党的执政地位的大局看问题，把抓好党建作为最大的政绩"，"如果我们党弱了、散了、垮了，其他政绩又有什么意义呢"①，要求全党把党的建设作为一项伟大工程来推进。坚持和加强党的建设、坚持和完善党的领导，是党和国家的根本所在、命脉所在，是全国各族人民的利益所在、幸福所在。只有把我们党建设得更加坚强有力，党和人民事业才能无往而不胜。抓好新时代党的建设工作，**要始终牢牢把握正确政治方向**，坚持以习近平新时代中国特色社会主义思想为指导，全面贯彻新时代党的建设总要求，始终在政治立场、政治方向、政治原则、政治道路上同以习近平同志为核心的党中央保持高度一致。**要始终坚持和加强党的全面领导**，以党的政治建设为统领，全面推进党的各方面建设，不断增强党的政治领导力、思想引领力、群众组织力、社会号召力，推动全面从严治党不断向纵深发展。**要坚决扛起扛好管党治党政治责任**，牢固树立"抓好党建是本职、不抓党建是失职、抓不好党建是不称职"的理念，认真落实各级党组织的主体责任、党组织书记的第一责任人责任，以及班子成员"一岗双责"，切实把党建工作抓得严而又严、实而又实，为实现高质量发展真正提供坚强政治保证。

二、抓党建必须出实招求实效

习近平总书记强调，领导干部"要从实际出发谋划事业和工作，使点子、政策、方案符合实际情况、符合客观规律、符合科学精神，不好高骛远"②。实事求是，是我们党的思想路线，是我们抓好新时代党建工作的世界观和方法论。加强党的建设是实干出来的，不是空喊出来的。那种把抓

---

① 《十八大以来重要文献选编》中，中央文献出版社 2016 年版，第 94 页。
② 《十八大以来重要文献选编》下，中央文献出版社 2018 年版，第 749 页。

党建当作"务虚功"、"搞形式"的认识和做法，是绝对错误的。抓好新时代党的建设工作，必须"不受虚言、不听浮术、不采华名、不兴伪事"。**要立足实践**，坚持一切从实际出发，加强调查研究，尊重党建客观规律，善于抓住党建工作的本质，在实践中认清党建工作的形势和任务、矛盾和特点、重点和难点，抓住主要矛盾和矛盾的主要方面，不断优化抓好党建工作的思路、举措、方法和路径，真正使工作符合客观规律、符合地方实际、符合实际需要、符合群众期盼。**要注重实干**，强化"一分部署，九分落实"的理念，结合学习贯彻习近平新时代中国特色社会主义思想、党的十九届四中全会精神，以及"不忘初心、牢记使命"主题教育成果，认真贯彻落实好党建工作要点、任务书及重点项目清单，坚持实字当头、干字优先，一项一项抓落实，一个问题一个问题解决，一个短板一个短板补齐，切实把各项工作抓深入、抓具体、抓到位。**要务求实效**，坚持围绕中心、服务大局，把党的建设工作与当前疫情防控、脱贫攻坚、乡村振兴、全面建成小康社会、实现高质量发展等中心工作同谋划、同部署、同推进、同提升，切实做到"两手抓"、"两促进"，绝对不能搞"两张皮"，力戒形式主义、官僚主义。

三、抓党建需要专业化能力

抓党建既是个理论问题，也是个实践问题，不仅需要理论上清醒政治上坚定，更需要专业化的能力。习近平总书记指出，领导干部"无论是分析形势还是作出决策，无论是破解发展难题还是解决涉及群众利益的问题，都需要专业思维、专业素养、专业方法"[①]。最近，习近平总书记在疫情防控中再次强调，"一些领导干部的治理能力和专业能力明显跟不上"，

---

① 《习近平关于社会主义经济建设论述摘编》，中央文献出版社 2017 年版，第 326 页。

要求"学习掌握自己分管领域的专业知识，使自己成为内行领导"。① 新时代党的建设伟大工程是一个科学的、系统的、艰巨的工程。**从科学性来看**，党的建设是一门建立在以马克思主义科学理论为指导，立足共产党执政规律、社会主义建设规律、人类社会发展规律的科学，是马克思主义建党理论同党的建设实践的统一，马克思主义党的学说的实际应用。**从系统性来看**，新时代党的建设是一个面向全体党员、所有党组织，覆盖党的建设的各领域、各方面、各部门，涵盖党的政治建设、思想建设、组织建设、作风建设、纪律建设、制度建设和反腐败斗争等各方面建设的系统工程。**从艰巨性来看**，新时代对我们党提出了前所未有的新挑战新要求，党面临的"四大考验"和"四种危险"是长期的、复杂的。这就要求我们，抓好新时代党建工作必须具备过硬的专业化能力。**要增强专业思维**，认真学习马克思主义基本原理，特别是学好马克思主义党建理论，学会和掌握马克思主义的世界观和方法论，自觉运用马克思主义立场、观点、方法，善于运用战略思维、创新思维、辩证思维、法治思维、底线思维等科学思维来认识、指导和推动新时代党建工作。**要强化专业素养**，加强思想淬炼、政治历练、实践锻炼、专业训练，真正具备干好党建工作所必须具备的专业知识、专业能力、专业作风、专业精神，干一行、爱一行、专一行、精一行，真正成为党建工作的行家里手。**要掌握专业方法**，把党建工作的基本理论、政策、知识学透，把"上情"和"下情"吃透，把党建工作的规律、特点、经验、趋势悟透，把思路和措施研透，把握好党建工作中共性和个性、党建和业务、目标引领和问题导向、建章立制和落地见效、继承和创新之间的关系，使党建工作更好体现时代性、把握规律性、富于创造性，从而切实提高党建工作质量。

---

① 习近平：《在统筹推进新冠肺炎疫情防控和经济社会发展工作部署会议上的讲话》，人民出版社 2020 年版，第 28 页。

四、抓党建要有创新思维

习近平总书记强调，"提高党的建设质量，既要坚持和发扬我们党加强自身建设形成的优良传统和成功经验，又要根据党的建设面临的新情况新问题大力推进改革创新，用新的思路、举措、办法解决新的矛盾和问题"①。这就告诉我们，唯有牢固树立创新思维，坚持与时俱进、勇于探索实践，在推进党建创新上聚力用劲，才能不断提高党建工作质量水平。"新则活，旧则板；新则通，旧则滞。"实践证明，党建工作只有依靠创新避免落入模式化的窠臼，党组织才能焕发不竭的生机与活力。面对新形势新任务新挑战，推动新时代党的建设创新发展，必须坚持以问题为导向，解放思想、与时俱进，增强创新谋划、创新推动、创新落实的思想自觉和行动自觉。**不断加强理念创新**，破除因循守旧思想、打破条条框框束缚，不断吸收掌握新知识、拓展新领域、开阔新视野，继续坚持"统筹谋划、分类实施、无的要有、有的要强、强的要优"的总体思路，继承创新、守正创新、探索创新，善于在党建工作中用创新的理念去观察新事物、研究新情况、谋划新思路、解决新问题。**不断加强机制创新**，立足实际实效、遵循党建规律、坚持破立并举，抓突破、促升级，不合时宜的机制要坚决革新，形势需要的机制要及时建立健全，切实建立一套系统完备、科学规范、运行有效的党建工作机制。**不断加强载体创新**，适应信息化、数字化、网络化、智能化发展趋势，积极探索信息化条件下开展党建工作的新载体新路数，推进"互联网＋党建"向"智慧党建"优化升级，不断适应新时代需要创新党建工作的载体和平台，为推动党的建设创新发展、提高质量提供不竭动力。

---

① 习近平：《在全国组织工作会议上的讲话》，人民出版社 2018 年版，第 16 页。

五、要把党建制度优势转化为治理效能

"小智治事，大智治制。"制度是管根本、管全局的、管长远的。习近平总书记强调，"要提高对制度贯彻落实的自觉性，强化制度约束力，切实把制度优势转化为履职实效"①。制度的生命力在于执行。离开了强有力的制度执行力，再好的制度也会成为摆设。抓好新时代党的建设工作，既要程序和过程，更要效益和效果，必须把党建制度最大限度地转化为治理效能。**要强化制度学习**，加强党章和党的组织、党的领导、党的自身建设、党的监督保障"1+4"党建制度体系以及党的建设各领域具体制度的学习，熟知制度内容、掌握制度要求、领会制度精神、认识制度价值，不断增强制度意识，自觉尊崇制度，坚决维护制度权威。**要严格制度执行**，认真贯彻落实好《中国共产党党内法规执行责任制规定（试行）》，严格执行项目清单、责任清单制度，严格按照制度履行职责、行使权力、开展工作，坚决杜绝有令不行、有禁不止，随意变通、恶意规避等行为，防止硬约束变成"橡皮筋"、"长效"变成"无效"。**要加强制度监督**，坚持"执行制度没有例外"，把监督执纪贯穿于制度执行全过程，把监督检查、目标考核、责任追究等有机结合起来，严格检查评估制度执行情况，对于那些把制度当摆设、破坏制度、违反制度的行为进行严肃查处，以强有力的监督推动制度执行，确保党的建设各项制度真正落到实处。

六、抓党建没有淡季和旺季之分

政贵有恒，治须有常。习近平总书记强调，"推进党的建设新的伟大

---

① 《十八大以来重要文献选编》上，中央文献出版社2014年版，第829页。

工程要一以贯之"①，他告诫全党"我们要有钉钉子的精神"②，"全面从严治党永远在路上"③。党建工作不是一蹴而就、一劳永逸的，决不能以为开了几次会议、发了几个文件、做了几件事情、有了一点成效就大功告成，我们必须时刻保持锲而不舍的精神和永远在路上的执着。逆水行舟，一篙不可放缓；滴水穿石，一滴不可弃滞。抓好新时代党的建设工作，**一定要保持定力、坚持不懈**，深刻认识加强党建工作的紧迫性、重要性，切实增强抓好党建工作的使命感、责任感，什么时候都要头脑清醒、注意力集中，严格按照新时代党的建设总要求，认真对标对表党中央要求，聚焦目标、紧盯问题，抓住关键、坚持到底，做到目标不散、决心不改、力度不变，决不能看到新情况就视而不见、熟视无睹，决不能遇到新矛盾就犹豫不决、患得患失，决不能碰到新问题就摇摆不定、定力不坚。**一定要久久为功、善作善成**，党的建设是一个永恒课题，是一个长期工程，决不能有停一停、歇一歇的想法，决不能搞雨过地皮湿、工作一阵风，必须在注重日常、抓在经常上持续用力，在反复抓、抓反复上使出恒劲，一年接着一年干，一事接着一事办，扎扎实实打牢基础，坚坚实实筑牢根基，从而推动新时代党的建设工作不断取得新的进步、不断迈上新的台阶。

---

① 《习近平谈治国理政》第 3 卷，外文出版社 2020 年版，第 69 页。
② 《习近平谈治国理政》第 1 卷，外文出版社 2018 年版，第 400 页。
③ 《习近平谈治国理政》第 2 卷，外文出版社 2017 年版，第 63 页。

附三：领导干部必须着力解决的四个问题

习近平总书记强调："中华民族伟大复兴，绝不是轻轻松松、敲锣打鼓就能实现的。全党必须准备付出更为艰巨、更为艰苦的努力。"[①] 新时代呼唤新使命，新使命提出新要求。做好新时代的领导工作，切实承担起实现中华民族伟大复兴中国梦的历史使命，领导干部一定要清楚自己的职责使命、胸怀"两个大局"、做"政策通"，还要努力做学习型、研究型、专家型、务实型、创新型的"五型"干部。

一、回到基本是做好领导工作的本源

基本就是贯穿事物发展始终最基础、最起码、最本质的东西。做任何事情，包括做领导工作，都要回到"基本"上来认识、思考、谋划、行动，也就是要回到"本源"，这样才能抓住关键、抓住要害，不走偏走反、不迷失初心。对领导干部而言，回到基本就是要回到当领导干部必须具备的基本标准、基本条件、基本要求、基本底线，来反思自己是否适合当领导干部、是不是合格的领导干部、如何当好领导干部，想问题、办事情、作

---

① 《习近平谈治国理政》第 3 卷，外文出版社 2020 年版，第 12 页。

决策、抓落实有没有严格遵循这些"基本"等。如果连这些"基本"都不能做到心中有数，甚至模糊不清，就找不到做好领导工作的本源，就一定当不好领导干部。

领导干部归根到底是岗位是责任。《党章》把干部定义为"党和人民事业的骨干、人民的公仆"。领导干部是党和人民的事业的领导者、管理者、决策者、推动者。官位就是岗位，职务就是责任，责任重于泰山。千万不能把当干部仅仅看成是一个养家糊口的行当，更不能把当干部看成是待遇、享受、特权和炫耀的资本。习近平总书记提出的"信念坚定、为民服务、勤政务实、敢于担当、清正廉洁"① 新时期好干部标准，就是当好领导干部的修身、从政、成事之本。《党章》、《党政领导干部选拔任用工作条例》对领导干部的基本标准、基本条件和基本要求也作了明确规定。我们要时刻拿这些基本标准、基本条件和基本要求对照、检视、警醒自己，努力做一名党和人民需要的好干部。唯有如此，才会找到做好领导工作的本源。

做好领导工作最基本的就是要"不忘初心、牢记使命"。不忘初心，方得始终；牢记使命，方能致远。初心和使命是一切工作的出发点和落脚点。回顾党的近百年历史，我们党所付出的一切努力、一切斗争、一切牺牲，都是为了人民幸福和民族复兴。也正是由于始终坚守这个"基本"，我们党才一次次在濒临绝境中突出重围，一次次在困顿逆境中毅然奋起，不断发展壮大，从胜利走向胜利。初心和使命是我们走好新时代长征路的不竭动力。越是接近辉煌，越是接近胜利，越是不能忘记我们从哪里来、到哪里去。一切向前走，都不能忘记走过的路；走得再远、走到再光辉的未来，也不能忘记走过的过去，不能忘记为什么出发。"不忘初心、牢记使命"就是当好领导干部的本真，是做好领导工作的本源，任何时候任何

---

① 《习近平关于青少年和共青团工作论述摘编》，中央文献出版社 2017 年版，第 85 页。

情况下都要清醒地知道"我是谁、为了谁、依靠谁"。领导干部必须坚持以人民为中心的发展思想，牢记全心全意为人民服务的根本宗旨，把人民对美好生活的向往作为奋斗目标，时刻不忘我们党来自人民、植根人民，努力实现好、维护好、发展好最广大人民根本利益；必须坚定对马克思主义的信仰、对中国特色社会主义的信念、对实现中华民族伟大复兴中国梦的信心，不为任何风险所惧，不为任何干扰所惑，用汗水浇灌收获，以实干笃定前行，自觉做实现伟大复兴中国梦的忠实实践者。

当好领导干部最基本的就是要履职尽责。"为官避事平生耻"。为官一任就要造福一方，履职尽责是当领导干部的"基本"，也是做好领导工作的"基本"。每一个岗位都有相应的职能职责，岗位不同，职责也不同，而且职务越高、责任越重。在其位谋其政，履其职尽其责，这是最基本的职业道德。领导干部必须守土有责，自觉树立"干得好是本职、干不好是失职"的理念，增强干事创业的责任感使命感，厘清自己的职能职责是什么、边际界限在哪里，始终聚焦主责主业，种好自己的"责任田"。必须守土担责，认真、认领、认账，应该负的责，冒着风险也要担，锤炼务实作风，练就过硬本领，勇挑最重的担子、敢啃最硬的骨头、愿接最烫的山芋。必须守土尽责，把工作当成事业，以时不我待、只争朝夕的精神，夙夜在公、夙兴夜寐，躺着想事、坐着议事、站着干事，在岗一分钟、战斗六十秒。

新时代领导干部更应在担当作为中追求卓越。担当是领导干部必备的基本素质、是共产党人的政治品格和从政本分，也是我们党对领导干部的一贯要求。新时代催生新使命，新使命呼唤新担当。一代人有一代人的使命担当。着眼当前，我们正处于决战脱贫攻坚、决胜全面小康、实现"两个一百年"奋斗目标、奋进伟大复兴中国梦的关键时期，更需要付出更加艰巨、更加艰苦的努力，在实干中担当作为，在担当作为中追求卓越。有真本事才有真担当，有大担当才能干大事业。新时代领导干部不仅需要担当的勇气、本事和方法，更需要具备担当的大格局、大境界、大情怀。心有多大，舞台就有多大。新时代领导干部必须做到胸襟宽、眼界宽、思路宽，以大格局体现担当的"宽度"；必须坚定理想信念、加强党性修养、提升道德情操，以大境界提升担当的"高度"；必须具备深沉的爱国情怀、深厚的爱民情怀、深切的爱家情怀，以大情怀涵养担当的"深度"。唯有如此，领导干部才会始终不忘领导工作的本源、抓住领导工作的本质，始终保持"人无我有"、"人有我优"、"人优我特"的精神，对待工作做到专心专注专业、细致精致极致，从而创造出经得起实践、人民、历史检验的卓越业绩。

二、当干部就得胸怀"两个大局"

大局就是指全局或整体，通常用来指形势或事件发展的整体局面、整体态势。增强大局观是我们党重要的思想方法、领导方法和工作方法。习近平总书记强调："领导干部要胸怀两个大局，一个是中华民族伟大复兴的战略全局，一个是世界百年未有之大变局，这是我们谋划工作的基本出发点。"① 新时代的领导干部必须胸怀这"两个大局"。

识大局者方能谋大事，大局观是领导干部必须具备的政治素质。毛泽东同志曾说："共产党员必须懂得以局部需要服从全局需要这一个道理。如果某项意见在局部的情形看来是可行的，而在全局的情形看来是不可行的，就应以局部服从全局。反之也是一样，在局部的情形看来是不可行的，而在全局的情形看来是可行的，也应以局部服从全局。这就是照顾全局的观点。"② 习近平总书记强调，领导干部要"善于观大势、谋大事，

---

① 《习近平谈治国理政》第 3 卷，外文出版社 2020 年版，第 77 页。

② 《毛泽东选集》第 2 卷，人民出版社 1991 年版，第 525 页。

自觉在大局下想问题、做工作"①。大局意识是一个领导干部政治素质高低的重要表现。领导干部只有树牢大局意识、增强大局观念，自觉从党和国家大局出发想问题、办事情、抓落实，才能做到"全局一盘棋"，正确处理中央与地方、局部与全局、当前与长远的关系，坚决贯彻党中央决策部署；才能具有历史眼光、全球眼光和发展眼光，看清所处的历史方位，掌握历史的发展规律，把握当前发展大势，切实做到审时度势、与时俱进、顺势而为；才能心系大局，自觉把"小我"归入"大我"、"小局"归入"大局"，提升两三个层次看问题，以更加宽广的眼界审时度势、权衡利弊，把握现在、透视未来。

谋全局者方能谋一域，新时代领导干部必须深刻认识和把握"两个大局"。"两个大局"的重要论断，是以习近平同志为核心的党中央主动应对国内外风险挑战、着力破解复杂局面而作出的重大政治判断，具有重大战略意义和时代价值。"中华民族伟大复兴的战略全局"，着重强调一个"全"字，领导干部必须致力于、服务于实现这个"全局"。"世界百年未有之大变局"，着重强调一个"变"字，领导干部必须积极面对和顺应这个"变局"。"两个大局"是当前世界同一时空下的两大趋势，两者相互作用、相互影响、相互促进。中华民族伟大复兴的战略全局，要在世界百年未有之大变局的大环境下去谋划、去推进、去实现；世界百年未有之大变局，不是外在于中国的大变局，也不可能置中国于局外，中国是塑造这一大变局的重要力量。领导干部必须把"两个大局"作为谋划工作的基本出发点，把各项工作放在"两个大局"下来运筹规划，在世界大变局中思考中华民族伟大复兴，主动投身世界变局、全面掌握世界大势，深刻认识其带来的机遇与挑战，更好地为实现中华民族伟大复兴中国梦而奋斗；在推进中华民族伟大复兴进程中，要充分考虑世界百年未有之大变局，超前谋划、科学统

---

① 《习近平关于全面从严治党论述摘编》，中央文献出版社 2016 年版，第 78 页。

筹，因势而谋、乘势而上、顺势而为，把握和用好其中蕴含的发展机遇；发扬斗争精神、增强斗争本领，积极应对和有效化解其可能带来的风险挑战，使之朝着有利于我们实现"两个一百年"奋斗目标和中华民族伟大复兴中国梦的方向转变。

新时代领导干部必须立足"两个大局"想问题作决策办事情。胸怀"两个大局"是党中央对全党和各级领导干部提出的政治要求。领导干部想问题、作决策、办事情只有清醒认识、准确把握"两个大局"，根据国内外局势的发展变化研判趋势、顺应大势，才能牢牢掌握工作主动权。必须坚持用习近平新时代中国特色社会主义思想武装头脑，不断增强"四个意识"、坚定"四个自信"、做到"两个维护"，在思想上政治上行动上同以习近平同志为核心的党中央保持高度一致。必须以宽广的视野和深邃的眼光，深入洞察国际力量格局调整变化和国内形势任务发展变化，登高望远、审时度势，坚定战略目标，保持战略定力，赢得战略主动。必须牢固树立底线思维，切实增强忧患意识，未雨绸缪，积极做好应付各种困难局面的预案，用大概率思维应对小概率事件，做到见微知著，见事早、行动快。必须更加注重从全局谋划，以一域服务全局，进一步增强全局观念，自觉把所主管的地方、所分管的领域和部门、所具体从事的工作放在"两个大局"中去谋划和推进，善于在从宏观到微观、抽象到具体的过程中打开工作局面、取得工作实效。

三、当干部需要具有很高的政策水平

政策是党和国家在一定的历史时期为完成一定的历史任务而规定的指导人们进行社会实践的行为准则和行动方向，是一个地区、一个部门进行事务管理的重要工具。治国理政，离不开政策。邓小平同志曾说，"没有一定的政策，现实问题就不能解决"①。领导干部作为治国理政的实践主体，具有很高的政策水平，不仅是提高自身领导能力水平的关键，也是完成职责使命的需要。如果不善于学习、研究政策，仅靠经验做事、凭老本吃饭，是做不好领导工作的。

政策是党的事业发展的"生命"。 毛泽东同志曾指出："政策是革命政党一切实际行动的出发点，并且表现于行动的过程和归宿。一个革命政党的任何行动都是实行政策。"② 这就告诉我们，政策与党和人民事业紧密联系，对党和人民事业发展极端重要、极为关键，推进党和人民事业必须以制定执行政策为工具和手段；没有相应的政策，党的路线和战略任务就无法实现。回顾党的历史，不管是革命、建设还是改革时期，党和人民事业的前进与倒退、发展与停滞，无不与党的政策密切相关，当我们党重视政策，制定的政策是正确的，事业就兴旺发达，反之，事业就会遭受挫折、蒙受损失。改革开放以来，我国社会主义事业取得了举世瞩目的伟大成就，人民生活水平获得了前所未有的改善提高，根本就在于党制定并实行了正确的政策。党的十八大以来，以习近平同志为核心的党中央，之所以解决了许多长期想解决而没有解决的问题、办成了许多过去想办而没有办成的大事，也在于制定和实施了符合新时代形势任务和主要矛盾变化的正确政策。党和人民事业要不断从胜利走向胜利，一刻也离不开正确的政策。

政策水平反映领导水平。 领导工作具有很强的政策性。政策水平是衡量领导干部领导水平的关键因素和核心指标，是实施科学领导的内在要求。同样的政策环境下，为什么有的地方和部门发展快，有的却发展缓慢，一个重要原因就是领导干部政策水平的差异所致。政策水平越强的干

---

① 《邓小平文选》第 1 卷，人民出版社 1994 年版，第 106 页。
② 《毛泽东选集》第 4 卷，人民出版社 1991 年版，第 1286 页。

部越优秀。领导干部对政策的理解水平如何、把握能力高低，很大程度决定着其领导水平的高低，进而影响到事业的兴衰成败。毛泽东同志曾指出，共产党领导机关的基本任务，就在于了解情况和掌握政策两件大事。这既是对领导机关的要求，也是对领导干部个人的要求。领导干部是党的政策的"制定者"、"代言人"、"落实者"，面对新时代艰巨繁重的发展任务、错综复杂的发展环境，只有不断提高敏锐把握政策、熟练掌握政策、有效落实政策的能力，才能准确把握发展的内在要求，才能始终确保工作方向的正确性、对策措施的精准性、具体落实的实效性，为贯彻落实党中央决策部署、推动事业长远发展打下坚实基础。如果政策理解不到位、把握政策不精准，或者在执行政策中走样变形，就会沦为"政策盲"，就会做不好工作、阻碍工作推进，甚至产生严重后果。

当领导干部就必须成为"政策通"。精通政策，办事轻松；政策不通，累也无功。领导干部只有真正成为"政策通"，才能知形识势，超前谋划，下好先手棋、打好主动仗。如果糊里糊涂，只会"低头拉车"、不会"抬头看路"，甘当事务主义者，是做不好领导干部的。提高政策水平不可能一蹴而就，需要持之以恒、不懈努力。知是行之始。学习、理解和吃透政策是运用政策的基础和前提。领导干部要增强政策意识，把学习掌握政策作为一项长期任务，结合工作实际，自觉带头原原本本学习政策，有重点、系统地学习党的基本理论、基本路线、基本方略，特别是习近平新时代中国特色社会主义思想和党中央决策部署，全面学习经济建设、政治建设、文化建设、社会建设、生态文明建设等方面的政策，坚持边学边思边悟，深入钻研政策，努力吃透政策精神实质、理解政策核心意图、把握政策基本取向、抓住政策关注重点、注意政策基本界限、熟悉政策操作方式，通过学习把政策转化为具体措施，真正使自己成为精通政策的"活字典"。学习的目的全在于运用。再好的政策，如果不运用、不执行，不过是废纸一张。领导干部要善于科学制定政策，加强调查研究，掌握实际情况，坚持以人民满意为根本标准，使政策方案符合实际情况、符合客观规律、符合科学精神；要加强政策宣传，善于用通俗易懂的语言、群众喜闻乐见的方式，引导广大党员干部群众知晓政策、理解政策、支持政策；要带头执行政策，把执行落实政策作为重要政治责任，增强政策执行的自觉性坚定性，因地制宜、因时制宜、因事施策，结合实际创造性地执行政策、运用政策解决现实问题，加强跟踪反馈，适时调整完善政策，更好把政策转化为"真金白银"、转化为推动发展的强劲动力、转化为实实在在的治理效能。

四、要做新时代的"五型"干部

新时代的领导干部既要政治过硬，也要本领高强，这样才能适应新时代新长征新使命的要求。这就要求领导干部必须在学习上、研究上、专业上、实效上、创新上狠下功夫，努力成为一名"五型"干部。

学者非必为仕，而仕者必为学，一定要做一名学习型干部。 好学才能上进，好学才有本领。据统计，一个人所掌握的知识，90% 以上都是学校毕业后学习的。停止学习，就是停止进步，就必然落后，必将被淘汰。习近平总书记指出："中国共产党人依靠学习走到今天，也必然要依靠学习走向未来。"[①] 党的十九大提出全党要增强"八种本领"，其中把"学习本领"放在首位，就是强调加强学习是做好一切工作的前提和基础。人与人之间的差别，最主要就体现在学习上、体现在认知上。管理学大师德鲁克说："真正持久的优势，就是怎样去学习。"学习力是核心竞争力，领导干部的学习水平，在很大程度上决定着工作水平和领导水平。领导干部坚定理想信念、提高政治素养、锤炼道德操守，一刻也离不开学习；增强

---

① 《习近平谈治国理政》第 1 卷，外文出版社 2018 年版，第 407 页。

能力本领、胜任工作要求，也一刻也离不开学习。特别是进入新时代，各种风险、挑战无处不在，各种新知识、新情况、新事物层出不穷，我们适应的一面正在下降，不适应的一面正在上升。如果不抓紧学习，就难以履行领导职责，就不能胜任领导工作。领导干部必须活到老学到老，把加强学习作为对党和人民事业的一种责任、一种追求，深入学习中国特色社会主义理论体系，特别是学懂弄通做实习近平新时代中国特色社会主义思想，用理论上的清醒促进政治上的坚定；尽可能多地学习和掌握一些历史知识，特别要深入学习中国近现代史和中共党史、世界近现代史和马克思主义发展史，不断深化对共产党执政规律、社会主义建设规律、人类社会发展规律的认识；全面学习做好本职工作必需的各方面知识，加快知识更新，优化知识结构，拓宽眼界视野，克服本领不足、本领恐慌、本领落后的问题。

善行者究其事，善学者究其理，一定要做一名研究型干部。研究，就是对客观事物和现象去粗取精、去伪存真，通过由此及彼、由表及里的研究，把事情的真相和全貌弄清楚、把问题的本质和规律把握准，把解决问题的思路对策理清晰，做到知其然、知其所以然、知其所必然。我们党始终强调"实事求是"，"求"就是探求、研究；"是"就是事物发展的规律。习近平总书记指出，"坚持实事求是，关键在于'求是'，就是探求和掌握事物发展的规律"。领导工作每天都会面对问题交织、矛盾叠加、错综复杂的各种情况，如果规律不研究、特点不掌握，就不可能透过现象看本质，出错、失误就在所难免。只有善于联系地、发展地、一分为二地研究分析事物，深入研究事物的本质和发展的内在规律，认真探求事物之间的联系和相互作用，才能真正做到透过现象看本质，把握规律、看清态势，厘清思路、抓住关键，找到办法对策，而不被表面现象所蒙蔽、不被偶然因素所影响、不被枝节问题所干扰。领导干部必须把研究作为一种态度、一种方法、一种不可或缺的基本功，始终坚持在研究状态下工作，认真学好马克思主义哲学看家本领，加强问题研究、原因研究、思路研究、对策研究、方法研究，等等，干什么就研究什么，在哪里工作就研究哪里的工作，切实增强工作的科学性、预见性、创造性。

功贵其久，业贵其专，一定要做一名专家型干部。习近平总书记指出，领导干部"无论是分析形势还是作出决策，无论是破解发展难题还是解决涉及群众利益的问题，都需要专业思维、专业素养、专业方法"，"那种习惯于拍脑袋决策、靠行政命令或超越法律法规制定特殊政策的做法，已经很难适应新形势新任务的需要"。[①] 当前，党和国家各方面工作越来越专业化、专门化、精细化，领导干部无论是从事某项工作，还是治理一个地方，都需一定的专业化能力和水平。如果只是泛泛知道其中一些概念和要求，而不注重构建与之相适应的知识体系，不能真正成为本行业本领域的行家里手，就难以胜任工作，更不可能干好工作。这就要求，领导干部必须拥有高超的专业化水平，具备过硬的专业知识、专业思维、专业方法、专业能力、专业精神，成为一名专家型干部。要干一行爱一行，发扬专业精神，忠诚于事业、专注于工作，专心、守职、尽责，安岗敬业、尽心竭力、全身心地投入本职工作；要干中学学中干，全面学习经济、政治、历史、文化、社会、科技、军事、外交等方面的专业知识，有针对性地深钻细研履行岗位职责所必备的各种知识，不断丰富专业知识，提高专业能力；要钻一行精一行，运用专业思维和专业方法发现问题、分析问题、解决问题，弘扬工匠精神，追求精益求精、力求卓越的专业品质。

干在实处，走在前列，一定要做一名务实型干部。天下大事必作于细，古今事业必成于实。习近平总书记强调，领导干部坚持求真务实，既要在"求真"上下功夫，更要在"务实"上做文章，尤其要做到讲实情、出实招、办实事、求实效。事情是干出来的，干部也是干出来的。当干部

---

① 《十八大以来重要文献选编》中，中央文献出版社 2016 年版，第 835 页。

就要干实事、实干事，只干事不出活、没有实绩不是一个好干部。凡事兴于实，败于虚。领导干部务"实"，是要务抓好发展这个党执政兴国的第一要务之实，是要务发展最广大人民根本利益之实，是要务全面加强和改进党的建设之实，是要务坚持长期艰苦奋斗之实，是要务经得起实践、人民、历史检验之实，而决不能务劳民伤财的"面子"、花拳绣腿的"影子"、轰轰烈烈的"形式"、光鲜亮丽的"装扮"。"大人不华，君子务实。"领导干部一定要树立正确的政绩观，始终坚持"三严三实"，潜心实干，专心致志、埋头苦干，把心思用到干工作上，把劲头用到抓落实上，用实干之力开创未来；追求实绩，做任何事情，都要坚持一切从实际出发，唯实是务、所务必实，不哗众取宠提空口号，不脱离实际定高指标，不东拼西凑搞假政绩；力求实效，一个一个地解决问题，一件一件地办好实事，一项一项地推进工作，扎扎实实地把党和国家的各项决策和工作落到实处，把每项工作都干成精品，无愧于人民群众的重托和厚望。

唯创新者强，唯创新者胜，一定要做一名创新型干部。实践发展永无止境，解放思想永无止境，改革创新永无止境。古人讲："周虽旧邦，其命维新。"当今时代，更是讲求创新的时代、属于创新者的时代。习近平总书记深刻指出："与时俱进不要当口号喊，要真正落实到思想和行动上，不能做'不知有汉，无论魏晋'的桃花源中人。"[1] 面对日新月异、深刻变化的世情党情国情，领导干部要提高领导水平、做好工作、干出成绩，就必须增强创新意识、用好创新思维，勇于破除思维定式，保持思维的活跃、思想的敏锐、思路的开阔，进而更富有创造性地工作。如果身子进了新时代，思想还停留在过去，看问题、作决策、抓工作还是老观念、老套路、老办法，不仅会跟不上时代、做不好工作，而且会贻误时机、耽误工作。领导干部一定要解放思想，打破惯性思维，始终保持执着认真、创新

---

① 《习近平谈治国理政》第 3 卷，外文出版社 2020 年版，第 540 页。

求变、超越突破的心态，勇于创新、善于求变，坚决抵制因循守旧、故步自封、墨守成规、得过且过，更不能夜郎自大。要善于用创新思维发现新现象、研究新情况、解决新问题，不断改进和优化自身思想方法和工作方法，多一些打破常规和批判革新。未来已来，时不我待。我们唯有以创新的精神和姿态迎接未来、拥抱未来，才能更好地把握未来、开创未来、赢得未来。

附四：从政感悟 1000 句

1. 做事要掌握好顺序，即：先难再易，先短再长。

2. 别一听别人夸自己就高兴，先看看事情对与错；别啥都不管就去讨好别人，先想想事情是与非。

3. 使人疲惫的不是远方的高山，而是鞋子里的一粒沙子。

4. 成功的人，就是那种能用别人扔向他的石头来铺设路基的人。

5. 品德要在才干之前；若能德才兼具，那更好。

6. 有才能但无品德，即使再喜欢，也不能重用；有品德而无才能，则要指导学习；德才兼备者，一定要重用。

7. 要有预测事故的能力，及时未雨绸缪，防患于未然。

8. 注意培养向别人学习长处的能力，才可能有效学习别人。

9. 做人，先讲品德，再论才干。

10. 善良是一种智慧，是一种远见，是一种自信，是一种精神力量，是一种文化、一种快乐。

11. 一个人的脚步再大，也永远无法丈量完脚下的道路；人生有限，道路无限，要想在有限的生命中多走一程，就时刻别停下脚步，别浪费分秒时间。

12. 处事不必求功，无过便是功；为人不必感德，无怨便是德。

13. 有时你的快乐是你的微笑之源，但是有时候你的微笑可能是你的快乐之源。

14. 永远别渴望做个任何人都不得罪的人，有人反对有人支持然后自己作出决定才是精彩的人生。

15. 后悔是一种耗费精神的情绪；后悔是比损失更大的损失，比错误更大的错误，所以不要后悔。

16. 在社会上要胜利的唯一方法永远只有一个，那就是实力。

17. 社会充满竞争，赢得竞争靠的是自己的实力。

18. 一种对工作和学习的冲击力及持久力会让你有特殊的魅力和个人实力。

19. 水涨船高，勿怕他人强于己；水落石出，别羡乌云压枝低。

20. 成大事的方法多种多样，别不接受你看不惯的方法。

21. 气不鼓不能前进，气太足可能爆胎。

22. 人生唯一不会落空的等待是注定的死亡，世间唯一保持恒久不变的就是变化。

23. 最难战胜的敌人，是自己；最可怕的敌人，是朋友；最防不胜防的敌人，是欲望；最迷惑的敌人，是感情。

24. 经营自己的长处能给你的人生增值，经营自己的短处必然使你的人生贬值。

25. 有所得是低级快乐，无所求是高级快乐。

26. 一个会讲话的人，不是记得别人说过话的人，而是能说些让人记得的话。

27. 从来没有得罪过人的人，注定也不可能与人深交；太多的平和和从容，反而丧失了做人的激情与率真。

28. 人生的耻辱不在于输，而在于输不起；人生的光荣不在于永不仆倒，而在于能屡仆屡起。

29. 思虑过少，可能失去做人的尊严；思虑过多，就会失去做人的乐趣。

30. 为了控制执着，必须观照好感觉的大门。

31. 人最悲哀的，并不是昨天失去得太多，而是沉浸于昨天的悲哀之中。

32. 人人都讲理时有理可走遍天下，人人不讲理时有理将寸步难行。

33. 世上只有想不通的人，没有走不通的路；没有走不到顶的山，只有找不到路的人。

34. 一次只做一件事情，一个时期只有一个重点；善于抓住关键点，远离琐事。

35. 大多数书不值得从第一页开始仔细阅读；阅读的一项任务就是"检索"书中有价值的部分。

36. 会说话是智慧，懂沉默是修养。

37. 不打断别人说话，是一种教养。

38. 会说话是一门学问，说话有分寸是一种教养。

39. 不知道的事情不乱说，是一种涵养。

40. 说话周到将心比心，是一种修养。

41. 别人自嘲可以，但你千万别附和。

42. 求人办事，没有爽快地答应，基本就是拒绝了。

43. 有分寸地信任，有理由地怀疑。

44. 不会说话时别瞎说，沉默微笑更好。

45. 话别说太满，人别熟太快。

46. 要让别人对你刮目相看，首先要对自己刮目相看。

47. 人，不但要读万卷书，还要行万里路。

48. 梦想再大，不去行动，你只是在空想。

49. 路就在你的脚下，机会是自己创造出来的。

50. 目标就像指示牌，指引你方向；目标就像一盏灯，照亮前进的路。

51. 人不要输在心态上；心态好了，人这一辈子就好了。

52. 有些事情，不必放在心上；有些人，该忘就忘。

53. 学会在困难和挫折中沉淀，在得与失之间找到属于自己的正确方式。

54. 好好的爱护自己的身体，身体是革命的本钱。

55. 你的格局，从浅了看，是你做人的底线和原则；往深里想，就是你为人的修养和高度。

56. 一个天资再好的人，如果失去了追求的信念，那他的灵魂也是空虚的。

57. 不爱读书的人的空间是一口干枯的小井，爱读书的人的空间却是无边无际的大海。

58. 假如没有劳动这个压舱的货物，任何风暴会把生活之船翻掉。

59. 酌奇而不失其真，玩华而不坠其实。

60. 零，不是没有，从零开始，那么希望就会无限，光明就会无限，前途就会无限。

61. 当一个人内心开始斗争时，生存就有了价值。

62. 每一个创伤都标志着向前进了一步。

63. 一个不是对我们有所求的朋友，才是真正的朋友。

64. 从未失败过的人是决不会变得富有起来的。

65. 风帆，不挂上桅杆，是一块无用的布；理想，不付诸行动，是虚无缥缈的雾。

66. 傲骨不可无，傲心不可有；无傲骨则近于鄙夫，有傲心不得为君子。

67. 虚伪永远不可能凭借它生长在权力中而变得真实。

68. 幸运并非没有许多的恐惧与烦恼，厄运也并非没有许多的安慰与希望。

69. 一切价值都在比较上看出来。

70. 修养之于心地，其重要犹如食物之于身体。

71. 如果你不比别人干得多，你的价值也就不会比别人更高。

72. 在劳与获这架天平上，它们是永远公平合理的，有一点劳动，就有一点收获。

73. 有过是一过，不肯认过，又是一过。

74. 真正地理解别人，是沟通心灵的桥梁。

75. 人生的意义就是变化无穷，人生不能一成不变，不变就是死亡，变才是生生不息。

76. 大智者必谦和，大善者必宽容；唯有小智者才咄咄逼人，小善者才斤斤计较。

77. 不要虚度时光，要驾起创新的风帆，满怀绿色的希望，追求金色的收获。

78. 最正当的处世之道在于学，处处都在增加自己的经验。

79. 别为小事抓狂。

80. 跟不完美和解。

81. 应该为付出而付出，而非为了回报而付出。

82. 察觉自己的情绪，不要被情绪低潮愚弄了。

83. 避免在鸡蛋里挑骨头。

84. 别为自己的缺点讲话。

85. 既要惜时如金、孜孜不倦，下一番心无旁骛、静谧自怡的功夫，又要突出主干、择其精要，努力做到又博又专、愈博愈专。

86. 学习需要掌握"三度"：有深度，达到学理论要深、学业务要精、学政策要透的境界；有厚度，学会用历史的、发展的眼光看问题；有宽度，做到广泛涉猎、厚积薄发。

87. 做好工作的关键在于，在干事中长本事，在历练中变老练。

88. 在能力素质中，最见火候和功夫的，是面对矛盾的定力、解决问题的能力、抗击压力的承受力。

89. 加强学习，才能增强工作的科学性、预见性、主动性，才能使领导和决策体现时代性、把握规律性、富于创造性。

90. 专业素养是专业知识、专业能力、专业作风、专业精神的统一，它要求领导干部掌握运用唯物辩证的世界观、方法论，善于在纷繁问题和复杂局面中把握当前和长远、局部和全局、一般和特殊、两点论和重点论等辩证关系。

91. 把大事难事做稳妥，把小事易事做精致，把"分内事"做出高水平，把"分外事"做出高境界。

92. 心存敬畏，就会大局面前多一分定力，自觉克服疑惑心理，防止政治上的自由主义；就会权力面前多一分清醒，自觉克服侥幸心理，防止思想上的功利主义；就会得失面前多一分理智，自觉克服攀比心理，防止行为上的个人主义；就会责任面前多一分担当，自觉克服应付心理，防止工作上的形式主义。

93. 常修为官之德、常想立身之本、常思贪欲之害、常怀律己之心，做到慎独、慎微、慎初，从"小事"着眼，以"小节"正身，才能永葆共产党人的本色。

94. 敬畏权力，坚持执政为民；敬畏群众，增强公仆意识；敬畏法纪，做到令行禁止。

95. 始终筑牢敬畏法纪、严守规矩的红线意识，常怀律己之心，常弃非分之念，依法履责、依法用权、依法办事。

96. 成大事者在看到事情的成功可能性到来时，敢于做出重大决断，因此取得先机。

97. 一个连自己的缺陷都不能纠正的人，只能是失败者。

98. 善于把困境变成成功的有力跳板。

99. 机遇就是人生最大的财富，有些人浪费机遇轻而易举，所以一个个有巨大潜力的机遇都悄然溜跑，成大事者都是绝对不允许溜走，并且要纵身扑向机遇。

100. 一次行动胜过百遍心想。

101. 不同傻子争辩，否则就搞不清谁是傻子了。

102. 把工作当作生活和艺术，就会享受到工作的乐趣。

103. 才高不必自傲，不要以为自己不说、不宣扬，别人就看不到你的功劳，所以别在同事面前炫耀。

104. 杜绝差不多心理，在温水煮青蛙的竞争环境里最考验细心。

105. 切莫交浅言深，要管住嘴、守住心。

106. 无论发生什么事情，都要首先想到自己是不是做错了。

107. 作为一个想成就大事的人物，不能有道德洁癖，否则的话，就会变成孤家寡人。

108. 不要把别人的好，视为理所当然，要知道感恩。

109. 给别人面子，就是给自己面子。

110. 如果你想拥有自己从未有过的东西，那就必须愿意去完成从未做过的事情。

111. 工作不求完美，但求走心。

112. 基本上每一个新上任的人，都要来一场文化运动。

113. 人类最大的智慧是等待和希望。

114. 没有人因倒下而失败，除非他们一直倒下或消极。

115. 面对风暴的来临，选择沉沦还是奋起，永远取决于自己。

116. 命运面前，莫论公道，因为痛苦和磨难，注定会是人生的一部分。

117. 真正的强者，在身处低谷时，依旧能够保持淡然，充满生生不息的希望，因为他们明白谷底才是新世界的开始。

118.逆境中别放弃，熬过了，就是柳暗花明。

119.没有天生强大的人，只有执着不放弃的自己。

120.无论多难，都要对未来抱有希望，因为，你的每一次努力都不会白费，你的每一次坚持都不会被辜负。

121.成功的信念在人脑中的作用就如闹钟，会在你需要时将你唤醒。

122.人生的悲欢离合都是难免的。

123.善待自己最好的方法是善待别人，善待别人最好的方法是宽容别人。

124.当你停止尝试时，就是失败的时候。

125.通往成功最好的办法莫过于脚踏实地；一切鬼魅伎俩、旁门左道，胜得了一时，终归要还的。

126.只要不伤害别人的利益与名誉，基本就不再会产生什么大矛盾。

127.只要是有利益的地方，就一定会有矛盾。

128.如果权力高于法律，人民就会向权力求助，运用"关系"解决问题，如果法律高于权力，人民就会向法律求助，通过规则解决问题。

129.在辩论时，沉默是一种最难驳倒的观点。

130.动力往往起源于两种原因：希望或者失望。

131.失败并不意味着浪费时间和生命，却往往意味着你又有理由拥有新的时间和生命了。

132.历史本身不会重复，重复只出现在历史学家之间。

133.行为者常常不如评论者高明，但评论者往往没有行动。

134.当有人到处议论你不如他的时候，那你就一定在某些方面比他更成功。

135.身不善之患，毋患人莫己知。

136.多言而不当，不如其寡也；博学而不自反，必有邪。

137. 强而骄者损其强，弱而骄者亟死亡。

138. 道德当身，故不以物惑。

139. 节欲之道，万物不害。

140. 至诚做人，守信做事。

141. 达观做人，豁达做领导。

142. 顺势做人，顺变做领导。

143. 勤勉做事，实干领导。

144. 目标不是等来的，成功不是想来的；说一万句不如行动一步，想得美不如干得好；勤奋者天酬之，实干者业必成。

145. 事于和睦，力于团结。

146. 只有定出期限，做好计划，才能掌握时间。

147. 失信于下属是对下属的最大伤害。

148. 有效率的领导能将复杂的东西变得易懂而直截了当；精明的领导者善于把复杂的过程简单化，把简单化的东西量化。

149. 通过行动来赢得胜利，而不是辩论。

150. 不要与不快乐和不幸运的人为伍。

151. 行为与语言不要标新立异，想法可以。

152. 要变革，但不要一次变革太多。

153. 不要让胜利冲昏你的头脑而不切实际。

154. "行百里者半九十"，"为山九仞不能功亏一篑"；当成功离自己越近的时候，就意味着越要持续用功，加倍努力，决不能虎头蛇尾。

155. 为政不可有巧宦之心，不可长虎狼之欲，不可用巧诈之术。

156. 改进作风的过程，既是解决问题、推动工作的过程，也是锤炼党性、提高素质的过程。

157. 在其位不谋其政，留下的是无人履责；不求有功但求无过，贻误的是发展良机；当作为而不作为，丧失的是群众信任；有令不行有禁不止，瓦解的是执政根基。

158.清风凉自林谷出，廉洁源从自律来。

159.百姓大害，莫甚于贪官蠹吏。

160.贪而弃义，必为祸阶。

161.做事，勤为径；做人，善为本；做官，廉为先。

162.廉者，思无邪；勤者，事有成。

163.任何腐败都来自内部。

164.吏肃惟遵法，官清不爱钱。

165.官清民自安。

166.官大有险，树大招风。

167.不要小看任何人，特别是那些老实人，因为他们有意想不到的力量和隐秘绝招。

168.无论人前还是人后，不要把话说尽，是待人的一个最起码的素养和尊重。

169.不要拿自己的标准要求别人，理解很重要。

170.与人交流合作一定要学会换位思考。

171.从某种程度上说，发怒就是对别人承认自己的错误或者源于对事件的无力感；只有冷静，没有什么比冷静更能挫败愤怒了。

172.过分计较自己利益的习惯会成为自己事业的阻力。

173.以平等的观点看待他人有利于你从容地做事。

174.吹牛、自负、自夸自大、倨傲等等，这些实际上是对未能成功或者彻底失败心态的一种掩饰。

175.应当养成广泛阅读兴趣，只有这样才能扩大自己的视野，深化自己的人生观，同时培养开放的态度。

176.提问可以将你引向谦虚的学习和理性的分析，也可以将你引向傲慢的批判。

177. 合作的基础在于共赢。

178. 有想法是好事，但不能只停留在想的阶段。

179. 别只会埋头干活，还要学会思考。

180. 会思考的人，往往才真正拥有未来。

181. 别被情绪牵着鼻子走。

182. 不要只因别人的言论，就打乱了自己的计划；选择好要走的路，走好自己选择的路。

183. 不管对人还是对事，都别过早下结论。

184. 做一个善良的人，但别软弱。

185. 只有当善良遇见善良，才是人间最美好的邂逅。

186. 一直在做"应该做的事"和"不得不做的事"，而不去做"想做的事"，是在逃避"创造自我人生"的责任。

187. 生存，就是逆流而上的行为。

188. 世界上没有什么东西是本来存在的，一切都是创造出来的。

189. 满嘴"无欲无求"的人，其实往往是最贪婪的。

190. 只想证明自己正确的人，不会替别人着想。

191. 能够重视自己内心感受的人，也能够体谅别人的感受。

192. 过分的自尊，其实是自卑。

193. 无论心情舒畅，还是情绪抑郁，都不要沉溺太久。

194. 紧张是无法消除的，因为这是必要的反应。

195. 仅有知识不能代表理智。

196. 尽可能多读书，阅读能提高你的知识储备，增强你的语言能力和想象力，受益良多。

197. 不要匆匆忙忙过日子，活在当下。

198. 养成积极生活的态度，培养幽默感。

199. 别人的成功模式可作为一种指引，让你有方向可循。

200. 做事切勿率性而为，率性而为只会害了自己。

201. 以用心的作为推动否极泰来；坚持住，发奋向上，积累潜质。

202. 放下架子，路就会越走越宽；架子只会捆住你的手脚。

203. 做人中规中矩，就会赢得他人的尊重和信赖。

204. 把敬业变成习惯，从长期看是为了自己。

205. 不尊重人最容易伤害到他人的自尊心，这样就等于在双方之间设了一道高墙，掘了一道鸿沟，给配合工作造成障碍。

206. 拿着同级当上级，拿着下级当同级，拿着群众当兄弟。

207. 与上级打交道，首先要想一想自己是否最大限度地配合了上级的工作，是否完成了领导布置的各项任务，是否在实际工作中起到了带头作用。

208. 与同级打交道，首先要想一想是否为对方的工作创造了自己应该提供的服务条件，是否由于自己要求过度给对方工作造成了困难，自己能够做些什么，去努力帮助别人完成任务。

209. 与下级打交道，首先要想一想怎样帮助下级解决困难，是不是理解了下级的苦衷，是不是调动了下级的积极性，等等。

210. 多琢磨事，少琢磨人。

211. 多向前看，少往后看。

212. 多当面说，少在背后议。

213. 多换位思考，少本位至上。

214. 多补台，少拆台。

215. 多理解，少指责。

216. 多揽过，少争功。

217. 举止切忌失风度，为人切忌耍手腕。

218. 诤友忠告忌积怨，批评他人忌简单。

219. 做事切忌失原则，办事切忌太死板。

220. 未定之事忌许愿，已定之事忌拖延。

221. 不相信那些一见了你就夸奖歌颂个没完没了的人。

222. 绝对不布置安排一些人去搜集旁人背后说了你些什么。

223. 不在背后议论张长李短。

224. 在人际关系中永远不考虑从中捞取什么。

225. 只有不断地精进自己，才能赢得发展的契机。

226. 对上级尊重，但不盲从；与同级同舟共济，不嫉妒；对部属关心爱护，一视同仁，一碗水不端平。

227. 非办不可的事，速办；可办可不办的事，早办；实在办不到的事，丢开。

228. "将军赶路，不赶小兔"；时间有限，要分清主次，集中精力抓重要的事情。

229. 遇事要考虑需要和可能、决心和条件、动机和效果，切记一句话"欲速则不达"。

230. 一次只做一件事，心无旁骛地专心做一件事情，活在当下，你则自在，做起事情才会高效。

231. 依己之力可独，聚众人之力可大。

232. 人不安，勿话扰。

233. 做事不认真，事情自然不能做好；做人常计较，就没有好人缘。

234. 创新驱动，打造新引擎；改革促动，激发新活力；开放带动，拓展新空间。

235. 为官要善为，"法"字当头做功课；为官要敢为，"干"字为要抓效率；为官要有为，"好"字为纲惠民生。

236. 回顾过去，既有成绩，也有问题；立足当前，既有压力，也有机遇；展望未来，既有动力，也有信心。

237. 一切向前走，都不能忘记走过的路；走得再远，走到再光辉的未来，也不能忘记走过的过去，不能忘记为什么出发。

238. 最艰难的成功，不是超越别人，而是战胜自己；最可贵的坚持，不是历练磨难，而是保持初心。

239. 没有远大的理想，不是合格的共产党员；离开现实工作而空谈远大理想，也不是合格的共产党员。

240. 合格党员永远在路上，只有进行时，做合格党员是共产党员的终身课题。

241. 生命可以透支，使命却不能欠账；共产党员忘记使命，生命便不成生命。

242. 组织上入党只有一生一次，但思想上入党是一生一世，必须活到老、学到老、改造到老。

243. 说一千道一万，让群众幸福满意是关键。

244. 共产党人接受批评和监督天经地义，领导干部尤其如此，千万"不能职务高了就说不得、碰不得"。

245. "马上就办"的亮点在"马上"，不拖不推；核心在"就办"，不是不办。

246. 气正，才能事顺。

247. 立德坚定不移，养德锲而不舍，不弃细小，点滴养成。

248. 接地气，才能有底气；转作风，才能树新风。

249. 教育不是万能的，但是离开教育是万万不能的。

250. 向上向善的正能量，不是说来就来，说有就有的，它需要无数有责任感、有良知的普通大众的不断累积、长期坚持。

251. 机遇对于有准备的头脑有特别的亲和力。

252. 真正能让你倒下的，不是对手，而是你绝望的内心。

253. 人生就像骑单车，想保持平衡就得往前走。

254. 冰冻三尺，非一日之寒。

255. 健康的身体是实现目标的基石。

256. 与积极的人在一起，可以让自己情绪高昂。

257. 世界观决定了一个人的思想境界；人生观决定了一个人的人生追求；价值观决定了一个人的行为准则。

258. 人有了信念和追求就能忍受一切艰苦，适应一切环境。

259. 成大事不在于力量多少，而在能坚持多久。

260. 如果刀刃怕伤了自己而不与磨刀石接触，就永远不会锋利。

261. 无论才能知识多么卓著，如果缺乏热情，则无异画饼充饥，无补于事。

262. 外在压力增加时，就应增强内在的动力。

263. 要克服生活的焦虑和沮丧，得先学会做自己的主人。

264. 本来无望的事，大胆尝试，往往能成功。

265. 务实才能落实，高效才能长效。

266. 常翻民生小账本，做好服务大文章。

267. 精神永不过时，传承永在路上。

268. 要求不能一提一撂，落实更不是一抓就灵，必须反复提、经常抓。

269. 革命理想高于天，党性修养保先进。

270. 没有问题的思维，是肤浅的思维、被动的思维。

271. 走自己的路，才能走得更远。

272. 干部担当作为，既要干在当下，更要立足长远，利在长远。

273. 党员就是奉献，干部就是责任，领导就是服务。

274. 小事不抓，大事难成；小节不管，气节难保。

275. 组织上有了亲情关爱，党员干部自然会感悟在心、感动在情，进而增强在党意识，切实做到在党言党、在党爱党、在党忧党、在党兴党。

276. 落地是生根的基础，落实是发展的前提。

277. 严规矩更要严执行，实要求尤须实行动。

278. 不愿担责就不该当领导，不会担责就不能当领导，不敢担责就不配当领导。

279. 狂妄自大、滥用职权、自我标榜，只能是"盲人摸象"自欺欺人，等待自己的也只有道德的审判、法律的严惩、人民的唾弃。

280. 好干部是管理监督出来的，严责任也是管理监督出来的。

281. 责任不能停留在口头上落实，问题不能停留在纸面上解决。

282. 风正好扬帆，色纯好作画。

283. 千担当，万担当，不真履责就是没有担当。

284. 领导、领导，关键在"领"与"导"，这其中既有能力素质方面的要求，更有艺术技巧方面的积累。

285. 勿轻小事，小隙沉舟；勿轻小物，小虫毒身。

286. 成绩不说跑不掉，问题不提不得了；做工作、干事业，既要努力取得成绩，创造业绩，更要不回避问题，尤其不能回避"具体问题"。

287. 光有为民之志，没有过硬的本领，务实的作风，做不好基层工作，特别是做不好千头万绪的群众工作。

288. 开展批评和自我批评的真正目的就是要袒露自己的真实想法，并努力榨出裹在皮袍下面的"小"与"私"来。

289. 干部好不好，群众最清楚；问题真不真，群众最明白；活动实不实，群众最有发言权。

290. 拒绝只表态不表率的不良作风，以身作则，勇于担当，一抓到底，才能见到实效。

291. "脚踏两条船，迟早要翻船"，不但不能当官发财，还可能面临牢狱之灾、自毁一生。

292. 一旦理想滑坡，必然在工作上不思进取、无所作为，满足于"做一天和尚撞一天钟"，严重的还会导致腐化堕落。

293. 深入基层才能融入群众，沉入实际才能发现问题。

294. 改革创新，是开弓没有回头箭；跨越发展，也是只有更好没有最好。

295. 一个人不能走好自己的人生路，往往是从第一次"失足"、"走偏"开始的。

296. 要改变命运，首先改变自己。

297. 当你的能力还驾驭不了你的目标时，那你就应该沉下心来历练。

298. 这个世界不是因为你能做什么，而是你该做什么。

299. 积极向上的心态，是成功者的基本要素。

300. 只要路是对的，就不怕路远。

301. 最困难的时候，就是距离成功不远了。

302. 必须在失败中寻找胜利，在绝望中寻求希望。

303. 在真实的生命里，每桩伟业都由信心开始，并由信心跨出第一步。

304. 不为模糊不清的未来担忧，只为清清楚楚的现在努力。

305. 伟大的事业不是靠力气、速度和身体的敏捷完成的，而是靠性格、意志和知识的力量完成的。

306. 永不言败是追求者的最佳品格。

307. 如果你盼望明天，那必须先脚踏现实；如果你希望辉煌，那么你须脚不停步。

308. 再长的路，一步步也能走完；再短的路，不迈开双脚也无法到达。

309. 没有礁石，就没有美丽的浪花；没有挫折，就没有壮丽的人生。

310. 微笑比皱眉好看，请求比呵斥自然。

311. 记住该记住的，忘记该忘记的；改变能改变的，接受不能改变的。

312. 成功的关键不是努力去拷贝别人的特色方式，而是学习如何发掘你自己独特的潜质。

313. 当一个小小的心念变成行为时，便能成为习惯；从而形成性格，而性格就决定你一生的成败。

314. 怒是猛虎，欲是深渊。

315. 忠信难克，坚贞不移。

316. 不息身方健，无私心自宽。

317. 不矜威益重，无私功自高。

318. 砺勤以养志，持简而修身。

319. 名利淡如水，事业重如山。

320. 明耻志始立，知怒身方进。

321. 升高必自下，谨始惟其终。

322. 事业由凡始，道德在躬行。

323. 虑心成大器，劲节见奇才。

324. 抑人是自抑，扬人其自扬。

325. 有容德乃大，无私主自安。

326. 甩开膀子干活，夹起尾巴做人。

327. 端正心态干事，挺直腰板做人。

328. 骄傲来自浅薄，狂妄出于无知。

329. 高瞻远瞩公仆志，作假弄虚政客风。

330. 根深不怕风摇动，树正何愁月影斜。

331. 事有利弊多权衡，物持正反勿偏激。

332. 万事尽从忙里错，一心须向静中安。

333. 心期过望无奈多，人怀淡泊失意少。

334. 心性常磨持中正，行止时戒秉操守。

335. 有关家国书常读，无益身心事莫为。

336. 敬守此心则心定，敛抑其气则气平。

337. 下手处是自强不息，成就处是至诚无妄。

338. 至善和谐弦歌不辍，亲民廉政众口皆碑。

339. 俭可助廉勤可补拙，恭以持己恕以待人。

340. 有能力不会出风头，无知识才好摆架子。

341. 玩人丧德，玩物丧志；多见缺殆，多闻缺疑。

342. 老老实实做人此为真理，勤勤恳恳工作乃是正道。

343. 克去私心当如斩钉截铁，养成静性要似止水澄波。

344. 两袖清风，耿耿丹心报国；一身正气，铮铮铁骨为民。

345. 为官半纸空文何须作威作福，做人一世得失宜当戒骄戒躁。

346. 无贪心无私心心存清白真快乐，不寻事不怕事留余地自逍遥。

347. 权为民用，纵然是清风两袖，自当流芳百世传佳话；利于己谋，即便有豪宅千顷，也会遗臭万年殃后天。

348. 如果你竭尽全力，你就没有时间担心失败。

349. 这个世界上没有不带伤的人，真正能治愈自己的，只有自己。

350. 真理是时间的产物，而不是权威的产物。

351. 人最难做的是始终如一，而最易做的是变幻无常。

352. 维持现状意味着空耗你的努力和生命。

353. 若不趁起风时扬帆，船是不会前进的。

354. 有为人的气节，必有为文的气节。

355. 意志在于磨炼，成功在于坚持。

356. 凡在小事上对于真理持轻率态度的人，在大事上也是不可信任的。

357. 从政贵在自律，自律才能保廉。

358. 无自愧则无良知，无良知则无以为人。

359. 为人处世知羞耻，才会不失人格；为官从政知惭愧，才会不辱使命。

360. 手中权力人民给，为民服务莫怕累；若无人民岂能活，来自人民莫作恶。

361. 心里装着群众，民声托起你；心里只有自己，民怨淹没你。

362. 历览古今多少官，成由清廉败由贪。

363. 为官者要有大志气，不可有小志气；个人升官发财是小志气，为国为民奋斗才是大志气。

364. 清廉是清廉者高尚人格的徽章，贪婪是贪婪者疯狂自掘的坟墓。

365. 路上行人口似碑，何需费心镌顽石；心中装着人民的人，人民自然会把他永远铭记在心。

366. 对惩罚的恐惧是避免错误的最好清醒剂。

367. 保持一份恐惧，就拥有一份珍重。

368. 没有限制的自由，只能是无所不为；失去监督的权力，必然导致胡作非为。

369. 有德无才贻误事业，有才无德祸害事业，无德无才阻碍事业，德才兼备成就事业。

370. 侥幸，是产生罪恶的祸根；侥幸，是步入歧途的跳板。

371. 侥幸是用一生的幸福来赌一时的幸运。

372. 心存侥幸的人，往往幸运一时，不幸一世。

373. 一切所谓善的东西都是在不知不觉中积累的，一切所谓恶的东西也都是在悄无声息中养就的。

374. 私欲膨胀，就会畏首畏尾；一心为公，自然刚正不阿。

375. 当权力异化为发财的手段时，当贪婪成为一种普遍的大众心理时，便不仅仅是政治的腐败，而且是精神的堕落了。

376. 你发怒一分钟，便失去 60 秒的幸福。

377. 活着的目的不在于永远活着，而在于永远活出自己。

378. 怀才就像怀孕，时间久了才能让人看出来。

379. 脾气来了，福气就走了。

380. 山高高不过肩膀，路远远不过脚步。

381. 宽宏大量是做领导的前提。

382. 感情如柔水，却能无坚不摧。

383. 竞争能快速高效地激发士气。

384. 人无法成功的原因只有两个：懒惰和惧怕。

385. 一等人创造环境，二等人跟随环境，三等人抱怨环境。

386. 凡事皆正面，能量永不减。

387. 要在比较顺利的时候居安思危、头脑清醒，始终保持一种如临深渊、如履薄冰的清醒和谨慎；要在经受挫折的时候，坚定信心，看到光明，不气馁、不悲观，始终保持旺盛的精力与勇气。

388. 目标会让人看清使命，营造价值感，带来激励，让人产生积极的心态。

389. 目标让人聚焦精力，分清轻重缓急，把握工作重点，而不被琐事淹没。

390. 计划只是执行的前提，而行动才是执行的真谛，如果计划不能通过行动去实践与总结，任何完美的计划都只能是一个永不能实现的童话。

391. 勇敢并非任性而为。

392. 做到心有所畏，行有所止，不碰线，不越雷池。

393. 从自身做起，勇于自我革命，真正做到打铁必须自身硬。

394. 夯实政治纪律的"压舱石"，把政治纪律和政治规矩铭记于心、实践于行。

395. 以牢固的公仆意识践行初心，永远铭记人民是共产党人的衣食父母，共产党人是人民的勤务员。

396. 行事不可任心，说话不可任口。

397. 事以急败，恩因缓得。

398. 自修之道莫难于养心。

399. 艰苦则筋骨渐强，娇养则精力愈弱。

400. 受非分之情，恐办非分之事。

401. 聪明外露者德薄，词华太盛者福浅。

402. 无实而享大名者必有奇祸。

403. 要与世间撑持事业，须先立定脚跟始得。

404. 善观人者观己，善观己者观心。

405. 事前加慎，事后不悔。

406. 凡行公事，须深谋远虑。

407. 省事是清心之法，读书是省事之法。

408. 既有定识，又有定力。

409. 思与学不可偏废。

410. 越自尊大，越见器小。

411. 知足天地宽。

412. 以能立能达为体，以不怨不尤为用。

413. 口腹不节，致疾之因；念虑不正，杀身之本。

414. 处有事当如无事，处大事当如小事。

415. 人之精神不可无所寄。

416. 世间最珍贵的不是"得不到"和"已失去"，而是现在能把握的幸福。

417. 认识自己的无知就是最大的智慧。

418. 祸兮福所倚，福兮祸所伏。

419. 热爱导致成功，热爱燃起激情，热爱激发灵感，热爱陶冶人格，热爱获得天助。

420. 工作能够锻炼人性、磨砺心志，工作是人生最尊贵、最重要、最有价值的行为。

421. 思善、行善，保持谦虚的态度，不断反省才能修正轨道，勇往直前。

422. 要想做出成绩，首先要运用自己坚强的意志去喜欢工作，除此之外别无他法。

423. 对上，不卑不亢；对下，不远不近。

424. 不面誉以求亲，不愉悦以苟合。

425. 不交诌媚逢迎之友，不交阳奉阴违之友，不交花言巧语之友。

426. 在利益和金钱之间，安全才是第一位。

427. 一个人能承担多大的责任，就能取得多大的成功。

428. 功劳，不贪不占；责任，不推不扯。

429. 不要太快，欲速则不达；不要太慢，慢工被人轻。

430. 干好工作，唯有严谨细致；获得信任，唯有一丝不苟。

431. 骤然临之而不惊，这是气度；无故加之而不怒，这是涵养。

432. 遇到突发事件，不要手忙脚乱，那样只会徒增笑柄；逢上困难挫折，不要一筹莫展，否则被人轻贱。

433. 面对荣誉要淡定，不骄；遇上忧烦要放下，不躁。

434. 真正的民主并不是没有约束，没有制度的最大受害者是好人。

435. 复杂的问题应该简单化，简单的问题更应该简单化。

436. 成见不可有，远见不可无。

437. 与人相处，最高明的智慧是心无成见；成就自我，最重要的品质是远见明察。

438. 面对眼前的困难，试着换个时间、换个角度去思考，也许能减少你现在的忧虑。

439. 别吝啬夸奖，也别放弃表达愤怒的权利。

440. 不开不合时宜的玩笑。

441. 学会适时自嘲。

442. 在没有得到确切答案之前不要轻易妄断。

443. 将心比心，或者说有同理心。

444. 真诚是沟通心灵的唯一道路。

445. 沉住气，成大器。

446. 顺境时，多一份思索；逆境时，多一份勇气；成功时，多一份淡然；彷徨时，多一份信念。

447. 看长处，容短处，想大处，思深处，虑远处，寻同处，处处和谐相处。

448. 发现人才是水平，培育人才是己任，用好人才是能力。

449. 少说话往往会更威严，不揽权往往会更有权，无亲疏往往会更亲密，勤交心往往会更同心。

450. 讲党性，走好阳关大道；讲原则，摒弃庸俗之道；讲正气，反对歪门邪道。

451. 多射几箭就能中靶。

452. "不可能"的事做起来最顺当。

453. 以积极的心态应付不利环境。

454. 依靠忍耐度过困难时期。

455. 不抱不切实际的幻想。

456. 不可与污秽者为伍。

457. 八分的紧张和二分的松弛。

458. 做最有必要的事情。

459. 怀疑比盲目信仰更值得肯定。

460. 学习是一生的课堂。

461. 一个人倘若需要从思想中得到快乐，那么他的第一个欲望就是学习。

462. 读书没有合宜的时间和地点；一个人有读书的心境时，随便什么地方都可以读书。

463. 世上无难事，只怕有心人。

464. 一个人只要有意志力，就能超越他的环境。

465. 认识自己的无知是认识世界的最可靠的方法。

466. 表扬一个人最好用公文，批评一个人尽量用电话。

467. 人生的选择决定一切。

468. 每项事业成功都离不开选择，而只有不同寻常的选择才会获取不同寻常的成功。

469. 成功的轨迹作为一种策略路线，从一开始就应该走上正轨。

470. 孜孜以求进步的精神，是一个人的优秀的标记与胜利的征兆。

471. 自在不当官，当官不自在。

472. 行动不一定带来快乐，而无行动则绝无快乐。

473. 过错是偶尔的失误，但错过却是永远的遗憾。

474. 逆境中，力挽狂澜使强者更强，随波逐流使弱者更弱。

475. 把困难举在头上，它就是灭顶石；把困难踩在脚下，它就是垫脚石。

476. 要领导好别人，首先要领导好自己。

477. 管理就是激发人的潜能，以赢得目标。

478. 上之所好，下必随之。

479. 隐患险于明火，防范胜于救灾。

480. 让思想丰富，让心灵纯净。

481. 能看到别人的错误，是清；能看到自己的错误，是醒；能够承认自己的错误，是坦；能够改正自己的错误，是诚。

482. 目中无人，让你一败涂地。

483. 只有养成自己的兴趣，内心才有执着的追求。

484. 政通人和，百废俱兴。

485. 为上能自爱，群属必畏钳。

486. 不信而任事，则事反；不仁而御众，则众殃。

487. 计疑无定事，事疑无成功。

488. 忌做"昏官"、"贪官"、"懒官"、"庸官"、"软官"。

489. 韬略是为了正义而诞生的，再好的韬略如果是为了谋取私利，或者发心不正，其最终都会众叛亲离、走火入魔，甚者被落井下石、遗臭万年。

490. 知过非难，改过为难；言善非难，行善为难。

491. 责其所难，则其易者不劳而正；补其所短，则其长者不功而遂。

492. 骄奢生于富贵，祸乱生于疏忽。

493. 闻其过者，过日消而福臻；闻其誉者，誉日损而祸至。

494. 明者，消祸于未萌。

495. 对做不到位的执行问题，要发掘它们的根本症结。

496. 做什么事情都要养成有条不紊和井然有序的习惯。

497. 自己要随时随地对有所不足的地方补位。

498. 虚实结合，无往不利。

499. 看问题时能不能站在更高的层面上去看，处理事情时是不是抓住了主要矛盾，这就是掌控大局的能力。

500. 有成功的愿望，才能获得成功。

501. 忧虑是健康的大敌。

502. 不要活在昨天的圆圈中。

503. 只有懂得取舍，才能让自己活到正确的位置上。

504. 喜怒不形于声，大事淡然，有自己的底线。

505. 用脑思考，用心琢磨，用行动证实。

506. 乌云的背后是阳光，阳光的背后是彩虹。

507. 永远成功的秘密，就是每天淘汰自己。

508. 障碍与失败，是通往成功最稳靠的踏脚石；肯研究、利用它们，便能从失败中培养出成功。

509. 微笑是我们心灵的最真诚倾诉，是在困难面前最好的良药。

510. 没有哪种教育能及得上逆境。

511. 人的活动如果没有理想的鼓舞，就会变得空虚而渺小。

512. 真正能走过风雨的，唯热爱与坚守。

513. 绝望的时候抬头看着希望的光芒其实一直存在。

514. 得之坦然，失之淡然，顺其自然，争其必然。

515. 时间是治疗心灵创伤的大师，但绝不是解决问题的高手。

516. 不逼一下自己，永远不知道自己有多优秀。

517. 苦到极处回甘，冰到极处回温。

518. 人的成长，在于学习，也在于经历。

519. 人的修养，在于领悟，也在于静修。

520. 时间，抓起了就是黄金，虚度了就是流水；书，看了就是知识，没看就是废纸。

521. 立长志不要常立志。

522. 昂扬不要张扬。

523. 自信不要自负。

524. 自信是成功的起步，自负是成功的止步。

525. 自信是英雄的本质，自负是愚人的特征。

526. 优秀不要优越。

527. 出成绩才能出形象，创一流方是真优秀。

528. 能吃苦不要怕吃亏。

529. 要严谨不要拘谨。

530. 要"蹲苗"不要去"拔苗"。

531. 要有书卷气不要有书生气。

532. 时间就是性命，无端的空耗别人的时间，其实是无异于谋财害命。

533. 人间不会有单纯的快乐，快乐总夹杂着烦恼和忧虑，人间也没有永远。

534. 有缺点的战士终究是战士，宝贵的苍蝇也终究不过是苍蝇。

535. 杀了现在，也便杀了将来。

536. 低头要有勇气，抬头要有底气。

537. 唯沉默是最高的轻蔑。

538. 把人生一分为二，前半生不犹豫，后半生不后悔。

539. 人间没有永恒的夜晚，世界没有永恒的冬天。

540. 人生天地之间，若白驹之过隙，忽然而已。

541. 路是脚踏出来的，历史是人写出来的，人的每一步行动都在书写自己的历史。

542. 不受天磨非好汉，不遭人妒是庸才。

543. 有了信仰，人生才有价值。

544. 学习必须如蜜蜂一样，采过许多花，这才能酿出蜜来。

545. 真的猛士，敢于直面惨淡的人生，敢于正视淋漓的鲜血。

546. 修身——锻炼自身，是做人最根本的要求。

547. 懒惰也是天生的，勤奋需自己努力，一放松就懒了。

548. 繁杂的问题简单化表述，专业的问题形象化表述。

549. 建功不贪功，有功不居功。

550. 大是大非不含糊，个人名利不计较。

551. 以奋斗为通行证，用素质作介绍信。

552. 用奋斗定义人生价值，在奔跑中抵达新的远方。

553. 呼唤只争朝夕的行动者，需要就就业业的实干家。

554. 杜绝思想上的跑冒滴漏，杜绝行为上的出轨越界。

555. 蓄积"创新不止步"的气儿，积聚"上下而求索"的劲儿。

556. 把零星的时间焊接起来，让点滴的领悟系统起来。

557. 把好用人导向"方向盘"，用好评价标准"指挥棒"。

558. 在思想上形成"一盘棋"，在行动上拧成"一股绳"。

559. 思想阻力是最大的阻力，观念障碍是最大的障碍。

560. 事辍者无功，耕怠者无获。

561. 有内涵才有"里子"，有境界才有面子。

562. 舟必漏而后入水，土必湿而后生苔。

563. 廉则幸福美满百世流芳，腐则功亏一篑遗臭万年。

564. 用规矩挡住人情风，用纪律净化"朋友圈"。

565. 改变，永远不嫌晚。

566. 做人不成功，成功是暂时的；做人成功，不成功也是暂时的。

567. 优秀是一种习惯，生命是一种过程，放弃是一种智慧，缺陷是一种恩惠，笑而不语是一种豁达，痛而不言是一种修养。

568. 一条直线是达到终点最短的路线，简单成就真实，真实导向美丽。

569. 苦难是一笔财富，它会锤炼人的意志，使人获得生活的真谛。

570. 不管天气怎样，给自己的世界一片晴朗；不管季节变换，让自己的内心鸟语花香。

571. 每天的太阳都是新的，不要辜负了美好的时光。

572. 在做人上，精明不敌气度；在做事上，速度不敌精度；在交友上，较真不敌大度。

573. 苦才是人生，痛才是经历，累才是工作，忍才是历练，容才是智慧，静才是修养，舍才是得到，放才是拥有。

574. 潇洒大度地告别过去，只争朝夕地活在当下，淡定从容地迎接未来。

575. 看山神静，观海心阔，心平体和，知足常乐。

576. 低头有坚定的脚步，抬头有清晰的远方。

577. 一个人，精明能干也好，才华出众也好，但如果没有诚信，那就什么都不如。

578. 一个人，只有懂得人生的无常，才不会太张扬。

579. 心情不好时，当需涵养；心情愉快时，当需沉潜。

580. 世界上有一种生意是永远亏本，那就是发脾气。

581. 遇到棘手烦乱的事，要保持一个平静祥和的心态。

582. 闻事不喜不惊，可以当大事。

583. 遇难不避不畏，可以担重任。

584. 做人不浮不躁，可以固根本。

585. 永远不要离开自己的优势、自己的长处，注意充分发挥自己的长处，以不变应万变，才能如鱼得水、顺风顺水、无往不胜。

586. 成熟与年龄无关，而是一种人生领悟。

587. 困难和挫折会使自己变得成熟和聪明，正是要不断地在失败中吸取经验，才能够到达成功的彼岸。

588. 人有情绪是正常的；有情绪是本能，能控制是本领。

589. 消除消极悲观的心态，时刻保持积极乐观向上的心态，加强自身的修养。

590. 一个人的经验是要在艰难中得到的，也只有岁月的磨炼才能够使它成熟。

591. 光说不练假把式，光练不说真把式，连说带练全把式。

592. 香花不一定好看，会说不一定能干。

593. 吃人家的嘴短，拿人家的手软。

594. 留得青山在，不怕没柴烧。

595. 人靠心好，树靠根牢。

596. 不挑担子不知重，不走长路不知远。

597. 人不可貌相，海水不可斗量。

598. 有多大的脚，穿多大的鞋。

599. 没有强烈的愿望，就没有实现目标的强烈动力。

600. 贪得无厌的人，最后的结果将会是一无所有。

601. 只要能健康地活着，你就能得到你想拥有的一切。

602. 相信自己，就会拥有自己的成就与幸福。

603. 只要自己不看轻自己，别人就不敢小瞧你；在任何时候都要保持自己的尊严。

604. 只有有自知之明，才不至于迷失方向。

605. 有多大的能耐就做多大的事，千万不要好高骛远，狂妄自大。

606. 敢于正视自身的缺点并能认真加以改进的人，一定会有出息的。

607. 信心的基础是能力，当能力达到了一定程度，信心也会随之而来。

608. 见多识广的人越懂得谦虚更能自知，而见识愈短浅的人反而愈盲目自大。

609. 秉持本色，才有平安快乐的生活。

610. 罪恶感会摧毁一个人的信心，有良知的人在任何情况下，都不要做出违背良知的事。

611. 只有积蓄实力，做好准备，在时机成熟的时候，才会抓住机会，一鸣惊人地干出一番大事来。

612. 永远不轻易放弃能把握住的机会，坚持就有希望。

613. 做事情要有预见性，才能把握住好的机会或是避免灾祸。

614. 专注于眼前的事情，比胡思乱想尚未发生的事要重要得多。

615. 解决问题不能只凭惯性思维，有时换个角度思考，会让你找到新的机会。

616. 只有与众不同的想法，才能有与众不同的机会，得到与众不同的收获。

617. 目标坚定是好事，但也不能为了遥不可及的目标丧失其他的机会。

618. 如果整天想着不属于你的机会，你的生活将会很痛苦。

619. 行动胜于言论，判断一个人是否有能力，要看他的行动而非言论。

620. 拖拉的行动会让你丧失机会。

621. 方向是行动的指南，没有或迷失了方向，做事情就很难成功。

622. 在做事之前，必须有正确的判断；盲目地行动只会导致失败。

623. 做事要果断，才能够获得成功；如果犹豫不决，就会错过行动的时机。

624. 想成就大事，就要冒一点风险；风险愈大，机会愈大。

625. 面对危险或貌似强大的敌人时，越是害怕越是陷入危险中，无所畏惧才会有解决之道。

626. 一味地固执己见，不知自省，会使你离最终的目标越来越远。

627. 日积月累的行动，才能耕耘出甜美的成果；急于求成，只会一无所获。

628. 做事情若靠蛮力，而不懂得运用技巧，效果就会大打折扣。

629. 不同的事物要用不同的方法去对待，行为一旦成了习惯，思维就容易僵化。

630. 对自己不懂或不擅长的事情，在行动之前一定要问清楚，不能盲目瞎干。

631. 时时用对成功的渴望来激励自己，就会有足够的行动力去战胜困难到达成功的彼岸。

632. 缺乏自制会对生活造成严重的破坏，甚至更为可怕的损害人的品质。

633. 胡乱猜疑，只会给自己带来恶果，学会信任才会带来幸福。

634. 对于尚未发生的事情而陷入无休止的忧虑之中，对事情毫无帮助，反而为自己平添了烦恼。

635. 阿谀的箭最能射中虚荣的心，而虚荣会让你失去应得的东西。

636. "以眼还眼，以牙还牙"的处事方式只能激化矛盾，使仇恨越积越深；只有宽宏大量，以德报怨，反而能使矛盾缓解，使事态变好。

637. 如果说话不讲究技巧，是很容易得罪人的，好事也会变成坏事。

638. 把自己当成最聪明的人，往往是最笨的。

639. 今天的结果是昨天的付出决定的，昨天能否愿意付出，是前天的态度决定的。

640. 要成功就一定要有使命感和责任感。

641. 保持真诚，用积极主动的情绪才会真正感染别人。

642. 三思而行，思考的过程其实也是执行的一部分，思考的价值远比简单的执行要来得重要，因为思考是智慧的表现。

643. 勤能补拙，最愚蠢最忌讳的就是在自己能力不及之处，还要瞎掺和，不仅露短还招人嫌。

644. 志小则易足，易足则无由进。

645. 单者易折，众则难摧。

646. 临难毋苟免。

647. 知而好问者圣，勇而好问者胜。

648. 不入虎穴，不得虎子。

649. 行成于思，毁于随。

650. 学贵得师，亦贵得友。

651. 乐不可极，极乐成哀；欲不可纵，纵欲成灾。

652. 终日乾乾，与时偕行。

653. 由俭入奢易，由奢入俭难。

654. 惟俭可以助廉，惟恕可以成德。

655. 以公灭私，民其允怀。

656. 公正无私，一言而万民齐。

657. 奉公如法则上下平。

658. 临官莫如平，临财莫如廉。

659. 鞠躬尽瘁，死而后已。

660. 有公心必有公道，有公道必有公制。

661. 临渊羡鱼，不如退而结网。

662. 名必有实，事必有功。

663. 民心如秤，不平则倾。

664. 为仕之道，立德在先，立功在后。

665. 为仕讲究忠直，更要讲究策略。

666. 心静则平，平则智，智则不乱，不乱则不衰。

667. 平庸者无誉无毁，优异者怨谤加身。

668. "舍"便是得，养廉便是护身。

669. 明察的要义，在于审时度势，谋定思动。

670. 察之则明，不察则昏；辨之则明，不辨则昏。

671. 仕途之要义，在于了解上司是否明智，考察下属是否贤能。

672. 善察者见微而知著，人未动而我先知，后发而先制。

673. 知善恶，然后可以任贤良；明时势，然后可以知进退。

674. 有为之人，必深谋之，远虑之。

675. 人之趋利，就像飞蛾扑火；只有智者不以近利失远利。

676. 见不远必谋不深，谋不深必事多舛。

677. 谋定思动，是成功者的基本功。

678. 弱者求形强而愈弱，强者求形弱而愈强。

679. 谋小图大，大祸不远。

680. 忍则自安，不忍则危。

681. 能忍则安，能定则成，静而致远。

682. 进退自如，如闲云野鹤，为人生之至境。

683. 器量和见识乃成功的先决条件；雅量于大志中。

684. 事上以忠，任事以勤，不居功，不二过，明时势，知进退。

685. 为人宜直，行事宜曲。

686. 以恩树德，以严树威，以赏彰功，以罚止过。

687. 赏罚要分明，恩威要并重。

688. 大才大用，小才小用，圣才偏用。

689. 用人之道，识人为先，御使后之。

690. 聪者获捷利，智者远祸害。

691. 世无常衡，富贵难远，利害常变，唯廉简恒久。

692. 事留有余，功而不居，可保长远。

693. 才高谤来，功大毁至；唯智者不以彰显自居。

694. 成大事者，靠见识制定，靠胆识完成。

695. 最高的谋略是攻心，最高的智慧是让人心服。

696. 大为无为，大谋无谋，乃谋之至境。

697. 劝诫的时机，比机智的语言更重要。

698. 时间站在忍者一方，善忍者赢。

699. 既要学会做正确的事，又要学会正确地做事；简单粗暴经常事与愿违，曲径通幽反而会有奇效。

700. 不要便宜总要占、捷径总想抄、好事总有份，懂得"舍"，才会更多的"得"；知道"退"，才能更好地"进"。

701. 人与人的比拼，表面上看拼的是学识、是才华、是能力，背后其实比的是境界、是格局、是品行。

702. 凭良心做事，靠德行立身，用实绩说话，是永远颠扑不破的真理。

703. 少点牢骚，少点抱怨，做事比说事更重要，与其做"祥林嫂"惹人讨厌，不如做"阿庆嫂"讨人喜欢。

704. 不拘小节，必逾大格；贪图小利，必有大失。

705. 没有调查清楚的事，不要轻率下结论；水一旦泼出去，就无法收回，话只要说出口就难以挽回。

706. 每个人都有长处和短处，多看别人的优点，忽略别人的缺点，学人之长补己之短才是王道。

707. 恃才傲物是为人处世的大忌，弯腰是谷穗成熟和饱满的标志，谦虚低调、藏锋守拙才能伸缩自如、进退有据。

708. 战略就是选择，人生就是选择；选择要坚决，舍弃更要坚决。

709. 过程很重要，享受过程中的乐趣很重要；但所有的动作都要指向结果。

710. 信心来源于经验，来源于判断，来源于办法和措施，也来源于决心和努力。

711. 过去的成功有时候是今天失败的原因。

712. 对的观点都平实，精彩的观点都是极端的；别追求观点精彩，要追求人生精彩。

713. 改变你的行动的理想才是真的理想。

714. 没有人可以通过嘲笑别人来获得成功。

715. 人在世上，可以施恩，但不要图报，图报你就会失望。

716. 没有利益动机的交往，才是真正的友谊。

717. 说话伤人，不是直，而是没教养。

718. 小气的人，不会有出息；视野小，世界就小。

719. 好好说话，是幸福人生的基本要素。

720. 你对知识的蔑视，最终都会化成你人生路上大大小小的坑。

721. 越是落后的社会，禁忌就越多。

722. 世上凡是不可持续的事物，都是靠不住的。

723. 生命中真正重要的不是你遭遇了什么，而是你记住了哪些事，又是如何铭记的。

724. 人，有了物质才能生存；人，有了理想才谈得上生活。

725. 凡事需多听但少言；聆听他人之意见，但保留自己之判断。

726. 没有时间磨不掉的记忆，没有死亡治不愈的伤痛。

727. 盲目可以使你增加勇气，因为你看不到什么危险。

728. 一个要教育别人的人，最有效的办法是首先教育好自己。

729. 决不能习惯失败，因为身体的疲惫不是真正的疲惫，精神上的疲惫才是真的疲惫。

730. 生活中唯一真正的安全感来源于：知道自己每一天都在以某种方式进步。

731. 水滴集多成大海，读书集多成学问。

732. 不经历风雨，怎能见彩虹？

733. 勤奋的人是时间的主人，懒惰的人是时间的奴隶。

734. 懒惰出乞丐。

735. 懒人做工作，越懒越费力。

736. 智慧出于勤奋，伟大出自平凡。

737. 贵有恒何必三更眠五更起，最无益只怕一日曝十日寒。

738. 驾驭命运是舵是奋斗；不抱有一丝幻想，不放弃一点机会，不停止一日努力。

739. 勤学如春起之苗，不见其增，日有所长；辍学如磨刀之石，不见其损，日有所亏。

740. 流水不腐，户枢不蠹，民生在勤。

741. 一日读书一日功，一日不读十日空。

742. 比赛必有一胜，苦学必有一成。

743. 学会三天，学好三年。

744. 牛不训不会耕，马不练不能骑。

745. 勤奋和智慧是双胞胎，懒惰和愚蠢是亲兄弟。

746. 勤奋者废寝忘食，懒惰人总没有时间。

747. 玉不琢，不成器；木不雕，不成材；人不学，不知理。

748. 读书破万卷，下笔如有神。

749. 书读百遍，其义自见。

750. 学在苦中求，艺在勤中练。

751. 蜂采百花酿甜蜜，人读群书明真理。

752. 要得惊人艺，须下苦功夫。

753. 熟能生巧，巧能生精。

754. 每一奋发努力的背后，必有加倍的赏赐。

755. 不勤于始，将悔于终。

756. 拳不离手，曲不离口。

757. 努力不懈的人，会在人们失败的地方获得成功。

758. 灵感不过是顽强的劳动而获得的奖赏。

759. 读书勤乃有，不勤腹中虚。

760. 百倍其功，终必有成。

761. 勉之期不止，多获由力耘。

762. 智慧是勤劳的结晶，成就是劳动的化身。

763. 喜欢提拔什么样的人，一般领导也是这类人。

764. 说话时，眼睛对视，对方眼神恍惚游移的，要么有诈要么自卑。

765. 能跟你说别人坏话，那跟别人也能说你的坏话；来说是非者，必是是非人。

766. 成功在于学习一切人的长处。

767.成功一定有代价，失败一定有原因。

768.相信自己是成功的起点。

769.只要你坚持积极的思考，就有解决问题的答案；只要你坚持积极的行动，就有成功的时候。

770.珍惜今天的时间，才能创造美好的明天。

771.做一个有条理的人。

772.一个人的生活过得充实不充实、有没有秩序，主要看这个人是不是一个有条理的人。

773.把最重要的事情标出来，并给以最多的时间完成它。

774.每天有一个固定不受干扰的时间做最有价值的事情。

775.成功与失败的分歧点，就在于是否找到机会并抓牢在手中。

776.人生最重要、最有价值的投资是开发自己的潜能。

777.个性是成功的一笔财富；不要丧失自己的个性，同时你还要充分展现你的个性。

778.阅读是获得知识最好、最直接的途径。

779.阅读一定讲究方法，最好的阅读方法就是先看目录、抓住重点、快速阅读和做下笔记。

780.学会用自我暗示帮助自己突破困境。

781.做一个有影响力的人。

782.永远坚信人类有无限的潜能。

783.高目标、静思、想象是开发潜能的三种手段。

784.做任何事情，只要全力以赴，坚持到底，一定会取得成功。

785.成功是一种追求，就是永远不要满足现在的成就。

786.不要对自己的能力进行任何的自我限制。

787.一个人成功的快慢取决于他的行动力的强度。

788.结果决定一切，所以一定要为目标坚持到底。

789.学会用"利导思维"为自己排忧解难。

790.相信任何坏事的出现都是为了检验自己；相信任何困难的出现都是为了锻炼自己；相信任何失败都是有助于自己取得成功。

791.灵魂如果没有确定目标，它就会丧失自己。

792.想要达成人生目标，一万小时定律是一个绕不过去的坎。

793.最强大的原生力，来自持续的定静。

794.内心不乱为定，杂念不生为静。

795.有身体，才有一切；失去身体，一切都化为零。

796.定静，可以帮助一个人恢复身心平衡，心平气和，身体健康。

797.一个人只有静下来，才能学进东西；只有静下来，才能专注做事，从而有所成就。

798.在持续的定静中，一个人会明白自己的方向，知道自己该做什么，人生之路会越走越顺。

799.好脾气都是磨出来的，坏毛病都是惯出来的，是非都是闲出来的。

800.若无烦事挂心头，便是人间好时节。

801.人不可能把钱带进棺材，但钱可能把人带进棺材。

802.人生最大的错误，是用健康换取身外之物，人生最大的浪费，是用生命解决自己制造的麻烦。

803.最好的医生是自己，最好的药物是时间。

804.屋宽不如心宽，身安不如心安。

805.养成好习惯是储存健康，放纵不良是透支生命。

806.快乐总与宽厚的人相伴，财富总与诚信的人相伴，智慧总与高尚的人相伴，魅力总与幽默的人相伴，健康总与豁达的人相伴。

807.不求是贵，少病是寿，够用是富，无欲是福，感激是喜。

808.做人大度，做事深度，生活适度，生命才有长度。

809.只有胸怀开阔，才能不患得患失，大度的对待人和事，才不会纠结烦恼，人生的路也就会走得更为顺畅。

810.世上千事万事，苦事难事，唯有用心用情做事，下定功夫，深入持久，有始有终，才能把事情做好、做精、做妙。

811.一个视野宽阔眼光远大的人，往往看得开，看得远，看得懂，看得深，看得透，能在某个行业有独到见解，选择便捷的路径，采取巧妙的方法。

812.节制过高过度的欲望，把握规律的生活方式和节奏，有章可循，形成良好的生活习惯和行为方式，就能心康体健，快乐幸福。

813.勇气就是敢作敢为，就是将自信表现在行动中的一种胆识；真正的勇气是一种精神上的勇气，是勇于面临挑战，勇敢行动，不被任何东西打垮的一种气概。

814.一个人怎样掌握自己的命运，比命运是怎样更为重要。

815.不要高估了一年内所能完成的事，而低估了十年之内所能完成的事，人生中重要的是开始，但要取得成就需要一长段的时间。

816.思想决定行为，行为决定命运，要想改变命运，就要改变行为；要想改变行为，先要改变思想。

817.心灵越高贵的人，自尊水准越高的人，才是越随和的人，越容易相处的人。

818.时到花便开。

819.自我中心的人，将困于人生最大的陷阱。

820.过分在意别人的眼光，将丧失自我。

821.骄傲如满月，日渐亏缺；谦虚如新月，日渐圆明。

822.善战者，立于不败之地而战。

823.只有在提高自身素质的基础上参与竞争，这才是明智的选择。

824.缺乏自制力的人，百无一成。

好干部是怎样炼成的

825. 不能设想没有规则的游戏，也不能设想没有控制的言行；只有在规则和规矩的控制下，一切才会美好。

826. 不能超越自己，便无法超越别人。

827. 交友是人生重中之重，关乎一生成败。

828. 送花的人周围满是鲜花，种刺的人身边满是荆棘。

829. 永远不要对任何事情感到后悔，因为它曾是你的选择。

830. 没有足够的器量，便没有做大事的规模。

831. 善于把握人性，才能赢得人心。

832. 独立独行难用世。

833. 反复无常的人，众叛而亲离。

834. 积极万事可为，消极一事无成。

835. 善于借助外力，事业才有支点。

836. 工作专注与事业之成功成正比。

837. 致命的失败，决定于微弱的劣势。

838. 被失败击败，才是真正的失败。

839. 知识经济时代，与辛苦劳作相比，智慧更有含金量。

840. 一条路走到头的人前景黑暗。

841. 做大事不可拘小节。

842. 善战者，必求之于大势。

843. 只有人能把自己的境界提高一个层次，才不会因为近期的抑郁而伤怀。

844. 最后的措手不及是因为当初游刃有余的自己。

845. 时间中没有过去和将来，只有现实的现在。

846. 与其羡慕别人，不如提升自己。

847. 想当一个隔岸观火的人，永远停靠在最安全的位子。

848. 越是期待一件事有好的结果，越应该做好准备去面对不好的一切。

849.人生不像做饭，不能等万事俱备了才下锅。

850.幸福就是活在当下，过去的不想，明天的不愁，随时随地都可以转身、放下。

851.人心也是科学，而且意想不到的深奥。

852.天总会亮的，没有太阳也会亮的。

853.人心只一拳，别把它想得太大；盛下了是非，就盛不下正事。

854.脑子是日用品，不要把它当作装饰品。

855.从绝望中寻找希望。

856.要胜利的唯一的方法永远只是：实力。

857.外圆内方是一种视野，视野决定着境界。

858.相信时间的力量，可以冲淡很多东西。

859.凡事要乐观，遇到挫折或者困难的时候，想开一点，换个角度想一想，坏事也许会变好事。

860.这个世界根本就没有如果，不要再做无谓的期待。

861.没有人会去敬仰一个弱者，强悍会让你变得更加尊严和高贵。

862.害人之心不可有，防人之心不可无。

863.人后说你好话的人，那是真好；背后帮你的人，那是真帮。

864.该实不实，会一辈子后悔；该虚不虚，会后悔一辈子。

865.忍让第一次叫气度，第二次是宽容，第三次就变成了软弱。

866.冲出内心看世界，有一种淡定叫波澜不惊，心的平静便是一种高贵和尊严。

867.用打听来看人，把获得的信息汇总，就可以了解那个人。

868.其实没必要把世间的事看得太明白，分析得太透彻，要从平实的生活中去寻找快乐。

869.这个世界上没有免费的午餐，永远不要走捷径。

870.学会与自己的伤痛和平共处，这就是成长的意义。

871.若是美好，叫作精彩；若是糟糕，叫作经历。

872.今天比明天重要；先把今天的事做好，完成今天的事情永远比构想明天的事更有意义。

873.教训，不仅要从自己身上吸取，还要从别人身上吸取。

874.想要理性地去看待一切，就不要用乞讨的眼光来对待一切，无论任何时候，尊严都是最重要的。

875.计较的太多就成了一种羁绊，迷失的太久便成了一种痛苦。

876.许多潜意识觉得做不来而没去做的事情，都是我们对自己未知潜能的放弃。

877.眼泪不是答案，拼搏才是选择；只有回不去的过去，没有到不了的明天。

878.努力吧，只有站在足够的高度才有资格被仰望。

879.痛苦是性格的催化剂，它使强者更强，弱者更弱，仁者更仁，暴者更暴，智者更智，愚者更愚。

880.忍别人所不能忍的痛，吃别人所不能吃的苦，方能收获别人所得不到的收获。

881.骄傲，是断了引线的风筝，稍纵即逝；自卑，是剪了双翼的飞鸟，难上青天；这两者都是成才的大忌。

882.懦弱的人只会裹足不前，莽撞的人只能引火烧身，只有真正勇敢的人才能所向披靡。

883.只有创造，才是真正的享受；只有拼搏，才是充实的生活。

884.桂冠上的飘带，不是用天才纤维捻制而成的，而是用痛苦、磨难的丝缕纺织出来的。

885.心中装满着自己的看法与想法的人，永远听不见别人的心声。

886.毁灭人只要一句话，培植一个人却要千句话，要多口下留情。

887. 不要在你的智慧中夹杂着傲慢，不要使你的谦虚心缺乏智慧。

888. 能说不能做，不是真智慧。

889. 管住自己的嘴巴，不要谈论自己，更不要议论别人；谈论自己往往容易会自大虚伪，在名不副实中失去自己；议论别人往往陷入鸡毛蒜皮的是非口舌中纠缠不清。

890. 世上最累人的事，莫过于虚伪地过日子，活出真实的自己。

891. 每个人都有孤独的时候，要学会忍受孤独，这样才会成熟起来；不要因为寂寞而乱了方寸，而去做无聊无益的事情，白白浪费了宝贵的时间。

892. 内心强大的人，方能容纳情绪的不安、浮躁、焦虑，处理任何事、作任何决定，都有着自己的节奏和思考，拥有坚定与平静。

893. 读懂了淡定，才算读懂了人生。

894. 当一个人一心一意做好事情的时候，他最终是必然会成功的。

895. 宽容他人对你的冒犯。

896. 不要无缘无故的妒忌。

897. 用最放松的心态对待一切艰难。

898. 以勇气面对人生的巨大悲恸，用耐心对待生活的小小哀伤。

899. 人这一辈子，可能会放弃很多东西，但最可怕的，就是放弃自己。

900. 沉淀，是在宁静中，找到属于自己的位置。

901. 没有任何道路能通往真诚，因为真诚本身就是道路。

902. 淡如烟云，定如磐石，才能远离内心的喧嚣。

903. 生活有进退，输什么也不能输掉心情。

904. 播种善良，造福人间，也就是为自己积德积福。

905. 用眼看世界，难免一叶障目；用心观世界，万物尽收于眼底；用一颗善良的心去触摸世界，一切变得生机勃勃、光彩夺目。

906. 有兴趣爱好，才能显出一个人的真性情。

907. 有兴趣爱好的人，更加快乐。

908. 拿得起，放得下，一切得失很正常；站得高，望得远，是非恩怨莫挂怀；想得开，看得透，生活困惑自然开。

909. 放下了，不是没有；放下了，才有。

910. 感恩不仅仅是付出，也是自我情绪的愉悦。

911. 发现自己的错误，这就是开悟；改正自己的错误，这就是成就。

912. 多看自己的缺点，才能改正自己的错误；多看别人的优点，才能学到别人的功德。

913. 把自己放在最高处时，实际上在最低处；把自己放在最低处时，实际上在最高处。

914. 心清静了，一切都清净；心自在了，一切都自在。

915. 看不见自己的缺点和毛病，只能看见别人的缺点和毛病，这就是傲慢心，这是一切痛苦的根源。

916. 让别人一步，实际上是让自己一步。

917. 有欲望就有失望，有盼望就有绝望；欲望越大失望越大，盼望越大绝望越大。

918. 让自己的心胸像天空一样广阔，像大海一样宽容，像大山一样稳定。

919. 请教不择人。

920. 淡泊明志，莫为名利遮望眼。

921. 减少心欲，满足心灵。

922. 欲路勿染，俭以养德。

923. 自强自立，与成功有约。

924. 嫉妒乃方正之人之大忌。

925. 不做欺心事，本身是一种愉悦。

926. 度德量力，以志立身。

927. 先立志，有志就有希望。

928. 培养成功意识：立志为王。

929. 做人要惜时，做事要守时。

930. 按重要性办事，更能有效利用时间。

931. 成功的最短途径是勤奋。

932. 多一些努力，多一些机会。

933. 敬业，实干家的成功保障。

934. 双手插在口袋里的人，爬不上成功的梯子。

935. 有专才有恒，有恒才有我。

936. 多才多艺，莫如练就"独门暗器"。

937. 专一，让劣势变成优势。

938. 拒绝是一门艺术。

939. 锐气不可抛，成功是迟早。

940. 敢为天下先。

941. 人弃我取也能创奇迹。

942. 逆向思维也是攻守之道。

943. 成功在于通，有通才有赢。

944. 言而有信，做人讲原则。

945. 做事先做人，做人先取信。

946. 好风凭借力，借梯能登天。

947. 厚积薄发，耐得寂寞。

948. 放下身段，前方便是大道。

949. 心宁智生，智生事成。

950. 沉着冷静心自怡。

951. 沉得住气方为人杰。

952. 成功从微笑开始。

953. 学会营造快乐。

954. 学会轻松愉快地解决难题。

955. 世上没有绝对幸福的人，只有不肯快乐的心。

956. 不败人生，忍者无敌。

957. 用心计较般般错，退步思量事事顺。

958. 拒绝妥协，就是拒绝成功。

959. 方圆做人，圆满做事。

960. 人情练达即文章，处世圆通慎言语。

961. 远虑在先，近处无危。

962. 故意示弱有好处。

963. 失败并不意味你浪费了时间和生命；失败表明你有理由重新开始。

964. 人生中有时不去冒险比冒险更危险。

965. 才华其实就是把与人相同的聪明用到与众不同的地方。

966. 状态是干出来的，而不是等出来的。

967. 失败发生在彻底的放弃之后。

968. 做事的成功靠潜心谋算，切勿马虎侥幸。

969. 心存在目标，则易成大事。

970. 小事引发大思考，平凡成就大事业。

971. 从小处着眼，让平凡成就伟业。

972. 把信念揉进每件小事，成功便多了许多基石。

973. 做事不是越多越好，而是越有效越好。

974. 得之时，谨防所失；失之时，找出所得。

975. 变通可以历曲通幽，执拗只能山穷水尽。

976. 换种思维方式，把问题倒过来看。

977. 一句恰当的赞美，能影响人的一生。

978. 心态变好，坏事也能变好。

979. 成功者最有效最简单的秘法就是"一根筋"的韧劲。

980. 大胜必经大忍，失败常因心切。

981. 用利剑去攻打，不如以笑容来征服。

982. 重视自我跟了解自我是有区别的。

983. 心怀怨恨，也只是证明自己的正确。

984. 没有紧张的人生，是多么无趣。

985. 仅有知识不代表理智。

986. 很多事情，不用抱怨，不用烦恼，归根结底都是因为自己实力不够。

987. 允许别人和自己不一样，允许自己和别人不一样；理解了前半句就能做到包容，理解了后半句就敢活出自我。

988. 最先道歉的人最勇敢；最先原谅的人最坚强；最先释怀的人最幸福。

989. 生活最有趣的地方在于难以规划，人有时候不需要考虑太远的事情，想做的事儿千万不要等。

990. 你不优秀，认识谁都没用；别一味地追求人脉，要把自己变成人脉。

991. 自信是装不出来的，但可以打造出来。

992. 积极面对困难、主动尝试挑战、自我肯定，从日常的一个个小小成功来奠定自信的基石。

993. 不要去模仿别人的成功，不要追求事事完美；应该专注自己的领域，尽力提升自己的能力水平，将拿手的事做到极致。

994. 遵循学习、实践、思考的路径，反复循环，坚持不懈，就一定能达成你的目标。

995. 只有不断成长，才能获得自信；只有拥抱变化，才能开始改变。

996. 情绪是可以操纵的，尽量往好的方向引导，行为才会改变。

997. 从整体上记忆和理解。

998. 工作越努力，工作的能力就越强，休息就越有效果。

999. 微笑释放的化学物质对紧张和愤怒极有效。

1000. 在争辩的时候，最难驳倒的观点就是沉默。

后　记

习近平总书记强调，"要胸怀两个大局，一个是中华民族伟大复兴的战略全局，一个是世界百年未有之大变局，这是我们谋划工作的基本出发点"。我们党要统筹"两个大局"，实现"两个一百年"奋斗目标和中华民族伟大复兴中国梦，就必须拥有一支忠诚干净担当的高素质干部队伍。党的十八大以来，习近平总书记围绕培养选拔党和人民需要的好干部，鲜明提出了新时期好干部"20字标准"，为怎样成长为好干部、怎样培养造就好干部指明了正确方向、提供了根本遵循。事物的发展是内外因共同作用的结果，内因是事物变化发展的根据，外因是事物变化发展的条件。好干部不会自然生成。成长为一个好干部，一靠自身努力，二靠组织培养。从干部自身层面来讲，个人努力是内因、是关键，必须切实增强勤学、实干、自律的思想自觉和行动自觉；从组织层面来讲，组织培养是外因、是保障，必须加强教育、持续激励、严格监督管理。因此，新时代的好干部是怎样炼成的，既是学出来的、干出来的、自律出来的，也是教出来的、夸出来的、监督出来的。

围绕这六个方面，笔者撰写了这本书，并取名为《好干部是怎样炼成的》。

本书的顺利出版，得到人民出版社的大力支持和真诚帮助，在此表示敬意和感谢！

晓　山

2020 年 4 月

责任编辑：崔继新
封面设计：林芝玉
版式设计：东昌文化
责任校对：黎　冉

图书在版编目（CIP）数据

好干部是怎样炼成的／晓山　著 . — 北京：人民出版社，2023.8
ISBN 978 － 7 － 01 － 023809 － 8

I.①好…　II.①晓…　III.①干部教育－中国－学习参考资料　IV.① D630.3

中国版本图书馆 CIP 数据核字（2021）第 196690 号

好干部是怎样炼成的

HAOGANBU SHI ZENYANG LIANCHENGDE

晓山　著

人民出版社 出版发行
（100706　北京市东城区隆福寺街 99 号）

北京盛通印刷股份有限公司印刷　新华书店经销

2023 年 8 月第 1 版　2023 年 8 月北京第 1 次印刷
开本：710 毫米 ×1000 毫米 1/16　印张：16.75
字数：223 千字

ISBN 978 － 7 － 01 － 023809 － 8　定价：58.00 元

邮购地址 100706　北京市东城区隆福寺街 99 号
人民东方图书销售中心　电话（010）65250042　65289539